Torsten Fricke
Ulrich Novak

Die Akte Google

Torsten Fricke
Ulrich Novak

Die Akte Google

**Wie der US-Konzern
Daten missbraucht,
die Welt manipuliert,
und Jobs vernichtet**

Mit Beiträgen von
Prof. Dr. Robert Epstein
und Dr. Thomas Höppner

HERBiG

Die Beiträge von Robert Epstein, Wie Google Wahlen beeinflussen kann, *und Thomas Höppner,* Copy, Paste und Kasse, *verwenden wir mit freundlicher Genehmigung der Autoren.*

© 2015 F. A. Herbig Verlagsbuchhandlung GmbH, München
Alle Rechte vorbehalten
Umschlaggestaltung: Wolfgang Heinzel
Satz: VerlagsService Dietmar Schmitz GmbH, Heimstetten
Gesetzt aus: 11,25/15 pt. Minion
Druck und Binden: GGP Media GmbH, Pößneck
Printed in Germany
ISBN 978-3-7766-2763-3

Auch als

www.herbig-verlag.de

Inhalt

1. Google: Daten sind das neue Öl 9

2. Google – Wie alles begann 15

Goldener Start im Golden State 15
»Die Farm« – Der Beginn mit BackRub in Stanford 21
googol = Google 25
Das erste Geld 28
Die Garage 29

3. Google wächst und wächst und wächst 33

If you build it, they will come 37
Das letzte Jahr vor der Jahrtausendwende 41
Suchmaschine, Werbemaschine, Geldmaschine 45
Der Kapitän kommt an Bord 50
Going public... 53
Going on 59
Think Big – Die Shopping-Tour 65

4. Googles Macher:
Die Reichsten der Reichen 79

Die Google-Gründer: Larry Page und Sergey Brin 84
Larry – Der Mega-Nerd 84
Sergey – Der Super-Geek 96
Eric Schmidt – Der Transformer 110

5. Google heute 129

Wem gehört Google? 130
Das Google-Imperium 134
   Google 134
   YouTube 136
   AdWords und Google Shopping 137
   Chrome, Gmail und Android 138
   Google Ventures 138
Wovor Google Angst hat 141

6. Google außer Kontrolle 145

Wie Google Daten missbraucht 157
   Der Street-View-Skandal 160
   Google hackt Apple-Nutzer 162
Wie Google die Welt manipuliert 164
   Prof. Dr. Epstein: Wie Google Wahlen beeinflussen kann 165
   Üble Nachrede per Autocomplete 173
   Google macht die Welt dümmer 177
   Fehlende Quellen und steigende Anzahl von Plagiaten .. 177
   Fehlende Lesekompetenz 179
   Deep Web 180
Wie Google Jobs vernichtet 181
   Google dominiert den deutschen Werbemarkt 185
   Googles Steuertricks: »Das nennt man Kapitalismus« ... 187
   E-Commerce unter Googles Gnaden 190
   Dr. Thomas Höppner: Copy, Paste und Kasse 194
   Contaxe – von Google in die Insolvenz getrieben? 205
Wen Googles als Nächstes angreift 207

7. Google und die NSA 213

8. Wie man sich als Bürger schützt 221

Big Data: Nummer 4417749 identifiziert 226

9. Ausblick: Was ist zu tun? 229

10. Anhang 237

Das ABC der Google-Geschäftsfelder 237

Googles Firmenzukäufe 260

Literaturverzeichnis 269

1. Google: Daten sind das neue Öl

> »Wir sind überzeugt, dass Portale wie Google …
> weitaus mächtiger sind, als die meisten Menschen
> ahnen. Und dies verleiht auch ihren Machern,
> Eigentümern und Nutzern neue Macht.«
> ERIC SCHMIDT, GOOGLE

Heute schon geAppelt, geShellt oder geWalmartet? Wohl kaum. Aber wahrscheinlich schon gegoogelt. Apple, Shell und Walmart gehören zwar zu den teuersten Unternehmen der Welt, aber ihnen fehlt etwas, was nur Google hat: ein weltweites Monopol auf eine Geldquelle, die von Jahr zu Jahr stärker sprudelt und damit automatisch die Macht des Unternehmens immer weiter festigt.

Google, das ist längst wichtiger Bestandteil unseres Alltags. Überall auf der Welt googeln zu jeder Tages- und Nachtzeit gleichzeitig Millionen von Menschen, sie telefonieren mit einem Handy, in dessen Inneren das Google-Betriebssystem Android läuft, oder schauen sich Videos auf YouTube an, das ebenfalls zu Google gehört.

An Google kommt heute niemand mehr vorbei. Nicht die Wirtschaft, nicht die Medien, nicht die Wissenschaft, nicht die Politik und auch nicht der normale Bürger.

Google, das ist längst nicht mehr nur eine Suchmaschine. Google, das ist heute ein Konglomerat aus Hunderten Firmen, die sich gegenseitig unterstützen und vor Mitbewerbern schützen. Ein Mega-Reich, aufgebaut von uns allen, die wir freiwillig Google unsere Daten überlassen und überlassen haben.

Google verfügt zum Teil über unsere intimsten Daten und über die Fähigkeit, daraus ein gigantisches Geschäft zu machen.

Google kann aber noch mehr: Mitbewerber aus dem Wettbewerb drängen, ganzen Branchen seine eigenen Regeln oktroyieren oder die politische Willensbildung bis hin zu Wahlen beeinflussen.

Don't be evil – sei nicht böse, so lautete einst das Motto von Google. Doch diese Romantik aus den Gründerzeiten ist längst Geschichte. Heute ist Google mit einer Umsatzrendite von über 20 Prozent eines der profitabelsten Großunternehmen der Welt.

Im aktuellen Ranking der wertvollsten Marken[1] ist Google mittlerweile hinter Apple auf den zweiten Platz aufgestiegen, wohl nur ein weiterer Zwischenschritt auf dem Weg zu Spitze. Auf den weiteren Plätzen folgen Coca Cola, Microsoft und IBM. Vier Tech-Firmen unter den ersten fünf. Die Old Economy musste Platz machen. Selbst der Öl-Gigant Exxon Mobil landet nur noch auf dem 41. Platz, denn Daten sind das neue Öl – eine Einschätzung, die der Internetpionier und Cyberguru Jaron Lanier bestätigt: »Der Grund, warum persönliche Daten immer wertvoller werden, ist der, dass sie den Rohstoff für die automatisierten und hypereffizienten Systeme liefern und es immer mehr von diesen Systemen gibt.«[2]

Die Auswertung des Rohstoffs »Persönliche Daten« führt über den Einsatz dieser automatisierten Systeme zu einem wirtschaftlichen Strukturwandel, den viele Branchen fürchten. Die deutschen Taxi-Innungen, die sich gegen die Dienste der Google-Tochter Uber wehren, oder der Buchhandel, der unter der Vorherrschaft von Amazon und Google leidet und existenzielle Gefährdung verspürt. Auch die Verlage und Printmedien sehen durch die Digitalisierung von Informationen und das Wachsen des eBook-Marktes dunkle Wolken am Horizont aufziehen.

....

[1] Global Top 100 – Brand Corporations 2014: http://www.eurobrand.cc/studien-rankings/eurobrand-2014/
[2] Jaron Lanier, Wem gehört die Zukunft?, Hamburg 2014, S. 470

Google hat unser Leben verändert und tut dies weiter – nicht immer automatisch zum Schlechteren. Der Nutzen überwiegt für den Konsumenten den Schaden, argumentiert beispielsweise Deutschlands führender Wettbewerbsökonom Justus Haucap und bricht eine Lanze für die Internetriesen: Sie machten das Leben leichter und billiger[3], und: »Google ist super.«[4]

Wirklich?

»Wichtig für das Verständnis der digitalen Welt ist, die finanziellen Mechanismen zu durchschauen, um die daraus resultierenden Motivationen der Menschen und Institutionen erkennen zu können. ... Die Bewertungsmechanismen für Internetfirmen belohnen Innovation vor allem in einem Gebiet: den Nutzern immer mehr Informationen zu entlocken, sie auf den Plattformen zu halten und alle ihre Freunde einzuladen. Entsprechend agieren auch die Betreiber und ihre Eigentümer: Ob Google oder Facebook, gepriesen wird eine Illusion von Freiheit durch Datenfreigiebigkeit. Zum Wohle des Unternehmenswertes werden menschliche Grundnormen wie die Achtung der Privatsphäre oder die Diskretion zerrüttet«[5], schreiben die Autoren Constanze Kurz und Frank Rieger in ihrem Buch »Die Datenfresser«.

Aber ist es wirklich die »digitale Nacktheit«, die möglicherweise missbräuchliche Verwendung unserer Daten zu ökonomischen Zwecken, die uns ängstigt?

Natürlich ist es das, aber auch die Monopolstellung eines Internetgiganten wie Google.

Sind es beim Öl die geografische Dislozierung und die Endlichkeit des fossilen Brennstoffs, die ein Wuchern und obszönes Preis-

....

3 Frankfurter Allgemeine Sonntagszeitung, 05.10.2014, Nr. 40, S. 19
4 Vgl. Ebd.
5 Constanze Kurz und Frank Rieger, Die Datenfresser – Wie Internetfirmen und Staat sich unsere persönlichen Daten einverleiben und wie wir die Kontrolle darüber zurückerlangen, Frankfurt a. M. Juli 2012, S. 9

gestalten möglich machen und ganze Wirtschaftszweige und die Politik zu Abhängigkeiten zwingen, so ist es beim Umgang mit unseren Daten als vernetzter Mensch der technische und verwaltende Dienstleister, der unser Leben rücksichtslos bestimmen kann. Die Verführung, die in angepassten, individuellen Informations- und sonstigen Angeboten liegt, wird bis zu einem gewissen Grad von der schrecklichen Vision des »gläsernen Menschen« neutralisiert.

Was in Kalifornien als harmloses Forschungsprojekt begann und was in den Anfängen, von Idealismus getragen, mit einer sympathischen Firmenkultur die Welt eroberte, das hat sich verändert. Immer öfter steht Google nach Skandalen in der Kritik oder muss sich kritischen Fragen stellen. Wie sind die Gerichtsverfahren und Firmenzukäufe von Google in jüngster Zeit zu bewerten? Was hat der verschwiegene Gigant mit Big Data vor? Ist da wirklich nur Smart Data auf der firmeninternen strategischen Agenda? Inwieweit bestimmt Google bereits unser Leben, die Politik und die Wirtschaft? Die Mahnung von Jaron Lanier an uns alle ist deshalb eindeutig: »Du bist nicht der Kunde der Internetkonzerne, du bist ihr Produkt.«[6]

Zur Verleihung des Preises »Das beste Wirtschaftsbuch des Jahres 2014« an Michael Lewis für seinen Krimi über Bankenkrise und Big Data, »Flash Boys – Revolte an der Wall Street«, schreibt der Herausgeber des *Handelsblattes*, Gabor Steingart:
»Die beiden mit Leidenschaft geführten Debatten der Gegenwart, die eine handelt von der Macht der Daten und der Datensammler, die andere beschäftigt sich mit dem Kulturwandel im Bankensektor, berühren sich hier. … Die Information einer Order

....
[6] Jaron Lanier, Wem gehört die Zukunft?, Hamburg 2014

wird selbst zur Ware. Nicht ganz zufällig fühlen wir uns an den zu früh verstorbenen Frank Schirrmacher, Mitherausgeber der *FAZ*, erinnert, der auf genau diesen Sachverhalt in der Google-Debatte hingewiesen hatte: Wer sucht, wird zum Zulieferer. Wer kauft, zum Produkt. Dieses Grundmuster, dass Daten der neue Goldstandard sind, begegnet uns in ›Flash Boys‹ wieder. Silicon Valley und Wall Street rechnen offenbar in derselben, uns Europäern noch seltsam fremd anmutenden Währung, jenen Datensätzen, die wir selbst hervorbringen.«[7]

....

[7] http://www.handelsblatt.com/panorama/kultur-literatur/wirtschaftsbuchpreis/
laudatio-auf-michael-lewis-flash-boys-gier-trifft-geschwindigkeit/10816192.html

2. Google – Wie alles begann

Goldener Start im Golden State

Fast 4000 Kilometer lang führte die legendäre Route 66 einst quer durch die USA.

Von der Adams und der Michigan Street in Chicago über Springfield, der Heimatstadt Lincolns, durch St. Louis, Missouri, sowie dann über Tulsa nach Alamo, die Stadt des Viehhandels, bis zu ihrem Ziel, dem Santa-Monica-Yachthafen Pier in Los Angeles in Kalifornien.

Heute ist sie verfallen und nur noch Projektionsfläche lieb-gewordener und sorgsam gepflegter Klischees.

Als erste transkontinentale und irgendwann auch durchgehend asphaltierte Straßenverbindung schloss die Route 66 den Osten der USA mit ihrem Westen zusammen. Eine Straße der Sehnsüchte und Mythen, eine einzige große Bühne für Songs, Filme und Bücher. Und wie der Weg, so ist auch das Ziel, der amerikanische Westen mit seiner Küste, umrankt von Träumen.

Wohin denn hätte auch eine Straße, die die wirtschaftliche Entwicklung der Vereinigten Staaten einerseits mit ermöglichte, andererseits widerspiegelte, anders hinführen können als in den Golden State, als nach Kalifornien?

California, the End of the Road, der drittgrößte Bundesstaat der USA, das Goldland der früheren deutschen Jugendliteratur in den Büchern von Karl May bis Sophie Wörrishöfer, die beide nie dort waren, aber das Land aufgrund Reiseberichten anderer in seiner ganzen Schönheit schilderten.

Vor unserem inneren Auge sehen wir die ins abendliche Sonnenlicht getauchte Westküste, braun gebrannte Surfer, Cable Cars in San Francisco, Hippies, die Gipfel der Sierra Nevada, Bikes und die qualmenden Feuer von Barbecues.

Easy Rider sein mit der fetten Harley auf der Route Nr. 1, dem Pacific Coast Highway, den man zwischen Monterey und Morro Bay an der Küste entlangfahren kann.

Kalifornien, der bevölkerungsreichste Staat der USA – etwas mehr als 37 Millionen Menschen leben dort – mit seiner Hauptstadt Sacramento, erscheint uns vielleicht neben New York als die amerikanischste aller amerikanischen Regionen.

Das liegt sicher neben den Beach Boys, Karl Malden und Michael Douglas in den Straßen von San Francisco vor allem auch an Jack Kerouac und seinem »On the Road«, Roland M. Pirsigs »Zen oder die Kunst ein Motorrad zu warten« und Tom Wolfes »The electric kool-aid acid test«. Nicht zu vergessen John Steinbeck und »Früchte des Zorns«.

Aber unabhängig von der Vorstellung der künstlerischen Werke in unseren Köpfen, die unsere Assoziationen bedienen, hat auch die wirtschaftlich-politische Entwicklung Kaliforniens das Bild der USA in uns geprägt. Vor allem der Goldrausch des 19. Jahrhunderts, die Orangenplantagen und Wanderarbeiter, die Rassenunruhen und Arnold Schwarzenegger.

Kalifornien scheint uns ein freies Land mit mediterranem Klima, ein Sündenbabel der Beatniks zu sein.

Möglicherweise haben das diejenigen Geistlichen geahnt, die 1898 vorerst für lange Jahre als Einzige westlich der Rocky Mountains ein Priesterseminar und eine katholische Universität gründeten: St. Patrick's in Menlo Park.

Die renommierte theologische Hochschule bildet den geistlichen Gegenpol zur im angrenzenden Palo Alto gelegenen Stanford University, die schon 1891 gegründet worden war. Geistliches und weltliches Wissen, sakrale und profane Lehre und

Forschung liegen geografisch dicht beieinander. Das war schon im 19. Jahrhundert eine Art intellektueller Hot Spot im äußersten Westen der USA.

Stanford University ist eine private Universität, die von Jane und Leland Stanford nach dem tragischen Typhustod ihres einzigen Sohnes Leland jr. gegründet wurde. Es scheint dabei, als sei das unglaubliche Leben, die unfassbare Karriere von Leland sen., ebenjenem Gründer, eine Art inspiratives Moment für viele der späteren, erfolgreichen Alumnis.

Leland Stanford, der als der achte Gouverneur Kaliforniens in die politische Geschichte der USA einging, war Anwalt, Goldgräber, Weingutbetreiber, Händler und Unternehmer im großen Stil.

Ein Selfmademan, der seine überragenden intellektuellen Fähigkeiten mit fast schon genialem wirtschaftlichen Gespür und unternehmerischem Können zu verbinden wusste. Das Privatvermögen des Ehepaares Stanford wurde 1880 bereits auf 50 Millionen US-Dollar geschätzt.

Während der Gründung und der Folgezeit flossen Millionen von US-Dollar in das Projekt Stanford University. Dazu kam das vom Ehepaar Stanford für den Campus bereit gestellte Areal in der Bay Area, dem Gebiet um die Bucht von San Francisco. Mit ihrem Privatvermögen haftete Jane Stanford in der Gründungsphase und ließ es sogar, um den fortlaufenden Betrieb der Uni zu ermöglichen, verpfänden. Das Gründerpaar war nicht nur dem Andenken an den Sohn verpflichtet, es machte es auch möglich, dass Frauen und Männer gleichermaßen und ohne religiöse Bindung studieren konnten. Ein für die damalige Zeit ungewöhnliches, aufgeklärtes Konzept, das nicht überall Freunde fand.

Die Großzügigkeit der Gründer spiegelte sich aber nicht nur in den finanziellen Zuwendung und der konzeptionellen Ausrichtung, sondern auch in der Gestaltung des Campus wider. Auf dem ungefähr 3300 Hektar großen Gelände ihrer ehemaligen Pferdefarm ließen die Stanfords Gebäudekomplexe errichten, die dem Stil kalifornischer Missionsstationen nachempfunden wurden. Die unveräußerbaren Liegenschaften sind Bestandteil des Stiftungsvermögens der Universität mit dem Spitznamen »The Farm«.

Um die 15 000 Studenten beackern hier nach einem strengen Auswahlverfahren die weiten Felder weltlicher Studien und äußerst erfolgreicher Forschung. Dies und die beeindruckend große Zahl bekannter Absolventen – insgesamt 30 Nobelpreisträger gehören dazu – haben Stanford zu einer der elitärsten Universitäten weltweit gemacht. Ungefähr 12 000 Mitarbeiter, davon rund 2000 Professoren, leben und arbeiten rund um und in Stanford.

Auf dem Uni-Gelände sind Herbert Hoover, Steve Ballmer (Microsoft), Sandy Lerner und Len Bosack (Cisco), Philipp von Belgien, Peter Thiel (PayPal), Jawed Karim (YouTube), Ehud Barak, David Packard und William Hewlett (Hewlett-Packard), Condoleezza Rice, Tiger Woods und viele, viele andere auf den Wegen zwischen Aula und Mensa unterwegs gewesen. Auch der bereits erwähnte John Steinbeck, der die Universität ohne Abschluss verließ, um trotzdem einer der erfolgreichsten amerikanischen Autoren, ausgezeichnet mit dem Nobel- und Pulitzer-Preis, zu werden.

Es sind aber nicht nur die Absolventen, es ist auch nicht das 13 Milliarden US-Dollar umfassende Stiftungsvermögen, und es ist auch nicht die Tatsache, dass Stanford im Fundraising an der Spitze der amerikanischen Universitäten steht – es ist die gewollte und sehr stark geförderte Verbindung von Lehre und Forschung mit wirtschaftlicher Profitabilität, die der Stanford University einen einzigartigen Rang zukommen lässt.

Diese ganz bewusste und weitsichtige Förderung innovativen Entrepreneurships durch die Universität mit ihrem Stanford Industrial Park und die direkte Nachbarschaft zum Silicon Valley mit seinen Unternehmen, seinen wirtschaftlichen Ambitionen, seinen Ideen – das alles hat zu einer sensationellen und einmaligen Verbindung von Forschungs- und Unternehmergeist mit Produktionsstätten geführt.

Dass aber intelligente Überführung von Wissen in profitable unternehmerische Konzepte und Taten nicht immer glattgeht, zeigte dann die sogenannte »Dotcom-Blase«, als im Jahr 2000 und kurz danach viele hoch- bzw. überbewertete IT-Technologieunternehmen insolvent wurden. Auch der Stanford Industrial Park, 1951 als Business Cluster gegründet, beherbergte viele dieser Unternehmen, die Hoffnung statt Gewinn verkauften. Nichtsdestotrotz muss neben dem seinerzeitigen Desaster auf dem Finanzmarkt die Tatsache gesehen werden, dass sich sehr viele erfolgreiche Firmen, aus dem Silicon Valley kommend, weltweit und zum Teil marktbeherrschend etablieren konnten.

Die Liaison von Hirn und Hand, die von Stanford ausgeht, macht die ungeheuren Entwicklungen in der IT-Branche auch global erst möglich. Und die eingangs geschilderten Assoziationen bei Erwähnung des Namens »Kalifornien« werden zusätzlich ergänzt durch den Hightech-Standort Palo Alto.

Von dieser Gemengelage aus Begabung, Wissen, Forschung, Geld und Produktion profitierten auch zwei unserer insgesamt drei Protagonisten, nämlich Larry Page und Sergey Brin, die Gründer von Google.

Sie schlenderten ebenfalls durch die neo-romanischen Bogengänge der Universitätskirche von Stanford. Entstanden dabei die bahnbrechenden Ideen, die zur Gründung eines der erfolgreichsten Unternehmens aller Zeiten führten?

Die Wurzeln für den Erfolg von Google sind neben der außerordentlichen mathematischen und technologischen Begabung von Page und Brin natürlich besonders in der extrem IT-freundlichen Lehr- und Forschungsstruktur von Stanford zu suchen.

Stanford bot das Umfeld, in dem Page und Brin groß werden konnten. Der Leitspruch der Stanford University, »Die Luft der Freiheit weht«, der von Ulrich von Hutten stammt, zusammen mit der Agglomeration von wissenschaftlichen und wirtschaftlichen Kompetenzen, aber auch der typische kalifornische Lebenszustand schafften genau das Klima, das Google einen goldenen Start verschaffte und es wachsen ließ.

Unsere Geschichte ist reich an Vom-Tellerwäscher-zum-Millionär-Karrieren: Vince McMahon, der in einem Trailer Park aufwuchs, später die World Wrestling Federation besaß und seine Firma erfolgreich an die Börse führte, ist eines dieser Beispiele. Oscar-Preisträgerin Halle Berry, TV-Star Oprah Winfrey, die frühere Sozialhilfeempfängerin und heutige Bestsellerautorin Joanne K. Rowling, Milliardär Roman Abramowitsch und der frühere Englischlehrer und Alibaba-Gründer Jack Ma sowie viele, viele andere ergänzen das Bild. Nur: Larry Page und Sergey Brin gehören nicht dazu. Im Gegenteil: Die späteren Google-Gründer verfügten über ein technik-affines soziales Umfeld und wurden als Doktoranden für die Entwicklung dessen, womit sie später viel Geld machten, bezahlt. Anders als der Gründervater der Stanford University, Leland Stanford, der zwischenzeitlich sein Vermögen verlor und sich danach als Goldwäscher wieder hocharbeitete, mussten die zwei smarten Wissenschaftler nie wirklich von ganz unten anfangen.

Die Biografien von Larry Page und Sergey Brin zeigen, in welchem fast schon klinisch-kühlen, zahlendominierten und technologischen Ambiente die beiden groß geworden sind – auch wenn sich die PR-Profis bei Google später viel Mühe gaben, diese frühe Karriere in menschlicherem, wärmerem Licht darzustellen. Der Umgang mit Zahlen, Daten und Technik hat wenig Blumenhaftes und Anrührendes. Und Spieltheorie hat nichts mit dem Sandkasten und der Schaukel, sondern mit mathematischer Modellierung von Entscheidungssituationen zu tun.

Die rührende »Garagen«-Nummer, die netten, kleinen Legosteine, aus denen wegen Geldmangels erste Server-Gehäuse gebastelt worden sein sollen – ihre Farbigkeit bildete sich angeblich in der Gestaltung des Google-Logos ab –, gehören genauso zur geschickt kommunizierten Google-PR-Geschichte wie die gerne und penetrant kommunizierte Spaßkultur im Firmenalltag von Google, die natürlich kein Geschenk der Gründer an ihre Arbeitnehmer ist. Ebenso entpuppt sich als Mär, dass die beiden kalifornischen Jungs selbstlos die Welt verbessern wollen und von menschheitsbeglückendem Idealismus getragen werden. Im Gegenteil, dass, was Page und Brin als Ideen kommunizieren, lässt andere Menschen erschaudern:

»Die beiden Google-Guys sind Visionäre, deren Denken keinerlei Beschränkungen kennt. So träumte Sergey Brin einmal laut davon, eine kleine Version von Google direkt dem menschlichen Gehirn anzuschließen. Eine Art Taschencomputer für den Kopf. ›Was‹, fragte er, ›spricht dagegen, das Gehirn zu verbessern?‹.«[8]

»Die Farm« – Der Beginn mit BackRub in Stanford

Die Liste der hagiografischen Bücher zum Thema Google ist lang, und sie ist mühsam abzuarbeiten. Geschrieben von Leuten, die von Google[9] oder von der Berichterstattung über Google leben.[10]

....

[8] Jüdische-Allgemeine Zeitung, Heike Runge, 10.08.2006 oder http://www.juedische-allgemeine.de/article/view/id/6283
[9] Zum Beispiel Douglas Edwards, Google-Mitarbeiter Nr. 59 – Der erste Insider-Bericht aus dem Weltkonzern, München 2012
[10] Zum Beispiel Steven Levy, Google Inside – Wie Google denkt, arbeitet und unser Leben verändert, Heidelberg München Landsberg Frechen Hamburg 2012

»Von Anfang an wollte Larry Page eigentlich immer nur Gutes tun. Bereits als Kind wollte er Erfinder werden – nicht nur, weil sein Verstand Logik und Technik mustergültig miteinander verband, sondern vielmehr auch, weil er, wie er selbst sagt, die Welt wirklich verändern wollte.«[11]

Wie bei jeder Hofberichterstattung ist die Wirkung beim Leser oft kontraproduktiv. Gerade diese aufgetragene Lobhudelei, diese durchsichtige Reputationsmasche trägt viel dazu bei, dass Google aktuell im Visier der Kritiker steht.

Eine Ironie der Geschichte, ihr berühmter Treppenwitz ist der Umstand, dass Page nach seiner Graduierung seine Postgraduate Studies im »Gates 360« auf dem Campus der Stanford University fortführte. Das war eines der Fakultätsgebäude der Informatiker, dessen Ausstattung Bill Gates mit sechs Millionen US-Dollar gefördert hatte. Über dem Portal steht in großen Lettern »William Gates Computer Sciences«.

Der Microsoft-Chef beabsichtigte mit seiner Spende, einen Pflock in Stanford einzuschlagen, und so eine Art Eigenwerbung bzw. Recruiting-Offensive zu starten[12]. Aber der Doktorand im dritten Stock hatte Microsoft nicht direkt auf dem Schirm. Er und Sergey Brin, der in einem anderen Gebäude arbeitete, suchten nach Themen für ihre Doktorarbeiten.

Im Jahr 1990 hatte die Stanford-Universität von der National Science Foundation[13] Fördermittel erhalten, die den Start zur Ent-

....

[11] Ebd., S. 18
[12] »While Gates did not attend Stanford, Microsoft hired many of its graduates, and Gates hoped that having his name over the entrance would boost the company's chances of luring top talent in the future. Gates said he made the gift to ›invest in the future of the industry‹.« In David A. Vise/Mark Malseed, The Google Story – Inside the Hottest Business, Media and Technology Success of Our Time, New York 2008
[13] NSF/Jährliches Budget von fast 7 Milliarden US-Dollar, mit dem vorwiegend Natur-, Wirtschafts- und IT-Wissenschaften gefördert werden.

wicklung einer digitalen Bibliothek ermöglichen sollten. Mit der Entwicklung des World Wide Web im Jahr 1989 durch Robert Cailliau und Tim Berner-Lee am europäischen Forschungszentrum CERN, das als technischer Dienst die Übertragung von Webseiten erlaubte, war für die Nutzung des Internets etwas geschaffen worden, was zum damaligen Zeitpunkt in seiner Bedeutung allerdings nicht wahrgenommen wurde. Berner-Lee entwickelte zudem auch noch das Hypertext Transfer Protocol (HTTP-Protokoll) und für die Programmierung der Web-Seiten die Hypertext Markup Language (HTML). Die Wirklichkeit gewordene Vision von der weltweiten Verbindung von Informationen als sogenannte Hypertexte durch Hyperlinks war ganz wesentlich für Sergey Brin und Larry Page.

»Letztlich war das Web eine unfassbar umfangreiche Datenbank, ein wie verrückt wachsendes Universum des menschlichen Wissens, das theoretisch jede Einsicht, jeden Gedanken, jedes Bild und jedes zum Verkauf stehende Produkt umfassen konnte. Und alle Seiten enthielten ein komplexes Raster von Querverbindungen, die unabhängig voneinander von den jeweiligen Autoren als Verknüpfungen mit irgendwelchen anderen Orten im Web erstellt worden waren.«[14]

Das von der National Science Foundation geförderte Bibliotheksprojekt hatte vorerst nicht die Dimension, die die WWW-Entwicklung hatte. Aber der Mitbegründer des Stanford Digital Library Project und Dekan der Informatik-Fakultät in Stanford, Hector Garcia-Molina, erkannte schon bald, welche Bedeutung die Arbeiten von Berner-Lee auch für die Stanford-Wissenschaftler haben würde.

....

[14] Steven Levy, a.a.O., S. 23

Brin, der bereits ein NSF-Stipendium in der Tasche hatte sowie in der Forschungsgruppe MIDAS (Mining Data At Stanford)[15] assoziiert war, und Page stellten ihrem Professor Terry A. Winograd ein Gemeinschaftsprojekt vor: Es handelte sich um ein Bewertungssystem von Webseiten – eine Suchmaschine, die Webseiten nach Wichtigkeit listen konnte – und sollte das Dissertationsthema von Larry Page werden.

Als Kind einer akademischen Familie wusste Page, dass Weblinks in etwa mit Zitaten in Schulaufsätzen vergleichbar waren. Es war weitgehend anerkannt, dass wirklich wichtige Quelltexte auch ermittelt werden konnten, ohne sie lesen zu müssen. Dazu musste man einfach nur feststellen, wie oft sie in den Anmerkungen und Bibliografien anderer Arbeiten zitiert wurden.

Page glaubte, dieses Prinzip könne auch bei Webseiten funktionieren. Allerdings würde es schwierig werden, an die richtigen Daten heranzukommen. Bei Webseiten waren die ausgehenden Links transparent. Im Code gab es leicht identifizierbare Kennungen für die Zieladressen, die mit einem Mausklick von den Seiten aus abgerufen werden konnten. Es war aber ganz und gar nicht leicht ermittelbar, von wo aus auf Seiten verwiesen wurde. Um das feststellen zu können, musste man eine Datenbank der auf irgendwelche anderen Seiten verweisenden Links erstellen. Und dann musste man rückwärts suchen.[16]

....

[15] »Data mining is broadly defined as finding interesting patterns, structures, clusters, etc., in large amounts of data. Given this broad definition, there are many different methods developed in various fields that can be called data mining. Fittingly, the data mining group at Stanford, called MIDAS, is an informal umbrella organization, for a variety of groups that share an interest in data mining. Even though the core of MIDAS comes form the InfoLab at Stanford, there are participants from the AI and Graphics groups as well as the Statistics and Linguistics departments.«
S. a. http://web.archive.org/web/19991002085403/http://www-db.stanford.edu/midas/midas.html
[16] Steven Levy, a. a. O., S. 25

Folgerichtig nannte Page sein System deshalb »BackRub«, das er später in »PageRank« umtaufte. Er konnte damit Webseiten bezüglich der Links, der »Zitate«, bis in die dritte Ordnung zurückverfolgen und analysieren. Die Datenmenge, die dabei verarbeitet werden musste, war immens.

Brin, der ab 1995 mithalf, und Page standen deshalb oft genug im Büro des Dekans und baten um die notwendige Hardware aus den Fördertöpfen. Sergey Brin war der Programmierer, der, mit seinem technischen Verständnis als Hardware-Ingenieur, die Datenmasse in den Griff bekam.

Die Aufgaben waren in dem Duo verteilt: »Die beiden ergänzten sich hervorragend. ›Sergey mag Mathematisches‹, sagt der Stanford-Professor Andreas Paepcke, der das Digital-Library-Projekt leitete. ›Larry wollte einfach bauen. Das Ganze wuchs wie von selbst.‹«[17]

googol = Google

Bald war es so weit, dass die Suchmaschine von Brin und Page 30 bis 50 Seiten pro Sekunde analysieren konnte, und doch hatte das Projekt noch keinen Namen. Sie probierten mit verschiedenen Begriffen für ihre Suchmaschine herum. Einer davon war »What Box«. »Doch dann fanden wir, das klang wie ›Wet Box‹, was sich nach irgendeiner Porno-Seite anhörte«, erinnerte sich Sergey Brin.[18]

Da es aber die riesige Datenmenge des Internets war, die geordnet, systematisiert und durchsucht werden musste, fühlten

....

[17] Richard L. Brandt, Googles kleines Weißbuch – Die Managementstrategien der wertvollsten Marke der Welt, München 2010, S. 42
[18] Ebd., S.43

sich die zwei allein von dieser unglaublich umfangreichen mathematischen Aufgabe inspiriert und wählten 1997 den Namen »Google«.

Google ist ein Wortspiel mit »googol«, dem mathematischen Fachbegriff für eine 1, gefolgt von 100 Nullen, also 10^{100}. »Das Wortspiel spiegelt das Ziel der beiden wider, die nahezu unendliche Menge an Informationen im Web zu organisieren.«[19]

Der Name Googol war ein Kunstbegriff, den der neunjährige Neffe[20] des bekannten Mathematikers Edward Kasner auf dessen Wunsch hin mit kindlicher Sprachphantasie für die Zahl mit den einhundert Nullen im Jahre 1938 erfand. Kasner prägte auch den Namen »Googolplex« für die Zahl 1 mit 10^{100} Nullen, was später die Vorlage für die Namensgebung des Google-Firmengeländes »Googleplex« wurde.

Wie unvorstellbar groß die Zahl 1 gefolgt von hundert Nullen ist, zeigt ein Vergleich aus der Physik: Demnach wird die Anzahl der Protonen im sichtbaren Universum auf 10^{80} geschätzt wird, also auf zwanzig Stellen weniger.

War die Namensgebung eine Form von Faszination für die unglaublichen Datenmengen, ein respektvolles Staunen über gewaltige mathematische Operationen? Oder drückte sie eventuell vorhandene Allmachtsphantasien zweier junger Wissenschaftler aus? Hier darf spekuliert werden. In jedem Fall verwies die Informatik-Fakultät jedoch voller Stolz auf die neue Suchmaschine und das erfolgreiche Google-Team.[21]

....

[19] http://www.google.com/about/company/history/
[20] Milton Sirotta, Anm. d. Verf.
[21] »The most impressive and useful demo is the super search engine, called Google, built by Larry Page and Sergey Brin. Try a few queries on broad or common subjects and you will feel the power of page ranking.«
S. a. http://web.archive.org/web/19991002085403/http://www-db.stanford.edu/midas/midas.html

Eric Schmidt schreibt in den Anmerkungen seines Buches »Die Vernetzung der Welt«: »... wir wissen, dass das Internet nicht das erste, sondern neben Atomwaffen, Dampfenergie und elektrischem Strom eines der wenigen Dinge ist, die wir geschaffen, aber nicht verstanden haben.«[22] Und im Vorwort desselben Buchs schreibt er:

»Das Internet ist physisch nicht greifbar, doch gleichzeitig befindet es sich in einem konstanten Veränderungsprozess und wird mit jeder Sekunde größer und komplexer. Es hat das Potenzial, gewaltigen Fortschritt zu bewirken und furchtbaren Schaden anzurichten, und dabei ist das, womit wir uns heute beschäftigen, gerade erst der Anfang. Das Internet ist das größte Anarchismusexperiment aller Zeiten. Die Online-Welt, in der Hunderte Millionen von Menschen digitale Inhalte produzieren und konsumieren, wird kaum durch Gesetze beschränkt.«[23]

Ganz freimütig wird hier eines der Konfliktpotenziale, die beim Zusammentreffen von analoger und digitaler Welt entstanden, von Eric Schmidt thematisiert. Denn ohne Kontrolle und Regeln wird es gefährlich, wenn die Moral der Machbarkeit nicht in unsere Ethik passt.[24]

Problemstellungen, die für Brin und Page 1997 noch irrelevant waren.

Ihre Suchmaschine war jedenfalls in diesem Jahr intern an der Stanford University abruf- und nutzbar unter http://google.stanford.edu/about.html.[25]

....

[22] Eric Schmidt/Jared Cohen, Die Vernetzung der Welt – Ein Blick in unsere Zukunft, Reinbek bei Hamburg, 2013
[23] Ebd., S. 13
[24] Nach Martin Schulz »Laudatio auf Jaron Lanier« anlässlich der Verleihung des Friedenspreises des Deutschen Buchhandels 2014
[25] http://web.archive.org/web/19991008221710/http://google.stanford.edu/about.html

Das erste Geld

Schnell wurde Google populär und verbreitete sich durch Mund-propaganda auf dem Campus.[26] Prof. Terry Winograd erkannte als einer der ersten, dass die beiden Doktoranden an einem Punkt angelangt waren, an dem das Projekt, wenn es groß werden sollte, außerhalb der Universität weiterentwickelt werden musste.[27] Doch dazu war Kapital notwendig.

Über »Professor Billionaire« David Cheriton, der in Stanford Computer Sciences unterrichtete[28], lernten Brin und Page den Exil-Deutschen Andreas von Bechtolsheim[29] kennen.

An einem Augusttag im Jahr 1998 stellten die beiden dem bekannten Informatiker, Gründer von Sun Microystems und Investor, auf Cheritons Veranda ihre neue Internet-Suchtechnologie vor. Bechtolsheim war sofort begeistert und stellte nach nur zehn Minuten einen Scheck über 100 000 US-Dollar aus. Allerdings, der Empfänger, die Google Inc., existierte zu diesem Zeitpunkt noch gar nicht.

Erst nachdem Page und Brin am 4. September 1998 Google offiziell als Firma registriert hatten, konnten sie auch ein Firmenkonto eröffnen und den Scheck einlösen.

....

[26] »›It instantly became my only search engine‹, said Stanford Professor Dennis Allison. ›Google became my default right away‹, added Winograd, ›it spread through other parts of Stanford‹.« In David A. Vise/Mark Malseed, The Google Story, S. 39

[27] »Winograd knew that Larry and Sergey had hit a brick wall. To really grow Google, they needed to move off campus and take some risk.« Vise/Malseed, a. a. O., S. 44

[28] »David Cheriton is an angel investor and has cofounded three successful startups with Bechtolsheim including Granite Systems (acquired by Cisco, 1996) and Kealia (bought by Sun Microsystems, 2004.)«, s. a. unter http://www.forbes.com/profile/david-cheriton/

[29] Eigentlich Andreas Maria Maximilian Freiherr von Mauchenheim, genannt Bechtolsheim.

»Wenig später kamen neben Bechtolsheim noch weitere Privat-investoren hinzu, wie zum Beispiel Dave Cheriton. Ein anderer war der Silicon-Valley-Unternehmer Ram Shriram.«[30]

Über Shriram lernten die beiden auch Jeff Bezos kennen, der sich von ihrer Leidenschaft und ihrem Starrsinn beeindruckt zeigte.»Und so gesellte sich auch Bezos zu Bechtolsheim, Cheriton und Shriram, womit insgesamt Privatinvestitionen[31] in Höhe von einer Million US-Dollar zusammenkamen.«[32]

Ebenfalls über Cheriton und Bechtolsheim kam der Kontakt von Page und Brin auch mit L. John Doerr zustande. Der Partner der Beteiligungsgesellschaft Kleiner Perkins Caufield & Byers sollte später bei den nächsten Finanzierungsrunden eine wichtige Rolle spielen.

Die Garage

Das war eine komfortable Ausgangslage für Larry Page und Sergey Brin, die Anfang September 1998[33] ihre Firma Google Inc. offiziell gründeten. Kurz davor hatten sie sich in einem Haus in der Santa Margarita Street in Menlo Park in der Nähe des Campus für 1700 US-Dollar im Monat eine Garage und einige Zimmer gemietet.

Wenn man so will, war das der erste »Googleplex«, der sogar über einen Parkplatz für den ersten Angestellten, Craig Silverstein, verfügte. Obwohl Mitarbeiter Nr. 1 und ehemaliger

----

[30] Steven Levy, a.a.O., S. 4
[31] Google hat die Namen der Erstinvestoren mit Ausnahme von Bechtolsheim nie offiziell kommuniziert.
[32] Ebd., S. 47
[33] Nach unterschiedlichen Quellen war es der 4. oder 7. September 1998.

Studienkollege, gelang Silverstein übrigens nie der Weg in den Vorstand. Er blieb aber dem Unternehmen bis 2012 als »Director Technology« treu.[34]

Die Vermieterin der »Garage« war Susan Wojcicki, eine frisch gebackene Absolventin der UCLA Anderson School of Management, die gerade ihren MBA gemacht und vorher Harvard besucht hatte.

Ihre Schwester Anne wurde 2007 die Ehefrau von Sergey Brin und ist CEO der von ihr 2006 gegründeten Firma 23andMe, an der sich später auch Google Venture beteiligte. Die Biologin, die ihren Bachelor in Yale machte und anschließend bis zur Firmengründung als Analystin spezialisiert auf Biotech-Firmen arbeitete,[35] trennte sich von Brin 2013.

Vater der beiden Schwestern war der Stanford-Physikprofessor Stanley Wojcicki. Die Mutter Esther entstammt einer jüdisch-russischen Immigrantenfamilie[36], die 1930 in die USA kam, später als freie Journalistin[37] arbeitete sowie als Lehrerin an der Palo

....

[34] S. a.: http://www.googlewatchblog.de/2013/08/googler-craig-silverstein/
[35] »Anne brings to 23andMe a 10-year background in healthcare investing, focused primarily on biotechnology companies. Anne left the investing world with the hope that she could have a positive impact on research and medicine through 23andMe. From her vantage point, Anne saw a need for creating a way to generate more information – especially more personalized information – so that commercial and academic researchers could better understand and develop new drugs and diagnostics. By encouraging individuals to access and learn about their own genetic information, 23andMe will create a common, standardized resource that has the potential to accelerate drug discovery and bring personalized medicine to the public. (Plus, getting access to her own genetic information and understanding it has always been one of Anne's ambitions.) Anne graduated from Yale University with a B.S. in biology.« S. a. unter http://www.crunchbase.com/person/anne-wojcicki
[36] http://jwa.org/blog/esther-wojcicki-jewish-mother-of-tech-revolution
[37] Sie hat u. a. einen Blog bei The Huffington Post, http://www.huffingtonpost.com/esther-wojcicki/

Alto Highschool in den Fächern Journalismus und Englisch unterrichtete.

Susan selbst arbeitete im Marketing von Intel in Santa Clara und wurde 1999 erste Marketing-Managerin von Google. Ihre Karriere im Konzern war bemerkenswert. Sie war später verantwortlich für die beiden größten Akquisitionen von Google: YouTube und DoubleClick. Seit Februar 2014 ist sie CEO von YouTube.

Angeblich durchlief sie das gleiche umständliche Auswahlverfahren, das alle Bewerber bei Google durchlaufen müssen, und sie erfuhr auch gleich, an welche Zielgruppe sämtliche Marketingmaßnahmen zu richten seien, nämlich an alle Menschen.[38]

Brin und Page, die noch auf dem Campus wohnten, in der Santa Margarita Avenue aber arbeiteten, hatten mit ihrer Suchmaschine mittlerweile täglich 100 000 Anfragen zu verarbeiten.

Im renommierten *PC Magazine* wurde Google bereits 1998 in die Liste der Top 100 Websites und Suchmaschinen aufgenommen[39].

....

[38] »After the group moved to new offices, Susan decided she wanted to work for Google. (She went through the interview process and everything, she says.) As the company's first marketing manager, she remembers asking the co-founders who they wanted to market to. Their response: ›Everybody.‹« S. a. http://mashable.com/2013/09/27/google-garage-anniversary/gallery/google-garage/524c83b7b589e4473b000104

[39] »Google! Here's your chance to search the Web and participate in high-level academic research at the same time. Google! is a Stanford University project designed to find the most relevant Web pages (those with the most inbound links) and run searches against them. The 25 million pages currently catalogued seem to be good choices; the site has an uncanny knack for returning extremely relevant results. There's much more to come at Google!, but even in its prototype form it's a great search engine.« S. a. unter: http://web.archive.org/web/19991001132301/http://www8.zdnet.com/pcmag/special/web100/search2.html

Als die Anzahl der Suchanfragen immer mehr stieg, wurde die »Garage« zu klein.

Das erfolgreiche Duo, das seine Erfindung – ohne wirklich Werbung zu machen – immer reichweitenstärker etablieren konnte, suchte neue Räumlichkeiten und wurde in Palo Alto fündig.

3. Google wächst und wächst und wächst

Die neuen Büros lagen in der University Avenue 165 in Palo Alto, die dann nicht nur der umfangreicheren Technik, sondern auch acht neuen Mitarbeitern Platz gaben.

Hier gelang es Brin und Page, einige Hochkaräter aus der IT-Szene anzuheuern. Unter den ersten Angestellten waren Urs Hölzle, ein Professor von der computerwissenschaftlichen Fakultät der Universität Santa Barbara (UCSB), das Mathematikgenie Marissa Mayer, aber auch Computerwissenschaftler wie Jeffrey Dean und Krishna Bharat, die gerne und sogar begeistert von der Digital Equipment Corporation[40] zu Google Inc. wechselten[41].

Doch das Wachstum hatte auch seinen Preis. Mit ihrer Hardware waren die zwei Gründer nicht mehr in der Lage, die mittlerweile 500 000 Suchanfragen mit steigender Tendenz täglich zu bearbeiten.

Das Geld der Erstinvestoren war verbraucht, das Geschäft schwierig.

....

[40] DEC, Firmensitz in Maynard, Massachusetts. IBM-Konkurrent, der 1998 von Compaq gekauft wurde und später in Hewlett-Packard aufging

[41] DEC verschlief zum Ärger seiner hochqualifizierten Angestellten einige seiner eigenen Entwicklungen: »1998, bereits zwei Jahre, bevor Apple auch nur mit der Entwicklung es iPods begann, wurde bei DEC ein digitales Musikabspielgerät entwickelt, das eine komplette Musiksammlung speichern konnte und in eine Jackentasche passte. Weiterhin waren bei DEC einige der Internet-Gründungsväter und Wissenschaftler beschäftigt, die wegweisende Arbeiten zur Netzwerktheorie verfasst hatten. DEC nutzte die Ideen seiner Entwickler aber nie, um aus AltaVista ein Google zu machen.« Steven Levy, a.a.O., S. 51

Da beide Herren im eigenen Haus, ihrer Firma, bleiben wollten, und weil das Geschäftsmodell wenig Profit versprach und zu
wenig kommerziell ausgelegt war, kam ein Börsengang, wie es
1999 im Silicon Valley mit seiner Goldgräberstimmung häufiger
vorkam[42], nicht infrage. Dazu kam, dass Brin und Page die
Geheimnisse und Methoden hinter der Suchmaschine und den
weiteren Produkten nicht preisgeben wollten. Stattdessen bauten
sie vorerst auf ein Lizenzierungsgeschäft.

Erster offizieller Kunde war Red Hat[43], der die Such-Technolo-
gie für interne und externe Netze brauchte. Aber Red Hat war
eine Ausnahme, und Google Inc. benötigte immer dringender
eine Finanzspritze.[44]

Trotz vieler Vorbehalte gegenüber Venture-Capital-Firmen
entschlossen sich die beiden Firmengründer in der Not dazu,
gleich die zwei renommiertesten und größten potenziellen Investoren anzusprechen: Kleiner Perkins Caufield & Byers und
Sequoia Capital.

Brin und Page glaubten – falls es ihnen gelingen sollte, die zwei
an Bord zu holen –, dass die Konkurrenzsituation der Investoren
deren Gier ausschalten könnte.

Zu oft war es in den letzten Monaten im Silicon Valley vorge-
kommen, dass VC-Firmen sich in die Start-ups einkauften, um
entweder dann bei einem Börsengang Kasse zu machen oder Ein-
griffe in die strategischen Ansätze der jeweiligen Gründer vorzu-
nehmen, indem auf die Web-Entwicklungen einfach eine Werbe-

....

[42] Zum Beispiel Börsengänge von Yahoo, AOL und Netscape
[43] Software Hersteller, an der NYSE notiert und Marktführer bei Linux-Distributio-
      nen für Server
[44] »Rounding up more angel investors would be impractical because of the sizeable
      sum of cash they required. And growing the business by themselves appeared
      unfeasible. ... They found it hard to persuade people to pay for search services
      when the consensus among business was that search did not matter. What they
      needed was a large cash infusion from outside.« David A. Vise/Mark Malseed,
      a. a. O., S. 61

maschine draufgeschnallt wurde, die gnadenlos Gewinne zu generieren hatte.

Diese drohende Form der Bevormundung wollten die Google-Guys auf jeden Fall abwenden. Frühere Verkaufsverhandlungen von BackRub waren unter anderem auch an dem Souveränitätsanspruch von Sergey Brin und Larry Page gescheitert.[45]

Mit einem starken Ratgeber im Rücken (wie ihrem Investor der ersten Stunde, Amazon-CEO Jeff Bezos), gelang den beiden schon im Juni 1999 der Befreiungsschlag.

Brin und Page schafften es allein durch die Produktqualität ihrer Suchmaschine und ihre unternehmerische Leidenschaft sowie ihre Kompetenz als Computerwissenschaftler, Michael Moritz von Sequoia Capital und John Doerr von Kleiner Perkins zu begeistern.

Moritz und Doerr dürften als Finanz-Dinosaurier, die den Dot-Com-Wahnsinn von Beginn an miterlebt hatten, schon alles gehört und alles versprochen bekommen haben. Deshalb grenzt es fast an ein Wunder, dass diese beiden erfahrenen VC-Manager auf Google setzten, auf eine Firma, die zu diesem Zeitpunkt noch keinen erfolgreichen Business-Plan präsentieren konnte.

Moritz verriet später, dass er das Potenzial von Google gespürt habe, läge daran, dass es sich mehr um Kunst als um Wissenschaft gehandelt habe[46].

....

[45] Excite, später Excite@home – Das Angebot, Google für eine Million US-Dollar zu kaufen, lehnte Excite seinerzeit ab, da sie sich einerseits selber gut ausgestattet fanden, aber andererseits die Konditionen von Larry Page unannehmbar fanden.

[46] David A. Vise/Mark Malseed, a.a.O., S. 64, und weiter auf S. 65: »They were a pair of unusually smart men. That was very evident. In our business we meet lots and lots of people and over time you develop a sense of who the special individuals are partly because of what they have done or are doing, and partly because of the way they express themselves. They had a great sense of purpose, which is prerequisite for anyone who is nutty enough to want to start a company. That burning sense of conviction is what you need to overcome the inevitable obstacles.«

Außerdem glaubten sowohl Moritz als auch Doerr an »Gründerpärchen« wie Bill Gates und Paul Allen mit Microsoft, Steve Jobs und Steve Wozniak bei Apple sowie Bill Hewlett und David Packard.

Einzelkämpfer überzeugten sie nicht, auf das Zweier-Team wollten sie wetten, wobei Doerr vor allem von den Langzeitprognosen des sich immer rasanter entwickelnden Internets als Geschäftsfeld begeistert war.

Mitte 1999 erhielten Page und Brin dann für ihre Expansionspläne 25 Millionen US-Dollar[47]. Allerdings stellten die Kapitalgeber – Kleiner Perkins Lead Investment und Sequoia Capital schossen jeweils 12,5 Millionen US-Dollar zu – eine Bedingung: Wenn Brin und Page die Kontrolle über Google Inc. behalten wollten, müssten sie einen erfahrenen Industrievorstand in die Firma holen, der ihnen dabei helfen sollte, aus der Suchmaschine ein profitables Geschäft zu machen.

»Google soll der Goldstandard werden, wenn es um die Suche im Internet geht. Larry und Sergeys Firma hat die Kraft, aus Internet-Nutzern immer und überall treue und lebenslange Googler zu machen«, sagte Michael Moritz kurz nach dem Deal.[48]

Natürlich dachten beide VC-Gesellschaften, die mit Doerr und Moritz auch bei Google im Board saßen, dabei vor allem an Werbeeinnahmen.

....

[47] Pressemitteilung von Google Inc. zur Vertragsunterzeichnung: http://web.
      archive.org/web/20000309205910/http://www.google.com/pressrel/
      pressrelease1.html
[48] David A. Vise/Mark Malseed, a. a. O., S. 68–69

If you build it, they will come

Alle anderen Suchmaschinen verdienten mit mehr oder weniger penetrant offerierter Werbung, die schon offensiv auf den Startseiten eingesetzt wurde, gutes Geld.

Doch die Google-Guys tickten anders. Die Startseite von Google wurde bewusst schlicht und reduziert gehalten, was die Ladegeschwindigkeit hoch hielt.

Der vulgär merkantile Ansatz war vorerst nichts für Brin und Page, und man kann wirklich glauben, dass die beiden Google-Gründer für ihre Kunden anfänglich nur das Beste, nämlich hervorragende und schnell gelieferte Suchergebnisse, wollten.

Werbung wurde exklusiv in den Suchergebnissen und auch nur in beschränktem Umfang platziert. Das führte zu einer verstärkten Wahrnehmung und besseren Klicks, da die blinkenden und letztlich nervenden Banner bei der Konkurrenz inflationär eingesetzt wurden. Werbetreibende und ihre Mediaagenturen goutierten Googles Strategie: »… dies erwies sich entgegen der gängigen Meinung auch für die Anzeigenkunden als ein großer Vorteil. Die Zahl der Anzeigen zu begrenzen und diese besser sichtbar zu machen, führt dazu, dass jede Anzeige mehr hervorsticht und die Leute sie häufiger anklicken. Viele Kritiker sind der Überzeugung, dass die meisten Google-Nutzer nicht zwischen Anzeigen und Suchergebnissen unterscheiden können.«[49]

Trotzdem war den Risikokapitalgebern die von Page und Brin verfolgte Linie unverständlich. Die beiden Geschäftsführer von Google wussten allerdings, was die User nicht mochten: Pop-ups, blinkende, unübersichtliche Websites, Anzeigen, die als Suchergebnisse getarnt waren, und mit Multimedia überlastete Downloads.

....

[49] Richard L. Brandt, a. a. O., S. 71

Das Führungsduo wollte eine klare, saubere und schlicht gehaltene Benutzeroberfläche, die sich schnell aufbaute.

In der benutzerfreundlichen Reduktion auf das Wesentliche lag, wie bei Apple, die nach ähnlichem Prinzip verfuhren, der bald schon »kultige« Charakter der Suchmaschine.

Auch heute noch sind das Design und die Features schlicht und absolut überschaubar gehalten. Und auch heute noch soll die Homepage nicht viele Begriffe umfassen. Deshalb hatten Brin und Page einst eine magische Obergrenze von 28 Wörtern festgelegt.

Das Unverständnis der an Google beteiligten VC-Gesellschaften gipfelte schließlich in einem Streit zwischen Moritz und den zwei Google-Guys. Moritz wollte unbedingt das Versprechen, einen erfahrenen Vorstand zu holen, eingelöst sehen, und drohte mit dem Abzug des Sequoia-Kapitals.

Die nächste große Veränderung bahnte sich also an, nachdem die Firma bereits im August 1999 ihr erstes Büro in Mountain View, 2400 Bayshore, bezogen hatte, denn Page und Brin begaben sich, wenn auch verhalten, auf die Suche nach der geforderten Führungskraft.

»Wir suchen nach jemandem wie Jeff Bezos. Er ist sehr klug. Er ist ein guter Motivator. Darin ist Larry besser als ich, aber Jeff ist noch besser als er. Er ist sehr lustig, sehr angenehm im Umgang«[50], sagte Brin in einem Interview mit John Ince[51].

Doch bevor der Stuhl des CEO, wie von KPCB[52] und Sequoia gewünscht, besetzt wurde, ereignete sich im Jahr 2000 einiges, was Google weiter voranbrachte.

....

[50] Ebd., S. 72
[51] S. a. unter http://www.sfgate.com/opinion/article/THE-LOST-TAPES-Conversations-tape-recorded-in-2544534.php
[52] Kleiner Perkins Caufield & Byers

38

In der offiziellen Firmengeschichte werden neben dem Einheimsen der ersten »Webby Awards« und der Einführung der Google Toolbar vor allem drei Dinge erwähnt:

▶ Die Suchmaschine gab es mittlerweile in 15 Sprachversionen
▶ Yahoo ging eine Partnerschaft mit Google ein
▶ AdWords startete mit vorerst 350 Kunden

Mithilfe der Sprachversionen generierte die Firma andere Märkte und erhöhte deutlich ihre Nutzerfrequenzen.

Durch die Partnerschaft mit Yahoo[53] wurde ein ehemaliger Wettbewerber Kunde, indem er die Suchmaschine in seine Web-Navigation implementierte.

Der wichtigste Schritt aber war die nun endgültige Kommerzialisierung der Suchmaschine. Mit AdWords hatten Brin und Page endlich einen großen Teil der von den Venture Capitalists aufgegebenen Hausaufgaben erledigt.

Aber das anfängliche Anzeigengeschäft war auch bei Google noch old-economy. Über das firmeninterne Anzeigenvertriebsteam konnte der Werbekunde Suchbegriffe und Platzierungen buchen, um dann mehr oder weniger prominent in den Suchbegriffen aufzutauchen. Werbetreibende bekamen via Fax die Buchungsbestätigungen, und die Vertriebler gingen mit großen Kunden zum Essen.

Das generell gespaltene Verhältnis der Google-Führung zur Vermarktung erfuhr der Leiter des New Yorker Teams, Tim Armstrong, am eigenen Leibe: »Üblicherweise wurden Inseratsaufträge in der Branche per Fax bestätigt. Als Armstrong jedoch ein Faxgerät bestellen wollte, erhielt er einen Anruf von George Salah, der für die Anschaffung von Geräten zuständig war. ›Larry und Sergey wollen wissen, warum ein Faxgerät benötigt wird‹,

....

53 http://googlepress.blogspot.co.at/2000/06/yahoo-selects-google-as-its-default.html

sagte Salah. Armstrong erklärte ihm die Sache mit den Inserats-aufträgen. Darauf erhielt er einen weiteren Anruf. Diesmal woll-ten Larry und Sergey wissen, ob es denn genügend Aufträge geben würde, um die Kosten für ein solches Gerät zu rechtfertigen.«[54]

Sicher war das damalige Verhalten eine Mischung aus Geiz[55] und Ignoranz.

Auch was die Eigenwerbung anging, waren Page und Brin spar-sam:

»Die Risikokapitalgeber hielten es für sinnvoll, wenn Google ein paar Marketingmaßnahmen ergreifen würde, um mehr Nut-zer anzuziehen und den Wiederkennungswert der Marke zu erhö-hen. Die Konkurrenz schaltete sogar Werbespots im Fernsehen, aber Brin und Page lehnten dies ab.«[56]

Die Leiterin der Öffentlichkeitsarbeit, Cindy McCaffrey, die 1999 zu Google gekommen war, fand, dass das Marketing von der Firmenleitung schon immer stiefmütterlich behandelt worden war.

Page und Brin glaubten einfach an die Eigenkraft der Marke und vertrauten auf die Produktqualität ihrer Suchmaschine, die mit den steigenden Nutzerzahlen fast ein Selbstläufer geworden war. Die ohnehin angespannte finanzielle Situation sollte nicht noch zusätzlich durch in ihren Augen überflüssige Aktionen belastet werden.

»Eine wichtige Rolle spielte in diesem Zusammenhang auch der Umstand, dass die Nutzerzahlen damals geradezu explodier-ten und Google zwingend weiter in Technologien, Infrastruktu-ren und Mitarbeiter investieren musste, wenn es seine Nutzer nicht verärgern wollte.«[57] Besser schien es also, zufriedene Kun-

....

54 Steven Levy, a. a. O., S. 110–111
55 Ebd., S. 110
56 Ebd., S. 100
57 Ebd., S. 505

den zu haben, die mit den realisierten Services glücklich waren und mitwuchsen, als Geld in den klassischen Medien zu verbrennen, den Kundenkreis zu erhöhen, aber gleichzeitig die Qualität des Produktes zu vernachlässigen.

Das Motto der Eigenvermarktung schien frei dem Film »Feld der Träume« von 1989 mit Kevin Costner entlehnt: »If you build it, they will come – Wenn du es baust, werden sie kommen.«

So hatte der frisch eingestellte Marketing-Vizepräsident Scott Epstein[58] 1999 bei Google nur ein kurzes Gastspiel. Mit seinem konservativen Marketingplan, den er zuvor mühsam über Markt- und Zielgruppenanalysen sowie Daten bezüglich der Kundenzufriedenheit erstellt hatte, stieß Epstein gegen eine Mauer. Epsteins Marketingplan hätte 50 Prozent der noch zur Verfügung stehenden finanziellen Ressourcen verbraucht und wurde deshalb prompt abgelehnt.[59]

»Wäre das nicht toll«, fragten Brin und Page stattdessen ihren Marketing-Chef im Meeting, »wenn wir das Google-Logo mit einem Laser auf den Mond projizieren könnten?«[60]

Das letzte Jahr vor der Jahrtausendwende

»Obwohl sie noch keine Ahnung hatten, wie das mit der Werbung funktionieren sollte, wussten sie bereits eines: Die Anzeigen mussten eher nützlich als lästig sein. Genau wie Larry und Sergey zeigten, dass es einen riesigen Markt für eine Suchmaschine gab, die bessere Suchergebnisse auswarf, traten sie an,

....

[58] S.a. unter http://about.me/scottwired
[59] Dazu auch: Ralf Kaufmanns/Veit Siegenheim, Die Google-Ökonomie: Wie der Gigant das Internet beherrschen will, Düsseldorf 2009, S. 113
[60] Ebd., S. 100

zu demonstrieren, dass es einen Markt für Internetanzeigen mit besseren Ergebnissen gab, bei denen die Bedürfnisse der Nutzer – und nicht die der Anzeigenkunden – die höchste Priorität genossen.«[61]

Der Ansatz war da, die Umsetzung in ein programmiertes Anzeigensystem fehlte allerdings noch. Die Investoren der ersten Stunde sowie die beiden Vertreter der Venture-Capital-Gesellschaften wurden langsam, aber sicher unruhig.

Jeffrey Dean und Craig Silverstein sowie die anderen Entwickler der ersten bzw. zweiten Stunde sowie Eric Veach, der freimütig zugab, dass er Werbung hasste, versuchten, eine Lösung im Sinne von Google zu programmieren, die die schnelle Suchmaschine mit effizienter Werbung verknüpfte. Und die so einfach war, dass man damit auch an kleinere Werbekunden herankommen konnte.

Die Google Suchmaschine erfasste über Schlagworte alle Bereiche des Lebens. Was lag also näher, dieses Prinzip auch bei der Werbung zu versuchen? Zumal damit auch kleinere Unternehmen, für die Werbekampagnen in den klassischen Medien unerschwinglich waren, angesprochen werden konnten. Diese Erschließung eines gigantischen Kleinanzeigenmarktes entpuppte sich für Google als äußerst lukrative Idee. Gleichzeitig boten diese Anzeigen auch für die Nutzer eine Art von Mehrwert, weil sie auf Produkte stießen, die sie sonst erst nach langer, mühsamer Suche gefunden hätten.

Mit der Digitalisierung der Medienwelt entstand für Google – praktisch nebenbei – eine weitere Möglichkeit, mehr vom Werbekuchen abzubekommen. Was sich im Online-Bereich rechnete, musste schließlich auch über digitale Radio- und TV-Programme

....

[61]   Richard L. Brandt, a. a. O., S. 83

funktionieren. Google entwickelte deshalb ein Programm, wie Werbung automatisiert im Rundfunk gesteuert werden konnte.[62]

Indem Google im Oktober 2000 sein Anzeigensystem startete, legte das Unternehmen den Grundstein für seinen gigantischen Erfolg, und dies, obwohl es sich eigentlich nicht um eine Google-Erfindung handelte.[63]

Die 1997 als Spin-off von der Technologie-Investmentfirma Idealab in Pasadena gegründete Firma Goto.com hatte bereits vor Google die entscheidende Idee[64] für den Online-Werbemarkt entwickelt:

....

[62] »Erste konkrete Schritte zur Eroberung des Äthers unternahm Google im Januar 2006 durch den Kauf des texanischen Unternehmens Dmarc für 102 Millionen US-Dollar. Dmarc war darauf spezialisiert, Werbespots automatisch in die Computersysteme von Radios einzuspielen. Google-Programmierer haben die Dmarc-Technologie mit AdWords- und AdSense-Verfahren kombiniert. ... Google hat aber bereits 1600 Radiosender an dein Werbenetzwerk angeschlossen und amerikanische Firmen können bereits Radiokampagnen via AdWords buchen«, Lars Reppesgaard, Das Google Imperium, Hamburg 2008, S. 70

[63] Das war nicht das erste Mal: »So wenig wie Google die Suchmaschinentechnologie erfunden hat, so wenig ist auch das Platzieren von Anzeigen, die sich auf den Inhalt einer Website oder einer Suchanfrage beziehen, eine Erfindung der Kalifornier. ›Viele sehen Google als ein Unternehmen, das alles als Erstes ausprobiert; aber das stimmt so nicht. Der Aufstieg von Google ist vielmehr ein Beispiel für ein Unternehmen, das ein erstklassiger Zweiter ist‹, sagt Gartner-Analyst Whit Andrews. »Sie waren weder die Ersten bei der Internetsuche noch bei vielen anderen Diensten. Vor Google Maps gab es Mapquest aus Denver, vor Google Mail gab es unter anderem Microsofts Hotmail.« Lars Reppesgaard, a.a.O., S. 66

[64] »...pay for more prominent placement in the search results. Rather than ranking search results according to where and how often certain key words appear, as conventional search engines do, Goto.com actually ranks results according to how much sites are willing to pay. The service posts the per-word pricing in an open auction, allowing Web sites to continually bid for higher placement on a given topic. Goto.com then requests that visitors vote on the quality and relevance of search results – information that is later used to improve future searches.« S. a. http://www.nytimes.com/1998/03/16/business/with-gotocom-s-search-engine-the-highest-bidder-shall-be-ranked-first.html

»Anzeigenkunden konnten dafür bezahlen, dass ihre Anzeige genau neben Suchergebnissen platziert wurde, die zum Inhalt der Annonce passten. Auch das Verfahren, dass die Werbetreibenden keine Festpreise zahlten, sondern Gebote abgaben, um an bestimmten Stellen im Netz aufzutauchen, hatte Goto entwickelt. Abgerechnet wurde nur, wenn jemand auf die Anzeige klickte. Yahoo und AOL nutzten das Programm, um mit ihren Suchergebnissen Geld zu verdienen. Bereits im Juli 1998 wurde pro Klick bis zu einem US-Dollar gezahlt.«[65]

Die Umstände spielten Google in die Tasche: Einerseits hatte Microsoft durch ein Bundesgerichtsurteil im Juni 2000 bezüglich der Marktmonopolisierung mit seinem Browser Internet Explorer ein großes Imageproblem bekommen, und andererseits liefen mittlerweile 15 Millionen Suchanfragen täglich über die Google-Server. Mit der immer größer werdenden Fangemeinde erhöhten sich auch die Marktanteile von Google; allerdings waren es im Frühjahr 2000 erst bescheidene fünf Prozent, während der Konkurrent AltaVista bei 26 Prozent lag. Aber das Blatt wendete sich bald.

Das Werbesystem von Goto.com, die sich später in Ouverture umbenannten und dann von Yahoo gekauft wurden, wurde von Eric Veach und Salar Kamangar derart verfeinert und getunt, dass der Preis einer Anzeige nicht mehr davon bestimmt wurde, wie oft sie den Usern präsentiert wurde.

»Stattdessen wurde die Click-through-Rate zur Abrechnungsgrundlage der Online-Werbung. Über die Gebote gaben die Inserenten an, wie viel sie für den Klick der Nutzer auf eine ihrer Anzeigen und damit den Besuch ihrer Websites zu zahlen bereit waren.«[66]

....

[65] Lars Reppesgaard, a.a.O., S. 67
[66] Steven Levy, a.a.O., S. 119

Und damit nicht genug: »Das neue System bot finanzielle Anreize, qualitativ bessere Anzeigen zu entwickeln. Für effektive Anzeigen wurde ein niedriger Preis veranschlagt, und schlecht gemachte Anzeigen konnten sogar mit Geldstrafen ... geahndet werden.«[67]

Und genau dies war die Blaupause für Googles AdWords.

Suchmaschine, Werbemaschine, Geldmaschine

Mit diesen Evaluationstools, die Google später auch in die Set-top-Boxen von Fernsehern integrierte[68], um die Sehgewohnheiten der Zuschauer für die Sender und die Werbeindustrie transparent zu machen, nahm die Werbemaschinerie Google zur Freude der Investoren langsam Fahrt auf. [69]

Das Datensammeln geschah wie von selbst. Weitestgehend unbeeinflussbar, nur durch die Aktionen der User, konnten Konsumverhalten, wahrscheinliche Zielgruppenzugehörigkeit und vieles mehr analysiert werden.

....

[67] Ebd.

[68] Lars Reppesgaard, a. a. O., S. 71

[69] Interessanterweise nahm die GfK (Gesellschaft für Konsumforschung) 2008 Google für ein gemeinsames Projekt ins Boot: »Das Marktforschungsunternehmen GfK hat in Zusammenarbeit mit Google und Nurago eine Methode zur Messung der Effizienz von Online-Werbung entwickelt. Mit dem Web Efficiency Panel (WEP) startet die GfK ab dem 1. Juli in 9000 Haushalten. Man bewertet den Erfolg von Online-Kampagnen und setzt sie in Verbindung mit gekauften schnelldrehenden Gütern. Google wird hier als technischer Partner agieren. Die GfK wird die Wahrscheinlichkeit auswerten, die den Verbraucher veranlasst hatte, das Produkt aufgrund der Online-Werbung zu kaufen.
Unternehmen sollen so einen besseren Überblick über den Ertrag einer Online-Kampagne im Verhältnis zu deren Kosten bekommen. Man hat hohe Erwartungen an das neue Tool.« Siehe unter http://www.soq.de/Sport-Insider/Artikel/GfK-und-Google-praesentieren-ein-Tool-zur-Effektivitaets-messUng-von-Online-Werbung

»Unter all den Schrecken unserer Gegenwart, welche man einem normalen Menschen niemals an den Hals wünschen möchte, ist dieser hier einer der Furchtbarsten: dass eines Tages ein freundlicher Mensch von der GfK vor der Tür steht, einem sagt, dass man für die Fernsehquoteneinschaltmessung ausgewählt sei. Und dann kommen die Techniker, bauen die Messgeräte ein und verstopfen alle freien Ecken mit Kabeln. Und der arme Mensch, der sich nicht lange als Auserwählter fühlen wird, muss einen Knopf drücken, wenn er sein Gerät einschaltet, einen weiteren, wenn sich die Frau dazusetzt, noch mal, wenn die Kinder kommen, wenn sie wieder gehen. Und wenn er in die Ferien geht, muss der Mensch sich erst abmelden bei der GfK.«[70]

Dieses Szenario ist von einer anderen Methode abgelöst worden. Der Spielraum bezüglich einer Anonymisierung der erhobenen Daten ist minimal geworden. Das Einsammeln ist deutlich vereinfacht und steht absolut direkt im Zusammenhang mit der Aktion desjenigen, der durch ebendiese Aktion die Daten liefert.

Über seine diversen zusätzlichen Angebote und seine raffinierten mathematischen Auswertungen ist der Internetgigant aus Palo Alto in der Lage, Daten ein Gesicht zu geben. Und damit ist nicht nur das Speichern der IP-Adressen und des Surf-Verhaltens mit Dauer und Einwahluhrzeit, letztlich also das digitale User-Profil, gemeint.

»Das Ziel von Google ist es, die Informationen der Welt zu organisieren und für alle zu jeder Zeit zugänglich und nutzbar zu machen« – dieser Claim unter Google.de, diese Philosophie, diese Mission gewinnt, angesichts der zunehmenden Transparenz der User und Kunden, eine pikante Brisanz.

....

[70] Claudius Seidl, Die große Quoten-Lüge, Frankfurter Allgemeine Sonntagszeitung, 16.02.2014, Nr. 7, s. a. http://www.faz.net/aktuell/feuilleton/medien/das-fernsehen-und-seine-zahlen-die-grosse-quoten-luege-12803540.html

Viele offizielle Äußerungen des Konzerns lassen heute den eindeutigen Schluss zu, dass es Google nicht nur um reine Kommerzialisierung der Datenbibliotheken geht, was ja grundsätzlich in Ordnung wäre, denn es liegt im Interesse eines Unternehmens, Produkte zu verkaufen und auch eine aggressive Positionierung im Markt zu vertreten.

Aber längst ist der kalifornische Suchmaschinenriese nicht nur im Data-Mining unterwegs. Die Homepage ist mit Google.org, Google Green, Google Politics & Elections sowie Google Crisis Response verlinkt. Das sind keine reinen Services mehr, sondern hier berührt der IT-Konzern empfindliche Bereiche unseres öffentlichen Lebens, in denen er mitzumischen versucht.

So gibt sich Google politisch korrekt und propagiert erneuerbare Rohstoffe und alternative Energiegewinnung. Dem User wird suggeriert, dass er, weil er Google nutzt, die Umwelt schont:

»Google schafft ein besseres Web, das besser für die Umwelt ist. Wir machen unser Unternehmen durch die effiziente Nutzung von Ressourcen und die Unterstützung erneuerbarer Energien umweltfreundlicher. Dies bedeutet, dass Sie bei der Verwendung von Google-Produkten umweltfreundlicher handeln.«[71]

Und weil das natürlich aus PR-Sicht gut klingt, geht Google weiter in diese Richtung. Bei Naturkatastrophen und sonstigen Krisen und Ausnahmezuständen bietet der amerikanische Internetkonzern öffentlichkeitswirksam seine Unterstützung[72] an,

....

71 https://www.google.com/green/index.html
72 https://www.google.org/crisisresponse/howwerespond.html: »Web page with the most relevant emergency information and tools for a specific crisis. This might include contact information, news updates, donation links, and tools we launch for the crisis, Google Crisis Map or Google Person Finder. We're most likely to launch pages for major global crises where we have unique content and authoritative information to share.«

indem er Webseiten mit aktuellen Nachrichten, Datenbanken zur Suche von Vermissten und Links zu Hilfs- und Spendenorganisationen bereitstellt[73].

Mit dem Leid anderer ließen sich immer schon gute Geschäfte machen – oder zumindest das eigene Image aufpolieren.

In einem Interview, das Stefan Klein[74] mit Richard Dawkins[75] führte, antwortet Dawkins auf die Bemerkung von Klein, dass für den Journalisten und Pulitzer-Preisträger Robert Wright[76] das Mitleid der Menschen füreinander auf Kaufmannssinn begründet sei, »Er [Robert Wright, Anm. d. Verf.] schrieb: ›Tiefes Mitgefühl ist lediglich hochdifferenzierte Anlageberatung.‹ Wer für einen Ertrinkenden in einen kalten Fluss springe, habe bei ihm etwas gut. Und je verzweifelter die Lage des Empfängers, desto höher der Betrag auf dem Schuldschein.«[77]

Doch Google hat den ganz großen Coup vor.

So schreibt Googles Executive Chairman Eric Schmidt: »Eine Reihe von Akteuren muss eine neue Einschätzung der physischen und der virtuellen Welt vornehmen: Staaten, die das Verhalten anderer Staaten verstehen wollen, Akademiker, die sich mit internationalen Beziehungen beschäftigen, oder Nichtregierungsorganisationen und Unternehmen, die über physische Ländergrenzen hinaus tätig sind. … Es ist schon schwer genug, eine rein physische Welt zu durchschauen, doch im Digitalzeitalter werden sich zukünftig die Fehleinschätzungen und Irrtümer häufen. International werden wir es vermehrt mit Cyberkonflikten und neuen

....

73 »We partner with government agencies, NGOs and commercial organizations. If you are an organization that publishes authoritative emergency information, let us know who you are by completing this form today.«
74 Stefan Klein ist Physiker, Philosoph und deutscher Wissenschaftsautor, s. a. unter http://www.stefanklein.info/
75 Richard Dawkins ist Emeritus der Oxford University, Evolutionsbiologe und Autor, s. a. unter http://de.richarddawkins.net/
76 Robert Wright, Princeton Absolvent, s. a. unter http://www.meaningoflife.tv/
77 Das ganze Gespräch unter http://stefanklein.info/en/node/278

Arten der physischen Kriegsführung zu tun bekommen – und … mit neuen Revolutionen.«[78]

Und Google ist dabei – immer und überall. So wurde beispielsweise 2013 für die Bundestagswahl die Bundestagswahl-Website google.de/wahlen eingerichtet, die die üblichen Such- und News-Funktionen von Google nicht nur miteinander, sondern auch mit Social-Media-Portalen kombinierte. Somit mischte sich Google aktiv in die Wahlkampfberichterstattung ein, und dies nicht zum ersten Mal.[79]

»Das Portal zur Bundestagswahl in Deutschland ist nicht das erste Angebot von Google dieser Art. Zuvor hatte der Internetkonzern bereits in rund 20 Ländern ähnliche Seiten zum Thema Wahlen angeboten, unter anderem in Ägypten, Frankreich, Italien und zuletzt den USA. Im Laufe des Wahlkampfes wird das Angebot auf google.de/wahlen weiter ausgebaut. In Vorbereitung sind eine Landkarte mit Informationen über alle Direktkandidaten sowie eine interaktive ›Schnitzeljagd‹ für Jungwähler.«

....

[78] Eric Schmidt/Jared Cohen, a.a.O., S. 177–176
[79] »Tech company Google launched a special German federal election site, ›2013+You‹, on Thursday, combining Google search and news options as well as social media tools to help educate German voters about the campaign.
On the site, users can read news about the election in German or English, watch election-related videos, and look at Google search trends for each candidate and party. There's also a social element to the site: It will host Google hangouts on political topics and has a page that maps discussions of political topics on its Google+ social media site.
The site's content will be managed in partnership with the website politik-digital. de and web video journalist Tilo Jung.
Ralf Bremer, a senior manager for communications at Google's Berlin office, told SPIEGEL ONLINE that the site is a way for Germany's political parties to reach voters in a non-traditional way. The site and its tools ›provide opportunities for parties to reach people they don't reach through other channels‹, he said.«
Der ganze Text unter http://www.spiegel.de/international/germany/google-launches-elections-page-to-help-educate-german-voters-a-916994.html

Wann, fragt man sich, kommt der gläserne Volksvertreter, wie
ihn Dave Eggers in »Der Circle« schildert? [80]

Auf dem Weg zum gläsernen Wähler ist es nicht mehr weit.

Der Kapitän kommt an Bord

Mit AdWords war ein Teil der Hausaufgaben von Brin und Page
erledigt. Jetzt fehlte nur noch der gewünschte und vom Führungsduo versprochene Industriekapitän, der aus dem Suchmaschinenbetreiber ein noch profitableres Unternehmen machen und das
anfängliche Chaos des IT-Hot-Shops in den Griff bekommen
sollte.

Dieser Mann sollte Eric Schmidt sein.

Der Google-Legende nach lernten sich Schmidt und Larry Page
anlässlich des sogenannten PC Forum kennen. Die Fachtagung
war bis 2006 eine bedeutende jährliche Konferenz für Führungskräfte des Technologiemarktes und wurde von CNET Networks
veranstaltet.

Page und Schmidt nahmen an einer Podiumsdiskussion teil,
und Schmidt fiel auf, dass Larry Page, der über Google und seine
Erfolge berichtete, extrem schüchtern wirkte.[81]

Der erste wirkliche Kontakt wurde von John Doerr initiiert.

Doerr, einer der wichtigsten Geldgeber von Google, kannte
Schmidt und drängte ihn zur Kontaktaufnahme. Doch der

....

[80] Dave Eggers, Der Circle, Köln 2014. Zwar handelt es sich dabei um einen Roman,
er ist aber so minutiös recherchiert – genauso wie die ebenfalls hier erwähnten
Romane von Marc Elsberg –, dass er fast als futuristische Dokumentation
durchgehen könnte.

[81] Richard L. Brandt, a. a. O., S.73

lehnte ab, war er doch zu diesem Zeitpunkt CEO von Novell Inc., einem Hochtechnologie-Unternehmen, das sich auf Netzwerkbetriebssysteme spezialisiert und in den 80ern eine marktbeherrschende Stellung für den Verkauf vernetzter PCs innehatte. Und auch die beiden Google-Gründer hatten zunächst einen anderen Namen als Schmidt auf dem Zettel. Sie träumten von Steve Jobs, dem Gründer von Apple. Doch diese Idee blieb das, was es war, ein Traum. Und Geldgeber Doerr drängte auf eine Lösung.

Notgedrungen luden Page und Brin dann doch Eric Schmidt zum Gespräch ein. Vor seinem Posten als CEO von Novell war Schmidt Chefentwickler bei Sun Microsystems gewesen.

»Vorstandsetagen und Entscheidungen waren ihm nicht fremd. Entscheidend für ihn sprach aber, dass er ein hervorragender Entwickler war, der seinen computerwissenschaftlichen Doktor in Berkeley gemacht hatte und als Koautor des unter eingefleischten UNIX-Programmierern bekannten und geschätzten Programmierwerkzeugs »Lex« als Computerfreak galt. »In den Computerwissenschaften kannte er sich wirklich aus«, sagte Larry Page. »Tatsächlich haben wir Lex auch bei Google benutzt. Zudem war Schmidt kein eitler Fatzke.«[82]

In den Augen von Brin und Page war aber ein besonders wichtiges Kriterium, dass Schmidt von allen Kandidaten, die sie für den Posten in Erwägung zogen, der Einzige war, der das »Burning-Man-Festival« besucht hatte. Für die beiden gehörte der alljährliche Besuch der Veranstaltung zur Jahresroutine wie Rosch ha-Schana, das jüdische Neujahrsfest.

Ursprünglich als Trinkveranstaltung des liebeskummerkranken Larry Harvey[83] mit zwanzig Teilnehmern gegründet, ist das Festival heute zu einer riesigen temporären Stadt im Bundesstaat

....

[82] Steven Levy, a.a.O., S. 105
[83] http://www.burningman.com/whatisburningman/people/1_harvey_bio.html

Nevada in der Black-Rock-Desert geworden, die jedes Jahr Zehntausende Menschen anzieht.[84]

Zu den Höhepunkten gehören gigantische Kunstinstallationen, Kostüme, Partys und Art Cars. Teilnehmer berichten von bizarren Erinnerungen und von Bildern aus einem LSD-Trip – allerdings ohne LSD, heißt es zumindest offiziell.

Auch Brin und Page nutzten das Kult-Treffen als Inspirationsquelle. Und es gilt als sicher, dass dieses Festival auch Googles Firmenkultur mitgeprägt hat. Schon der spielerische Umgang mit dem Firmen-Logo durch die Google-Doodles-Aktionen verraten das. Was für die meisten Marketingexperten eine zumindest wagemutige Entscheidung wäre[85], ist für Google völlig normal: die gelegentliche, anlassbezogene grafische Mutation des Logos. Erstaunlicherweise wird aber gerade diese Veränderung als Fixum wahrgenommen, als Corporate Identity. Der fast schon kindliche Umgang mit dem Logo verschleiert auf eine geniale Weise das kühle Geschäft des IT-Konzerns mit Daten, Zahlen und mathematischen Operationen.

Eric Schmidt, der im März 2001 Chairman of the Board und im August CEO von Google wurde, entwickelte sich in diesem genialen Chaos schnell zum entscheidenden Gegenpol. Schmidt war ein Manager der alten Schule, dessen Kreativität sich in der Entwicklung und Umsetzung von strategischen Schachzügen bündelt.

Google ist deshalb unter dem Strich so effizient, weil es, laut Schmidt, »bestimmte Teile der Firma gibt, die keineswegs chaotisch geführt werden«. Schmidt selbst ist das lebende Beispiel für diese Arbeitsteilung innerhalb des Unternehmens.

....

84 S. a. unter http://wuestengefluester.axelvetter.de/
85 S. a. unter http://www.emeraldinsight.com/doi/abs/10.1108/10610421011033421

»Seitdem er (…) zu Google kam, agiert er als Gegengewicht zu den Gründern. Brin und Page, die damals 27 und 28 Jahre alt waren, verhalten sich noch heute so sprunghaft und impulsiv, als wären sie nicht die Chefs eines Milliardenkonzerns, sondern Studenten in einer wissenschaftlichen Arbeitsgruppe. Schmidt (…) gab Google die Struktur eines modernen Unternehmens und schuf damit die organisatorischen Voraussetzungen, damit sich die Gründer und die übrigen Googler austoben können.«[86]

Auch aus PR-Sicht war diese Arbeitsteilung höchst erfolgreich. Gegenüber der Außenwelt präsentierte sich Google als chaotisch-sympathisches Unternehmen, das seinen Mitarbeitern unendliche Freiheit einräumt, damit diese ihre Kreativität voll ausleben können. Doch in Wirklichkeit fußte auch Googles Erfolg auf straff organisierter, harter Arbeit.[87]

Going public

Nach Schmidts Amtsantritt sollte sich Google umgehend auf den nächsten entscheidenden Schritt vorbereiten: den Börsengang. Ein erfolgreicher Start auf dem Aktienparkett ist immer eine

....

[86] Lars Reppesgaard, a. a. O., S. 51
[87] Ähnlich: »F.: Wenn Sie an der Idee für eine Kampagne arbeiten, dann setzen Sie sich in eine Besenkammer?
v. Matt: Das war beim Start unserer Agentur und geschah aus einer Notlage. Die Agentur befand sich in einer offenen Fabrikhalle. Damit wir einen Platz für konzentriertes Arbeiten hatten, bastelten wir aus einer ursprünglichen Besenkammer eine Denkzelle. Da war ein Stuhl, ein Tisch, ein Computer. Diese Denkzelle wurde beinah legendär. Wir zeigen sie auch den Kunden. In den neuen Räumlichkeiten, die wir seit einem halben Jahr gaben, ist auch wieder so eine Denkzelle, aber mit Fenster.« Das ganze Interview mit Jean-Remy von Matt s. a. unter http://www.persoenlich.com/sites/default/files/interviews34.pdf

gigantische Win-win-Situation. Für das Unternehmen, weil es sehr viel Kapital einsammeln kann, und vor allem für die Investoren der ersten Stunde, die über ihre Beteiligungen bequem Kasse machen können.

Doch während die Risikokapitalgeber langsam ungeduldig wurden, drückten Eric Schmidt, Larry Page und Sergey Brin auf die Bremse.

Der Grund: Google brauchte kein frisches Kapital mehr und wuchs bereits aus sich heraus. »Wir haben intern schon über die IPO-Frage[88] diskutiert, aber ganz ehrlich, wir machen doch Gewinn. Wir erwirtschaften Geld. Wir brauchen überhaupt nicht an die Börse zu gehen«, sagte Schmidt Ende 2001 in einem Interview des San Francisco Chronicle.[89]

Auch die Verpflichtungen, die Google mit einer Umwandlung zur Aktiengesellschaft eingehen musste, schreckten die Google-Chefs ab.

Veröffentlichung der Unternehmensdaten, tiefer Einblick in die Geschäftsmodelle, das gefiel dem Trio überhaupt nicht, da dies auch Konkurrenten auf den Plan rufen könnte.

Doch es gab kein Zurück: Schon damals, mit der Annahme des ersten Schecks von Andy von Bechtolsheim, war der Weg an die Börse ohne Alternative vorgezeichnet gewesen.

Und dieser Weg war vor allem für Brin und Page ein steiniger.

Zu den Vorbehalten bezüglich der Veröffentlichungen ihrer realisierten Ideen und ihrer zukünftigen Vorhaben kamen das Bedürfnis nach unternehmerischer Freiheit und einem sicheren Privatleben, das nun, neben den persönlichen Eigentumsverhältnissen,

....

88   IPO: Initial Public Offering, dt.: Börsengang.
89   Bei Lars Reppesgaard, a.a.O., S. 113, ursprüngl. aus John Battelle, The Search: How Google and Its Rivals Rewrote the Rules of Business and Transformed Our Culture, 2005

in das Licht der Öffentlichkeit rückte.[90] Ihnen graute aber auch vor den Roadshows, den Fließband-Präsentationen vor Analysten und potenziellen Großinvestoren, die nach dem Platzen der Dot-Com-Blase sehr kritische Fragen stellen konnten. An der Börse werden schließlich Träume zu Geld gemacht, also musste die Story stimmen, die Google seinen künftigen Aktionären erzählte.

2002 verkündete Google eine wichtige Partnerschaft mit AOL. Beide Unternehmen einigten sich auf eine mehrjährige Zusammenarbeit. In Zuge dessen kamen die damals 34 Millionen AOL-Kunden und weitere Millionen AOL-Besucher zu den Usern von Google dazu. Aber auch sonst bot Google viele Voraussetzungen, um von den Experten als lohnendes Investment angesehen zu werden.

Das Unternehmen steigerte nicht nur kontinuierlich seinen Marktanteil, sondern lieferte auch regelmäßig exzellente Finanzzahlen ab. 2003 erwirtschaftete das Unternehmen aus Palo Alto bei 560 Millionen US-Dollar Umsatz 58 Millionen US-Dollar Gewinn.

Im ersten Halbjahr 2004 konnte Goggle diesen Erfolg toppen. Bei 1,4 Milliarden US-Dollar Umsatz erzielte das junge Unternehmen 143 Millionen US-Dollar Gewinn.[91]

....

[90] »Going public also posed a potentially grave risk to Google's culture. Life at the Googleplex was informal. Larry and Sergey knew many people by their first names and still signed off on many hires. With rapid growth and an initial public offering, more traditional management and systems would have to implemented. No more off-the-shelf software to track revenue on the cheap. Now it was time for audits by major accounting firms.« David A. Vise/Mark Malseed, a. a. O., S. 179

[91] »Google's remarkable financial performance, revealed in its IPO filing, stunned analysts, competitors, and investors. The speedy search engine had a penchant for profit. In the first half of 2004, the com million in the same period in pany recorded sales of $1.4 billion and profits of $143 million, compared to sales of $ 560 million and profits of 58 million in the same period in 2003.« Ebd., S. 179

Dieser enorme Erfolg gab den drei Google-Chefs dann auch den nötigen Rückhalt in den Verhandlungen mit den Banken über den Börsengang. An der Spitze des aus 29 Banken bestehenden Konsortiums standen Morgan Stanley und Credit Suisse First Boston, die beide auch als Bookrunners fungierten. Weitere Underwriters waren unter anderem Goldman Sachs, Citigroup Global Markets, Lehman Brothers, Allen & Company, J. P. Morgan Securities, WR Hambrecht & Co sowie Thomas Weisel Partners.

Insgesamt waren also über zwei Dutzend Banken dabei. Allerdings gab es Probleme, denn Brin und Page wollten nicht nur den Banken und ihren institutionellen Anlegern das Geschäft gönnen, sondern auch Kleinanleger beteiligen. Die Banken waren verpflichtet, einen Teil der Aktien für private Anlagen frei zu halten. Und dieser Teil sollte über eine Auktion verkauft werden. Google sollte – wie seine Produkte – zwar exzellent, aber nicht exquisit sein, sondern die User – die Massen – zufrieden stellen.

Das war auch der Grund, weshalb ein vergleichsweise kleines Bankhaus wie WR Hambrecht & Co mitmachen durfte. Denn Hambrecht versprach, »die Einstiegskurse bei Börsengängen in genau der Höhe festzulegen, die der freie Markt tatsächlich zu zahlen bereit ist. Anstatt den Börsengang großen institutionellen Anlegern anzubieten, konnten sich bei WR Hambrecht Privatanleger anmelden, um online sowohl bereits börsennotierte Aktien als auch Aktien der Unternehmen, die WR Hambrecht beim Börsengang betreute, zu handeln.

Im Fall der Börsengänge konnten die Privatanleger ein Gebot abgeben, je nachdem, wie sie den Wert der Aktie einschätzten. Die Bank setzte dann den Kurs entsprechend dem höchsten Gebot fest, bei dem noch genügend Anleger zusammenkamen, um alle angebotenen Aktien zu kaufen.«[92] Das passte vor allem Goldman

....

[92] Richard L. Brandt, a. a. O., S. 100

Sachs überhaupt nicht. Sie versuchten, bei John Doerr einen Rückzug vom Börsengang zu erwirken, ohne Erfolg.

Angeblich zur Strafe, weil Goldman die zwei Google-Guys übergehen wollte bzw. hinter ihrem Rücken versuchte, die Weichen zu stellen, bekamen die Investmentbanker im Konsortium einen unbedeutenderen Platz als Arranger zugewiesen. Die niedrigere Konsortialquote bedeutete beim Börsenkandidaten Google auch weniger Cash nach der erfolgreichen Premiere auf dem Parkett.

Den Gerüchten der bewussten Rückstufung widersprach Eric Schmidt, indem er meinte, dass es unüblich sei, mehr als zwei Lead Arrangers zu verpflichten.

Diese Angelegenheit und das als ungeschickt bewertete Verhalten der zwei Firmengründer [93] schufen im Vorfeld der Erstnotierung eine extrem schlechte Presse.

»Die Googler ließen kaum eine Möglichkeit aus, die Kapitalmarktprofis vor den Kopf zu stoßen. Google wolle ›die Welt in einen besseren Ort verwandeln‹, hieß es in Pages Schreiben an die Aktionäre. Für renditeorientierte Anleger war das ebenso starker Tobak wie die Ankündigung, im Sinne einer langfristig erfolgreichen und nachhaltigen Unternehmensführung grundsätzlich auf Quartalsprognosen zu verzichten.«[94]

....

[93] Vermutet wird, dass Larry und Sergey den Börsengang nicht nur nicht liebten, sondern ihn demzufolge auch nicht ernst nahmen. Ein langes der seltenen Interviews im Playboy führte zu einer Untersuchung der US-Börsenaufsicht SEC, die prüfen musste, ob Page und Brin ihre Schweigepflicht zwischen Verkünden des Going public und der tatsächlichen Erstnotierung gebrochen hatten. Ihre Finanzberichte galten als unprofessionell, und die Roadshow gestalteten sie eher unterhaltsam, indem sie lieber ihre Visionen – als Aprilscherz des selben Jahres hatten sie die Eröffnung von »Googleunaplex«, einem Forschungszentrum auf dem Mond, durch Google gebracht – und ihre Leistungen für die Menschheit ins helle Licht stellten, als über Zahlenwerke und betriebswirtschaftliche Perspektiven zu sprechen. Dazu auch Richard L. Brandt, a.a.O., S. 103

[94] Lars Reppesgaard, a.a.O., S. 114

Während einer Großveranstaltung, die als Präsentation des zukünftigen »Kurs-Highflyers« vor circa 1500 potenziellen Investoren gedacht war, verweigerten die zwei Googler auf viele Fragen aus dem Publikum die Antworten und rissen Witze. Die ganze Präsentation war improvisiert, und die beiden Google-Gründer hatten sich nicht vorbereitet. Sogar einen Probelauf hatten Larry und Sergey, die sich anlässlich solcher Termine stets lässig gekleidet mit Vornamen vorstellten, abgelehnt.

Die bei Google für die Optimierung der betrieblichen Abläufe zuständige Lise Buyer sagte: »Wenn man ihnen sagte, man könne irgendetwas so nicht machen, hielten sie dich für einen Idioten.«[95] Und dann setzten Page, Brin und Schmidt noch einen drauf:

Nachdem sie den Hauptkunden der beteiligten Banken einen Großteil des Geschäftes dadurch vermiest hatten, dass sie Aktienkontingente an Privatanleger abgeben wollten, eröffneten sie dem Konsortium nun, dass sie statt der üblichen sieben Prozent Gebühr nur noch weniger als die Hälfte, nämlich 2,8 Prozent, an die Konsortialbanken zahlen würden.

Und doch war es am 19. August 2004 dann endlich so weit. Larry Page und Eric Schmidt läuteten den Beginn des Handels an der größten elektronischen Börse in den USA, der NASDAQ, ein. Der Anfangskurs der Aktiengebote lag bei 85 US-Dollar Stückpreis. Ausgegeben wurden 19 605 052 Aktienanteile, und die Aktie notierte bereits kurze Zeit nach Handelsbeginn knapp 20 Prozent über dem Ausgabekurs bei 101,60 US-Dollar.

Am Ende des ersten Handelstages waren 3,8 Milliarden US-Dollar in der Unternehmenskasse, und Eric Schmidt, der viel Dinge rund um den Börsengang anders gemacht hätte, betrachtete das Ereignis als eine Art abgeschlossenen Reifeprozess.

Die Krabbel- und Laufphase war beendet, Google war erwachsen geworden.

....

95 Steven Levy, a. a. O., S. 196

Going on

Zwei Monate nach dem erfolgreichen Börsengang eröffnete Google einen Standort in Irland, in der Hauptstadt Dublin. Welche Klischees auch immer einem zu Eire, dem Land der Feen und Kobolde, einfallen – rothaarige Menschen mit Sommersprossen, Guinness-Bier, Pubs oder Armut und Kinderreichtum –, die wahre Spezialität, zumindest für die Besserverdienenden und Großkonzerne, heißt »The Double Irish with a Dutch Sandwich«. Hierbei handelt es sich allerdings nicht um ein raffiniert belegtes Brötchen, sondern um eine ausgeklügelte Steuervermeidungskonstruktion, die verwerflich scheint, aber nicht illegal ist, da sie mehr oder weniger offerierte Gesetzeslücken nutzbar macht.

Die Finanzabteilung von Google zeigte sich mindestens genauso ausgeschlafen wie die hauseigene Programmierer-Truppe: Um massiv Steuern zu sparen, wickelten die Jungs aus Kalifornien fortan viele Geschäfte über Irland ab. Die Heimat von Oscar Wilde und William Butler Yeats hat seit jeher ein Herz für Autoren im Speziellen und damit für geistiges Eigentum im Allgemeinen. Diese Wertschätzung drückt Irland durch konkurrenzlos günstige Steuersätze aus. Und unter geistiges Eigentum fallen auch Lizenzen, also das Fundament von Googles Geschäftsmodell.

»2009 wies Google Ireland einen extrem hohen Verwaltungsaufwand von 5,5 Milliarden Euro aus und drückte dadurch seine steuerpflichtigen Gewinne. Diese Kosten resultieren aus Lizenzgebühren für die Nutzung von Patenten, die Google in eine andere Tochter ausgelagert hatte. Kurios: Diese Gesellschaft hat ihren Sitz ebenfalls in Irland (Double Irish), zahlt dort aber keine Steuern, da sie von den Bermudas aus gelenkt wird. Um Quellensteuern auf die vereinnahmten Lizenzgebühren in Irland zu vermeiden, schickte Google das Geld über den Umweg Niederlande (Dutch Sandwich) auf die Inselgruppe im Atlantik. Denn auch in dem Benelux-Land wird lediglich ein geringer Quellensteuersatz abverlangt. Google zahlte dank dieser Tricks auf Gewinne von 5,8 Milliarden Euro lediglich 174 Millionen Euro Steuern. Das entspricht einem Steuersatz von drei Prozent.«[96]

Eine Praxis, die auch andere Großkonzerne nutzen.

So zahlte zum Beispiel der Versandhändler Amazon im Jahr 2012 gerade mal 3,2 Millionen Euro Steuern, und das bei einem Umsatz von 8,7 Milliarden allein in Deutschland, denn der größte Teil der geschäftlichen Aktivitäten lief günstig über Luxemburg.

Oder auch Starbucks: Die Firma zahlte von 2010 bis 2013 in der Bundesrepublik mit ihren seinerzeit 161 Filialen und einem Umsatz 2011 in Höhe von 117 Millionen Euro keinen Cent Körperschaftsteuer, weil »kein zu versteuerndes Einkommen erwirtschaftet«[97] wurde.

Google sparte sich durch seine Tricks laut Nachrichtenagentur Bloomberg allein 2011 insgesamt zwei Milliarden Euro Steuern.

Um gleichzeitig den Verlust an öffentlichem Ansehen in Grenzen zu halten, präsentiert sich Google gerne als Good Guy, also als Partner von Non-Profit-Organisationen, Staaten und anderen Unternehmen.

So rief Google 2003 unter dem Titel »Code Jam« eine Wettbewerbsreihe für Nachwuchsprogrammierer ins Leben und profitiert seitdem doppelt. Das Unternehmen generiert positive PR und hat gleichzeitig eine effektive Recruiting-Möglichkeit für sich geschaffen.

....

[96] S. a. http://www.focus.de/finanzen/steuern/tid-31358/deals-und-geistertoechter-so-ertrickst-sich-apple-einen-steuersatz-von-zwei-prozent-google-zahlte-in-europa-nur-drei-prozent-steuern_aid_996273.html
[97] Ebd.

Im Juni 2006 veranstaltete das Unternehmen in Zürich einen öffentlich ausgeschriebenen Programmierwettbewerb und lobte ein Preisgeld von insgesamt 30 000 Euro aus.

»Google will mit dem Programmierwettbewerb sowohl die besten Softwareentwickler auszeichnen als auch talentierte Nachwuchskräfte für seine wachsende Anzahl europäischer Engineering Centres gewinnen. Die Teilnehmer müssen eigene Algorithmen entwickeln. Punkte erzielen die Finalisten, wenn ihr geschriebener Code dem Beweis standhält, unknackbar zu sein. Die Teilnehmer können aber auch wieder Punkte verlieren, wenn ihr Code von anderen Teilnehmern entschlüsselt wird ...

Die Code-Jam-Finalisten werden in Dublin Gelegenheit haben, einige der Top-Programmierer von Google persönlich kennenzulernen und so mehr über den Arbeitsalltag eines Software-Entwicklers bei Google zu erfahren.«[98]

Honi soit qui mal y pense – Böse, wer Arges dabei denkt. Aber hoch qualifizierten Nachwuchs kann und konnte der Suchmaschinenbetreiber immer gut gebrauchen. Denn allein Ende 2004 hatten die Kalifornier schon acht Milliarden Websites in ihrem Index und waren weiter stark am Wachsen.

Ebenfalls 2004, im Oktober, fand dann eine wichtige Akquisition von Google statt. Mit gefüllter Kriegskasse kauften die Kalifornier die Firma Keyhole Corp.

Keyholes Vicepresident of Product Management, Jonathan Rosenberg, bewertete in einer Pressemitteilung den Kauf als für Google-User wichtig, weil sie nun in der Lage wären, jeden Ort der Welt in 3D zu sehen.

Mit seinen Kartografierverfahren und seinen 3-D-Karten auf Satellitenfotobasis hatte Keyhole im Irakkrieg für die Medien

....

98 http://www.press1.de/ibot/db/press1.Leonce_1151575533.html

eine nicht unerhebliche Rolle bei der Berichterstattung gespielt. Die Datenbanken und die Technologie mit der Software »Earth Viewer« des Unternehmens waren wichtige Bausteine für Google Earth.

Der umstrittene Service von Google wurde 2005 aus der Wiege gehoben und ist laut offizieller Darstellung »ein Kartendienst auf Basis von Satellitenbildern, der die Darstellung von 3-D-Gebäuden und Gelände mit Kartenfunktionen und der Google-Suche kombiniert«. So wie seinerzeit Goto.com (Overture) lieferte auch diesmal wieder ein anderes Unternehmen die Basis für Teile des Google-Portfolios.

Auch das Patent für BackRub, das Ur-Google, das ja auf dem PageRank von Larry Page basierte, gehörte eigentlich der Stanford University.

»Da Page und Brin während der Entwicklung ihrer Suchmaschine für Stanford arbeiteten, gehörte das PageRank-Patent der Uni. Gewöhnlich traf Stanford finanzielle Vereinbarungen, bei denen die Erfinder Exklusivlizenzen für das von ihnen entwickelte geistige Eigentum erhielten.«[99]

So lief das auch mit Google. Nach der Firmengründung bzw. der Firmierung als Aktiengesellschaft überließen Larry und Sergey ihrer Alma Mater 1,8 Millionen Aktienanteile, die diese 2005 für 336 Millionen US-Dollar verkaufen konnte, und bekamen dafür im Gegenzug die vollen Nutzungsrechte am PageRank-Patent.

Ein für beide Seiten feiner Deal.

Das Jahr 2006 war aus zwei Gründen ein wichtiges für das vergleichsweise junge Unternehmen.

Zum einen wurde mit google.cn am 25. Januar eine chinesische Version der Suchmaschine freigeschaltet und damit ein Riesen-

....

[99] Steven Levy, a. a. O., S.40

62

markt in Angriff genommen, zum anderen gab Google in einer Pressemitteilung vom 9. Oktober des gleichen Jahres bekannt, dass sie die Medien-Plattform YouTube gekauft hätten. Das über Aktienanteile abgewickelte Geschäft hatte ein Volumen von 1,65 Milliarden US-Dollar. Mit dem Videovertriebsportal ergänzte der Suchmaschinenriese sein Suchmaschinen- und Bewegtbild-angebot und machte auch in diesem Markt die Tür für alle Mit-bewerber zu.

Heute ist YouTube nicht nur die wichtigste Bewegtbildplatt-form, YouTube ist auch eine Suchmaschine, und zwar eine sehr erfolgreiche. Nach Google ist YouTube bei den Suchmaschinen die Nummer zwei.[100]

Zurück zu google.cn: Der Auftritt in China rief zum Teil starke Kritik hervor, da sich Google den Vorgaben der roten Machthaber immer mehr beugte, um einem Entzug der Lizenz zu entgehen. Die Firma verzichtete auf bestimmte Suchbegriffe, etwa »Tian'an-men-Massaker« oder »Falungong«, und lieferte im Page Ranking ausschließlich regierungsfreundliche Seiten. Auch Taiwan mit seinen politischen Ansprüchen kam in den Suchergebnissen nicht vor.

Diese Zugeständnisse waren der eigentlich treuen Google-Gemeinde ein Dorn im Auge. »Don't be evil« im Firmenwappen, aber gleichzeitig Meinungen und Fakten zu unterdrücken, um besser Geschäfte zu machen – diesen Widerspruch konnte Google nicht auflösen.

»Kritische Google-Aktionäre wie der Pensionsfonds der New Yorker Stadtangestellten haben wiederholt gefordert, dass die Suchmaschine die Orientierung an der Einhaltung der Men-schenrechte explizit in ihre Firmenpolitik aufnehmen soll. Die Google-Führung empfahl den Anlegern zur Aktionärsversamm-lung 2008, einen entsprechenden Antrag abzulehnen. Bei der

....

[100] https://www.youtube.com/yt/playbook/de/metadata.html

Abstimmung auf der Jahreshauptversammlung enthielt sich Sergey Brin im Unterschied zu Page und Schmidt, die gegen den Ethik-Antrag stimmten.«[101]

Dazu passt es auch, dass Google 2007 mit China Mobile, dem weltweit größten Mobilfunkanbieter, überraschend eine Partnerschaft einging.

Google-CEO Schmidt begriff diesen Schritt als die Bündelung der innovativen Kräfte zweier führender Unternehmen und nicht als gierigen Schritt in einen höchst umstrittenen Markt, der von einem totalitären Regime beherrscht wird und in dem der Handel mit Informationen von Haus aus ein ganz anderes Gewicht hat als die Produktion von Autos.

Die Rechnung ging nicht auf. Zwar hat der Suchmaschinengigant in allen Ländern Asiens mittlerweile zusammen 92 Prozent Marktanteil, aber in China gelang es Google nicht, der dominante Part zu werden:

»In China gibt es drei nationale Suchmaschinen, die mehr als 97 Prozent des Suchmarkts für sich beanspruchen. Die dominierende Suchmaschine ist Baidu mit einem Marktanteil von 56 Prozent, auf Quiho 360 entfallen 29 Prozent des Marktes und auf Sogou 12,8 Prozent. Google kann dagegen nur einen sehr geringen Anteil von 0,37 aufweisen. Aufgrund Chinas strenger Zensur werden Google-Dienste blockiert, wodurch Google vom chinesischen Markt verdrängt wird.«[102]

Alle Anbiederei hatte also nichts geholfen – Google hat mit seinen Aktionen im Fernen Osten nur gezeigt, dass es doch kein besonderes Unternehmen ist, wie es die beiden Google-Gründer im Begleitschreiben des Börsenprospektes apostrophierten: »Unser

....

[101] Lars Reppesgaard, a. a. O., S. 127
[102] S. a. unter http://www.luna-park.de/blog/9636-suchmaschinen-marktanteile-asien-2014/

Bestreben ist es, Google zu einer Institution zu machen, die die Welt besser macht.«[103]

Think Big – Die Shopping-Tour

Auch die Akquise, der Aufkauf von Firmen, zeigte, dass sich Google mittlerweile auf die Steigerung des Aktienkurses konzentrierte. Selbst dieses charmante, selbst gewählte Alleinstellungsmerkmal, »*der* kreative Hot-Spot der Programmierer« zu sein, blieb im Zuge der strategisch angelegten Zukäufe auf der Strecke. Aus der einstmals freakigen IT-Truppe war im Laufe der Jahre ein knallharter Laden geworden, der Firmenkäufe allein deshalb tätigt, damit auf der Basis fremder Entwicklungen die eigene Produktpalette wachsen kann.

Das ging schon 2001 los, als Google das Usenet-Archiv von Deja News übernahm, um dann seine eigene Usenet-Suche Google Groups zu starten. Weiter ging es – auch 2001 – mit Outride Inc., aus deren Arbeit iGoogle entstand.

2003 war dann Applied Semantics Inc. dran. Deren Technik wurde später in Google AdSense integriert. Applied Semantics hatte zuvor für Kunden wie Overture mithilfe der Technik KeyWordSense die semantische Bedeutung einer Webseite erkannt und gezielte Werbeeinblendungen ermöglicht.

Google Maps entwickelte sich aus Where 2 LLC[104], die 2004 gekauft wurden.

Picasa LLC wurde am 13. Juli desselben Jahres übernommen.

....

[103] David A. Vise/Mark Malseed, a.a.O., S. 179: »We aspire to make Google an institution that makes the world a better place.«

[104] Limited Liability Company – Firmierung in den USA, die »Corporation« oder »Partnership« ähnelt.

Damit hatte Google eine Bildarchivierungs- und -verwaltungs-Software gekauft, die die Firma um Gesichts(wieder)erkennung und – in Verbindung mit Google Earth – Geotagging erweiterte.

Dass Google Earth auf der Technologie von Keyhole Corp. fußte, wurde bereits erwähnt. Zu dem Geschäft und der Firma, die zum Teil mit CIA-Risikokapital [105] – ja, Sie haben richtig gelesen – finanziert wurde, ist zu lesen:

»Keyhole verband die Techniken von Videospielen und Satellitenfotografie zu leistungsfähigen geografischen Darstellungen, wie sie bisher nur dem Militär in ihren Lagezentren vorbehalten waren. Als Sergey das sah, drehte er fast durch. Die Googler können sich noch an Meetings erinnern, in denen ein besprochenes Produkt oder eine PowerPoint-Präsentation auf einer Seite gezeigt wurde, während Sergey auf der anderen Seite einen Keyhole-Bildschirm an die Wand projizierte und aus der Vogelperspektive auf den ein oder anderen Ort »hinabstieß«. Einmal unterbrach er ein Meeting sogar, um die luxuriösen Häuser aller im Raum anwesenden Führungskräfte aufs Korn zu nehmen. »Wir hielten diese Technologie für zu grundlegend, um anderen die Kontrolle darüber zu überlassen«, sagt Eric Schmidt.

Also kaufte Google sie – und integrierte sie in Google Maps. 2009 blickten bereits 300 Millionen Nutzer regelmäßig mit Google Earth auf die Erde hinab.«[106]

2005 war dann das Jahr, das etwas aus der Reihe fiel, und zwar nicht, weil einerseits Urchin Software Corp. von Google geschluckt wurde[107] und andererseits Dodgeball, der spätere und 2013 wieder

....

[105] http://www.forbes.com/2010/11/19/in-q-tel-cia-venture-fund-business-washington-cia.html
[106] Steven Levy, a. a. O., S. 308
[107] Das war der »Lieferant« für Google Analytics.

eingestellte GPS-Dienst, mit dem man Freunde orten konnte, unter das große Google-Dach schlüpfte.

2005 war vor allem das Jahr, in dem die Google-Guys die beste Übernahme aller Zeiten[108] feierten: Sie kauften für 50 Millionen US-Dollar die Firma Android und ihren Gründer und Eigentümer, Andrew »Andy« Rubin, dazu.

Rubin entwickelte als Vice President of Engineering bei Google seine mitgebrachte Software, ein freies mobiles Linux-basiertes Betriebssystem, weiter. Mit Android, das Google kostenlos zur Verfügung stellte, erschloss sich der Werbemarkt für mobile Geräte auf dramatische Weise. So wurden im ersten Quartal 2010 in den Vereinigten Staaten erstmals mehr Android-Mobiltelefone als iPhones verkauft.

Mit einem Marktanteil bei Neugeräten von 28 Prozent für Google konnte Konkurrent Apple mit 21 Prozent in die Schranken gewiesen werden.

Bis September 2013 wurden weltweit über eine Milliarde Android-Geräte aktiviert, und bei den Internetzugriffen ist Android seit Juli 2014 das führende Smartphone-Betriebssystem.

Der zweite Paukenschlag kam Ende des Jahres: Am 21. Dezember 2005 gab Google den Erwerb von fünf Prozent der Aktien von AOL Time Warner bekannt. Damals sah es so aus, als ob Google damit ein großer Erfolg gegen Microsoft gelungen sei, denn die wollten sich ebenfalls einkaufen. Doch nach dem Platzen der Dotcom-Blase waren alle Unternehmen mit IT-Verbindungen anrüchig. Und der Medienriese bröckelte deswegen ständig.

2009 war vom einstigen Börsenstar AOL nur noch wenig übrig. Als Time Warner seine Problemsparte ganz abstoßen wollte, übernahm er zunächst den Fünf-Prozent-Anteil, mit dem Google an AOL bisher beteiligt war.

....

[108] http://www.internetworld.de/mobile/apple/neue-aufgaben-mister-android-286439.html

Statt der Milliarde, die Google 2005 dafür bezahlt hatte, legten die Time-Warner-Bosse gerade mal 283 Millionen US-Dollar auf den Tisch, mehr war der Anteil nach gigantischen Abschreibungen nicht wert. Google bekam lediglich einen Bruchteil seines Investments retour. Es war eine von vielen Fehlentscheidungen bzw. Niederlagen des Konzerns, die es natürlich auch gab und gibt.

Die wesentlichen Akquisitionen, die Google dann 2006 tätigte, wurden bereits erwähnt: YouTube und dMarc. Dazu kamen noch Upstartle LLC, die mit Writely das heutige Google Drive möglich machte, sowie @Last Software, JotSpot Inc., Neven Vision und drei der sechs Abteilungen der Schweizer Endoxon AG, einem Kartografiedienstleister. Mit Endoxon wollte Google seine Produkte Google Maps und Google Earth stärken, der Kaufpreis blieb geheim. Neven Vision, die auch mit einer GmbH in Deutschland vertreten waren[109], hatte mit seiner Software iScount eine Möglichkeit geschaffen, neben Gesichtern auch Produkte und Objekte zu erkennen und zu sortieren bzw. zu verwalten.

Im Folgejahr, am 13. April 2007, übernahm Google dann das Online-Werbenetzwerk DoubleClick Inc., einen der größten Online-Werbevermarkter. Mit dem Angebot von 3,1 Milliarden US-Dollar schoss Google Mitbewerber Yahoo und Microsoft aus dem Rennen. Mit dem Deal, der mit Abstand der bis dato teuerste für Google war, erwarben die Kalifornier, von denen bekannt war, dass sie über liquide Mittel in Höhe von 11 Milliarden US-Dollar verfügten, auch gleichzeitig 80 Prozent Marktanteil auf dem Markt für Online-Werbung. Wieder hatten es die drei aus Palo Alto geschafft, die Tür für alle Mitbewerber zu schließen.

....

109 https://www.crunchbase.com/organization/neven-vision

Der Markt für Online-Werbung ist äußerst attraktiv: 2006 war er um 36 Prozent gewachsen und hatte bereits 2007 ein Volumen von fast 29 Milliarden US-Dollar.

Dabei entfielen auf Internet-Suchanzeigen 43 Prozent und auf Display-Ads, also gezielte Display-Anzeigen im Bild-, Wort- und Videoformat, auf die DoubleClick spezialisiert war, rund 34 Prozent des globalen Marktes für Online-Werbung.

Hinter dem Verkauf steckten die Investmentfirmen Hellman & Friedman und JMI Equity sowie Manager des Unternehmens. 2005 hatten sie DoubleClick für 1,1 Milliarden US-Dollar gekauft, dann zwischenzeitlich einige Geschäftsbereiche veräußert, sodass sie innerhalb kurzer Zeit mehr als drei Mal so viel Geld bei DoubleClick herausholten, als sie gezahlt hatten.[110]

Die Konkurrenz schlief nicht und rief die Kartellbehörden auf den Plan, die das Geschäft im Dezember 2007 allerdings für rechtens erklärten. Die US-Kartellbehörde FTC bewertete die Übernahme nicht als Schwächung des Wettbewerbs.

Mit dem Schweden Marratech holte sich Google noch 2007 einen Videokonferenz-Spezialisten und mit GrandCentral Communications einen Spezialisten für Internet-Telefonie an Bord. Das sollte die Geburtsstunde von Google Voice werden.

625 Millionen US-Dollar wurden im Juli des Jahres fällig, als Google den IT-Sicherheitsdienstleister Postini kaufte, der sich mit Spam-Bekämpfung von E-Mails befasste.

2008 schließlich war das Jahr des von Google entwickelten Browsers Google Chrome. Der Browser, dessen Schnelligkeit und Sicherheit Google immer werbend hervorhob, eroberte schnell Marktanteile.

....

[110] http://www.faz.net/aktuell/wirtschaft/netzwirtschaft/internetwerbung-google-kauft-doubleclick-fuer-3-1-milliarden-US-Dollar-1438021.html

Heute liegt der Marktanteil der Version Chrome 37.0 weltweit bei 31,8 Prozent, vor Firefox 32.0 mit 10,05 Prozent und Internet Explorer 11.0 mit 9,2 Prozent.[111]

Ins Gerede kam der Browser trotzdem, weil bei Nutzung von Google Chrome zu viele Daten an Google gesendet würden. In der Datenschutzerklärung von Google heißt es, dass beim Nutzen der Google-Dienste bestimmte Daten gegebenenfalls in Serverprotokollen gespeichert würden. Diese Protokolle können enthalten:

▶ Einzelheiten zu der Art und Weise, wie die Dienste genutzt wurden, beispielsweise Suchanfragen.

▶ Telefonieprotokollinformationen wie Telefonnummer, Anrufernummer, Weiterleitungsnummern, Datum und Uhrzeit von Anrufen, Dauer von Anrufen, SMS-Routing-Informationen und Art der Anrufe.

▶ Die IP-Adresse des Users[112].

▶ Daten zu Geräteereignissen wie Abstürzen, Systemaktivität, Hardware-Einstellungen, Browser-Typ, Browser-Sprache, Datum und Uhrzeit der Anfrage und Referral-URL.

▶ Cookies, über die der Browser oder das Google-Konto eindeutig identifiziert werden kann.[113]

....

111 http://de.statista.com/statistik/daten/studie/158095/umfrage/meistgenutzte-browser-im-internet-weltweit/

112 Der Streit zwischen Datenschützern und Google, ob IP-Adressen »personenbezogene Daten« seien oder nicht, gipfelte in dem Streit zwischen dem US-Medienkonzern Viacom und Google 2008. Der Internetkonzern musste durch Richterspruch die deutschen, österreichischen und Schweizer User-Daten von YouTube-Videos an Viacom übermitteln und versuchte, eine Anonymisierung der Daten, die offensichtlich nicht anonym waren, zu erwirken.
Dazu auch: »... diese Causa (machte) einiges deutlich: Google weiß sehr wohl über seine User Bescheid und legt Profile an. Und: Sind persönliche Daten und Informationen, die wir im Web hinterlassen, einmal in den USA gelandet, haben wir keine Chance, darüber zu verfügen, sie zu kontrollieren, da amerikanisches Recht gilt.« Bei Gerald Reischl, a. a. O., S. 50

113 http://www.google.de/intl/de/policies/privacy/infocollect

▶ Bis zur Chrome-Version 4.0 erhielt jede Installation des Browsers eine spezielle ID-Nummer, die bei der Installation, bei der ersten Verwendung und bei jeder automatischen Aktualisierungsprüfung mit weiteren grundlegenden Informationen zur Browser-Installation an Google gesendet wurde. Seit Version 4.1 verzichtet Google auf die ID.

Das Unternehmen bestätigte, zwei Prozent der Eingaben in die Omnibox[114] samt der IP-Adresse des Nutzers zu speichern.

»Diese Daten benötigen wir, um Ergänzungsvorschläge machen zu können«, erklärte Kay Oberbeck, Leiter PR für Google DACH, Benelux und Nordic, gegenüber der Deutschen Presse-Agentur dpa. Allerdings ordne Google die Informationen keinem konkreten Nutzer zu, sondern sammle sie in anonymisierter Form – was aber, wie sich später zeigen sollte, kein Schutz ist.

Oberbeck wies außerdem darauf hin, dass die Funktion mit wenigen Klicks deaktiviert werden könne. Und »schließlich könne ein Nutzer auch eine andere Suchmaschine auswählen«.[115]

Das klingt ganz nach Eric Schmidt, der Hausbesitzern, die sich von Google's Street View belästigt fühlen, geraten hatte, doch einfach umzuziehen.

Hatte Google mit dem Betriebssystem von Android seine Stellung im Markt für mobile Endgeräte schon gefestigt, so gönnten sie sich noch einen Nachschlag, in dem sie 2009 das Unternehmen AdMob[116] für 750 Millionen US-Dollar kauften. Auch der Bannerwerbungs-Optimierer Teracent passte gut ins Hauptgeschäft Werbung, denn Teracent hatte einen »lernenden« Algorithmus

....

114 Adressfeld, Suchleiste in der Chrome-Oberfläche
115 S. a. unter http://www.heise.de/security/meldung/Google-weist-Kritik-an-Chrome-zurueck-204078.html
116 Advertising Mobile – in San Mateo ansässiges Unternehmen, das Werbelösungen für viele mobile Plattformen wie Android, iOS, webOS Windows Phone etc. sowie für alle wichtigen mobilen Web Browser anbot/bietet.

entwickelt, der es möglich machte, Internet-Anzeigen an die Benutzer in Echtzeit anzupassen.

»Die von Teracent angebotenen Werbebanner enthalten Tausende verschiedene Elemente. Diesbezüglich soll eine Werbeeinblendung abhängig von diversen Einflussfaktoren möglichst zielgerichtet erfolgen. Unter anderem berücksichtige man die Region des Nutzers, die Uhrzeit, die jeweilige Sprache, die Inhalte der Webseiten, und auch bereits erfasste Daten sollen hierbei eine Rolle spielen.«[117]

Google hatte 2007 die Gründung der »Open Handset Alliance« (OHA) mit anfänglich 33 Mitgliedern vorangetrieben, um über Android mit seinen Werbeschaltungen und Services auf den entsprechenden Mobilgeräten präsent sein zu können. Android sollte der gemeinsam (weiter-)entwickelte Standard auf den Geräten sein, und es war den OHA-Mitgliedern nicht erlaubt, Software zu nutzen, die mit Android inkompatibel ist. Ab dem 21. Oktober 2008 war Android dann offiziell verfügbar. Das Problem war und ist, dass Android zwar auf dem quelloffenen Linux-System basiert, aber offenbar auch einige grundlegende Funktionen verwendet, an denen Microsoft die Rechte hält.

Microsoft erklärte 2011, seit 2001 mehr als 4,5 Milliarden US-Dollar für Patente ausgegeben zu haben. OHA-Mitglieder zahlten deshalb nach diversen Gerichtsverfahren Lizenzgebühren an Microsoft. Google weigerte sich und sprach von einer angeblichen Verschwörung der Google-Gegner, die eine »feindliche organisierte Kampagne« gegen das Google-System begonnen hätten.

Patente seien eigentlich dazu bestimmt, Innovationen zu fördern, schrieb David Carl Drummond, Googles Senior Vice President of Corporate Development and Chief Legal Officer. »Aber

---

[117] S. a. unter http://winfuture.de/news,51650.html

seit Kurzem werden sie als Waffe benutzt, um sie zu stoppen.« Bei einem Smartphone seien bis zu 250 000 oft fragwürdige Patentansprüche zu beachten. »Unsere Wettbewerber wollen eine ›Steuer‹ für diese fragwürdigen Patente erheben, die Android-Geräte für die Verbraucher teurer machen würde.«[118]

Klagen bezüglich bestimmter patentrechtlicher Probleme hätten Google, das eigentlich nur wenige Software-Patente besaß, empfindlich treffen können. Offenbar war es dieser Missstand, der dazu führte, dass Google 2011 ankündigte, die Handysparte von Motorola zu übernehmen. Denn schon einmal – gegen Oracle – hatte der Suchmaschinenbetreiber in der Berufung verloren, als es um Patent- und Markenrechte im Zusammenhang mit Java integriert in Android ging.[119]

Der Deal, die Übernahme von Motorola Mobility von Motorola, war dem Suchriesen 12,5 Milliarden US-Dollar wert. Gedacht war das Geschäft aber auch als Vergeltungsmaßnahme gegen die vermeintliche Verschwörergruppe.

Mit dem Zukauf, der auch 17 000 Patente und 6800 Patentanmeldungen inkludierte, wollte sich Google dafür revanchieren, dass ihm das Konsortium aus Apple, Microsoft und dem Blackberry-Hersteller Research in Motion seinerzeit in einem Bieterverfahren die Patente des insolventen kanadischen Telekomriesen Nortel weggeschnappt hatte. Denn der Handymarkt war für Google überlebenswichtig.

Handys verraten jederzeit, wo sich der Handynutzer aufhält, was ihn interessiert und wie er im Web agiert. Über diese Daten, die die mit Android ausgestatteten Mobilgeräte liefern, kann Google im Prinzip wie auf den nicht mobilen Rechnern seine Werbung maßgeschneidert platzieren und über seinen virtuellen

....

[118] S. a. unter http://www.sueddeutsche.de/digital/streit-um-android-google-beklagt-patent-verschwoerung-1.1128042
[119] Offenbar waren Urheberrechte an Java-APIs verletzt worden.

Softwareladen Google Play mehr Apps vertreiben. Dabei kassiert der Konzern 30 Prozent vom Umsatz der Apps, die von Drittanbietern offeriert werden.

Um auf dem durch patentrechtliche Verstrickungen heillos unübersichtlichen Markt nicht unterzugehen, setzte der Suchmaschinengigant auf juristische Spielchen wie Unterlassungserklärungen und Klagen.[120]

Vor Gericht ging es dann regelmäßig grotesk zu: »Der Wahnsinn geht so weit, dass Anwälte ihre eigenen Klageschriften kaum noch verstehen. Oft müssen sie in den Gerichtsverhandlungen hoch spezialisierte Computertechniker zurate ziehen, die ihnen helfen, ihre eigenen Texte zu entschlüsseln. Wird etwa in Deutschland verhandelt, schlägt Google-Gegner Apple schon mal mit einer halben Armee auf, zu der eine Handvoll Anwälte, Patentexperten, Techniker und Gutachter gehören. »Da kommen dreißig Leute zusammen«, sagt ein involvierter Jurist.[121]

Diesen Patentkrieg versuchte Google also, nach dem Motto »Si vis pacem para bellum« – wenn du den Frieden willst, bereite den Krieg vor – mit Motorola für sich zu entscheiden.

Doch Google-Patentchef Allen Lo ahnte Böses. Hätte es die Patente nicht gegeben, hätte man Motorola nie gekauft.[122] Und die Patente halfen nicht viel. Die Übernahme entwickelte sich zum Flop. Anfang 2014 verkaufte Google die Marke Motorola an den chinesischen Handyhersteller Lenovo für 2,9 Milliarden US-Dollar weiter.

....

120 http://www.wiwo.de/technologie/digitale-welt/patentstreit-die-justiz-als-schachfigur/6984184-2.html

121 http://www.wiwo.de/technologie/digitale-welt/patentstreit-die-motorola-patente-erweisen-sich-als-flop-fuer-google/6984184-3.html

122 »›We would probably not have bought Motorola if we did not have the situation‹, Lo said.« S. u. http://www.cnet.com/news/yes-google-needed-motorola-for-the-patents/

Der Großteil der Patente blieb bei Google. Nur 2000 der insgesamt 24 000 Stück gingen an die Chinesen.

Mittlerweile hat sich Google mit Apple geeinigt. An dem Teil der Front ist Ruhe eingekehrt.

Ab 2012 wurde es bezüglich der Akquisitionen etwas ruhiger um den Softwarekonzern. Nach dem 90 Prozent der Mitarbeiter der Firma Meebo höchstvorsorglich entlassen worden waren, kaufte Google das Unternehmen und übernahm 20 Mitarbeiter, die Google+ mitentwickeln sollten.

Es folgten die Firmen Quickoffice und Sparrow sowie das deutsche Unternehmen Nik Software, ein Entwickler von professionellen Software-Plug-Ins und der erfolgreichen Bildbearbeitungs-App Snapseed.

Ende 2013 kam Boston Dynamics ins Google-Haus. Das Unternehmen war ursprünglich ein Spin-off des Massachusetts Institute of Technology (MIT), das sich seit 1992 vor allem der Forschung und Entwicklung von Laufrobotern widmete. Es gilt als eines der erfolgreichsten Unternehmen in dem Bereich, und das Engagement von Google zeigt, dass der Suchmaschinenbetreiber sich unter anderem mit der Entwicklung autonomer Robotersysteme beschäftigt. Hier geht es nicht nur um Aktivitäten für den militärischen Bereich, sondern mehr um die Themen Intralogistik und Paketzustellung.

Dazu passt auch die Übernahme von Deep Mind im Januar 2014, einem britischen Labor für künstliche Intelligenz, das 450 Millionen US-Dollar kostete. Deep Mind wurde in Google X integriert, einer Entwicklungs- und Forschungseinheit des Softwaregiganten.

Google X entwickelte eine digitale Kontaktlinse zur Messung des Blutzuckerspiegels, das autonome Fahrzeug Googles Driverless Car, die Internetdienste über Ballons in der Stratosphäre für strukturschwache Gebiete namens Project Loon sowie Google Glass.

Aber Moonshots[123] wie Google Glass entpuppen sich auch ab und an als »Schüsse in den Ofen«. War Motorola trotz der exorbitant niedrigen Summe bei der Wiederveräußerung buchhalterisch gesehen kein Mega-Verlustgeschäft – Google hält nach wie vor geistiges Eigentum im Wert von 3,5 Milliarden US-Dollar und schloss Frieden mit seinem Android-Partner Samsung –, so könnte sich die Datensammel-Brille als faules Ei entpuppen.

»Am Körper getragenen Rechnern gehört – angeblich – die Zukunft, doch ob die Datenbrille Glass zum Verkaufsschlager wird, ist fraglich. Seit ihrer Vorstellung 2012 spielen nur ein paar Tausend Programmierer und andere willige Probanden mit dem 1500 US-Dollar teuren Gestell – auf der hartnäckigen Suche nach Alltagsanwendungen für Simulationen, die sonst eher von Piloten, Ärzten oder Mechanikern genutzt werden. Der Verdacht, die Träger der Brille missachteten die Privatsphäre ihrer Mitmenschen, haben der Welt den Begriff des rücksichtslos verdrahteten ›Glasshole‹ beschert.«[124]

Glasshole ist auch zentraler Gegenstand in »Zero«[125]. Manipulation und Menschenjagd werden durch die unbezahlten Eingabehilfen, die freiwilligen Träger des vernetzten Accessoires, möglich – das weckt Unbehagen. Und wo Unbehagen, da geringes Kaufinteresse.

Der allgemeine Markteintritt wurde erst einmal auf Ende 2014 verschoben »und einen der zu schwimmenden Verkaufsboutiquen umgebauten Lastkähne verschrottet, mit denen Glass

....

[123] Nicht nur Google-interne Bezeichnung für die Suche nach dem großen Wurf
[124] Stefan Heuer/Thomas Range, google fail – Google kann alles. Will alles. Wird alles. Wirklich?, in brand eins, 16. Jhrg., Heft 11, Nov. 14, S. 68
[125] Marc Elsberg, a. a. O.

an der Ostküste der Vereinigten Staaten beworben werden sollte«.[126]

Im April 2014 wurde das Project Loon durch den Kauf des Spezialdrohnenherstellers Titan Aerospace aufgewertet.

Mit seinen zwei Drohnentypen, Solara 50 und 60, die in je bis zu 20 Kilometern Höhe fliegen, können satellitentypische Funktionen ausgeübt werden. Angeblich haben die unbewaffneten und unbemannten Flugkörper aufgrund der Solarantriebstechnik eine mögliche Flugdauer von fünf Jahren und können dabei vier Millionen Kilometer zurücklegen.[127]

Dabei können die Systeme eine Datenversorgung aus der Luft über 17 800 Quadratkilometer leisten. Eine Titan-Drohne hat somit eine größere Reichweite als 100 terrestrische Mobilfunkmasten und kann damit eine Fläche abdecken, die größer als Schleswig-Holstein ist. Und: Die Drohne kennt keine Ländergrenzen.

Die Akquisitionen und die dahinter erkennbare Strategie belegen, dass Google ein zunehmend aggressiver, machtbewusster und rücksichtsloser Konzern ist.

....

[126] Stefan Heuer/Thomas Range, a.a.O.
[127] http://aviationweek.com/awin/vlj-pioneer-bets-atmosat-uav-market: »Titan is developing the Solara series of ›atmospheric satellites‹, aiming to fill the gap between conventional aircraft and satellites with solar-powered UAVs that could stay aloft at 65,000 ft. for up to five years.«

4. Googles Macher:
Die Reichsten der Reichen

Am 14. Januar 2014 verkündete die Unternehmensführung von Google den Kauf der Firma Nest für 3,2 Milliarden US-Dollar. Das war einer der größten Deals in der Unternehmensgeschichte des Internetgiganten.

Nest ist ein Anbieter digitaler Thermostate und Rauchmelder, die in den USA für Aufsehen sorgten. Die »intelligenten« Thermostate merken sich die Vorlieben der Bewohner und steuern – auf den Nutzungsdaten basierend – die Heizung nach den Gewohnheiten. Die Geräte können, wenn keiner zu Hause ist, die Temperatur automatisch senken, sie haben Bewegungssensoren und lassen sich über Smartphones steuern.[128]

Mit dem Kauf von Nest ist Google auch an die Daten bereits installierter Geräte gekommen und hat sich einen Zugang zum Leben seiner Nutzer gekauft, analysierte Digital-Experte Patrick Beuth auf Zeit-Online:

»Die selbst lernenden, per App steuerbaren Rauchmelder und Thermostate von Nest hängen in den Häusern von Menschen, die vermutlich alle irgendein Google-Produkt nutzen, aber eben nur am Computer oder über ihr Smartphone. Google braucht solche Zugänge, um seine Vision von der Zukunft zu verwirklichen: das omnipräsente Internet als Freund und Helfer des Menschen.

....

[128] Hierzu auch Marc Elsberg, Black out – Morgen ist es zu spät, München 2012. In dem Thriller schildert Marc Elsberg die mörderischen Folgen eines Stromausfalls in Europa. Über »intelligente« Stromzähler und die in ihnen installierte Software findet eine erfolgreiche Cyberattacke auf die europäische Energieversorgung statt. Elsberg weist in dem spannenden Wissenschaftsthriller auf die Anfälligkeit der computergesteuerten Versorgungssysteme in den vernetzten Haushalten und damit Privatsphären hin.

Anders gesagt: Google und Thermostate – da wächst zusammen, was aus Sicht des Unternehmens zusammen gehört.

Um omnipräsent sein zu können, braucht der Software-Konzern Google physische Manifestationen: Sensoren, die jene Daten liefern, die Google bisher nicht hat. Thermostate und Rauchmelder können solche Daten liefern, über Lebensrhythmen, individuelle Vorlieben, Tagesabläufe.«[129]

Der Kauf von Nest, den Google aus der Portokasse zahlen konnte – immerhin verfügte das Unternehmen zu dem Zeitpunkt über 57 Milliarden US-Dollar an Bargeldreserven –, war ein weiterer Schritt zum offenkundigen Ziel von Google, den Menschen und sein Leben zu einer einzigen verwertbaren Datenmasse zu machen, um ihn irgendwann in die Infrastrukturen der Zukunft einbinden zu können. Das zeigt auch die Liste der letzten Akquisitionen: »Spezialisten für Cloud Computing sind darunter, für Sprachverarbeitung und Gestenerkennung, für Werbung und Apps. Zusammengedacht ergibt das eine vernetzte Umgebung, die wie ein Mensch angesprochen werden kann und mit den vermeintlich gewünschten Informationen antwortet.

Auf der Liste stehen zudem mehrere Hersteller von Robotern und entsprechendem Zubehör.«[130]

Dieser strategisch vorangetriebene Eingriff in die Privatsphäre von Milliarden von Menschen ist nicht zuletzt deswegen so empörend, weil das Trio an der Spitze des Suchmaschinenkonzerns so gut wie nichts aus seinem eigenen Privatleben an die Öffentlichkeit dringen lässt.

Die biografischen Angaben zu den dreien, die sich finden lassen, sind dürftig. Die Vermögensverhältnisse höchstens über die

....

[129] S. a. unter http://www.zeit.de/digital/internet/2014-01/google-kauft-nest-analyse
[130] Ebd.

Veröffentlichungspflichten des NASDAQ-notierten Unternehmens erkennbar:

Das Einkommensteuersparmodell, das entweder Altruismus gegenüber der Firma und seinen Shareholdern oder eine Aura des Sonderlichen, Verrückten suggerieren soll, ist in Wahrheit nur ein plumpes und billiges Manöver.

Die milliardenschweren Manager Page und Brin zahlen sich für ihre unternehmerischen Bemühungen im Jahr das Gehalt von einem US-Dollar, das »One-US-Dollar-Salary«.

»Verbrachte man ein wenig mehr Zeit mit den ersten Googlern, entschlüpfte ihnen zuweilen, dass sie noble Häuser im piekfeinen Atherton (Kalifornien), Ferienhäuser auf Hawaii und Zweitwohnungen in Sandsteinhäusern in New York City besaßen und es noch weitere Anzeichen für überfließende Bankkonten gab. Eric Schmidt, der bereits vor seiner Zeit bei Google ein Technik-Magnat gewesen war, besaß mehrere Flugzeuge und eine Jacht. Larry Page kaufte sich für 60 Millionen US-Dollar sogar seinen eigenen ›Vergnügungsdampfer‹ ...«[131]

Auch eine Google-Masseurin bemerkte die Auswirkungen des Reichtums, insbesondere die Diskrepanz zwischen den ersten Angestellten mit wertvollen Optionen und den später hinzugekommenen Mitarbeitern: »Während sich die einen am Monitor über das aktuelle Kinoprogramm informierten, buchten die anderen einen Wochenendflug nach Belize«, schrieb sie in ihrem Buch. »Und diese Kluft war auch allen bewusst.«[132]

....

[131] »Google mogul Larry Page has joined the billionaire boat owner club by splashing out $ 45m on his own super yacht – but unlike many moguls, he bought his yacht used. Page, 37, picked up the 193-ft boat ›Senses‹ which comes with a helipad, gym, multi-level Sun decks, ten luxurious suites, a crew of 14 and interior design by famed French designer Philippe Starck.« S. a. unter http://www.dailymail.co.uk/news/article-1346157/Google-founder-Larry-Page-buys-193-foot-yacht-45m-second-hand.html

[132] Steven Levy, a.a.O., S. 203

Wohl auch den Akteuren selbst. Prompt wurde das Corporate-Social-Responsibility-Programm »Google.org« als »philanthropischer Arm« von Google gegründet – eine geschickte PR-Aktion.

Laut Pressesprecher Stefan Keuchel will Google.org »die Macht von Information und Technologie nutzen, um Menschen zu besserer Lebensqualität zu verhelfen und um gesellschaftliche Probleme, wie weltweite Armut, Krankheiten und Seuchen oder die globale Erderwärmung, zu bekämpfen.

Unter dem Dach von Google.org befindet sich auch die Google-eigene Stiftung, die Google Foundation. Bereits bei Gründung wurde sie mit knapp 90 Millionen US-Dollar ausgestattet und 2008 nochmals um 25 Millionen US-Dollar aufgestockt.

Weiterhin ermöglicht das Google-Grants-Programm mittlerweile über 4000 Non-Profit-Organisationen die kostenfreie Werbung via Google AdWords: Ausgewählte NGOs erhalten ein monatliches Budget von bis zu 10 000 US-Dollar pro Monat, mit denen sie sie auf den Suchergebnisseiten von Google Suchwortanzeigen schalten und so Spenden sammeln können.

Via Google Earth Outreach können ausgewählte NGOs Hunderte Millionen Google-Earth-Nutzer erreichen und ihnen, insbesondere über den Layer Globales Denken, wichtige Anliegen in einem geografischen Kontext präsentieren.«[133]

Über Sinn und Zweck derartiger Aktionen lässt sich trefflich streiten, zumal ja gerade hier auch staatliche Organisationen durchaus Sinnvolles leisten. Nicht Google fliegt die Reissäcke mit den Jets seiner Vorstände in die Tsunami-Gebiete der Welt, es sind die Staaten, die mithilfe ihres militärischen Apparates und anderer Exekutivorgane Erste Hilfe leisten. Bilder, die Sergey Brin und Larry Page beim Hausaufbauen auf dem zerstörten Haiti zei-

....

[133] http://www.online-fundraising.org/index.php?/weihnachten-google-spendet-20-mio-euro.html

gen, hat die Welt bisher noch nicht gesehen. Das hat dann unter anderem beispielsweise der deutlich weniger vermögende Sean Penn mit seiner Stiftung »J/P Haitian Relief Organization« (J/P HRO) gemacht.

Und Bände spricht auch, was der für Bloomberg TV arbeitende Fernsehmoderator und Journalist Charlie Rose berichtet, der Larry Page in einem Interview[134] gefragt hatte, was mit dessen Vermögen nach seinem Tod passieren solle:

»Anstatt seine Milliarden an eine Wohltätigkeitsorganisation zu übergeben, würde er sein Vermögen lieber in die Hände von Elon Musk geben, wo es für Tesla Motors, SpaceX oder gar Solar City Verwendung finden könnte. [Er erzählte, Anm. d. Verf.] … , dass er sein Geld gerne an Kapitalisten wie Musk übergeben würde, ebenjene mit großen Ideen, die die Welt verändern wollen. Er glaubt, dass die Idee von Musk, auf den Mars zu fliegen, eine gute Sache für die Menschheit ist und inspirierend sei. [Weiterhin, Anm. d. Verf.] …, dass Unternehmen, wenn sie denn gut geführt werden, dafür da sein sollten, die Welt zu verändern. Dafür müsse man jedoch auch mit der Zeit gehen und nicht mehr das tun, was vor zwanzig Jahren getan worden ist. Besonders in der Technologie bräuchte man revolutionäre Veränderungen und sollte nicht in kleinen Schritten nach vorne blicken.«[135]

Der Anspruch, »Menschen zu besserer Lebensqualität zu verhelfen« und »gesellschaftliche Probleme, wie weltweite Armut, Krankheiten und Seuchen oder die globale Erderwärmung, zu bekämpfen«, sieht anders aus.

....

[134] TED (Technology, Entertainment, Design) Konferenzserie in Monterey, Kalifornien. Wer an den Konferenzen teilnehmen möchte, muss sich um eine Einladung bewerben. Die Teilnahme an den unterschiedlichen Veranstaltungen kostet zwischen 4000 und 25000 US-Dollar. S. a. http://de.wikipedia.org/wiki/TED_ (Konferenz)

[135] S. a. unter http://teslamag.de/news/google-gruender-larry-page-vermoegen-334

Die Google-Gründer: Larry Page und Sergey Brin

Larry – Der Mega-Nerd

Lawrence »Larry« Edward Page wurde am 26. März 1973 in East Lansing im US-Bundesstaat Michigan geboren. East Lansing ist eine unauffällige Kleinstadt mit rund 46 000 Einwohnern. Die Website der Stadt wirbt mit der ansässigen Universität, die im Leben der Stadt die zentrale Rolle spielt.

City of East Lansing – The Home of Michigan State University.

Die Hochschule wurde 1855 gegründet und wird heute von der Mathematikerin Lou Anna Simon als Rektorin geführt. Die Michigan State University (MSU) ist eine der renommiertesten staatlichen Hochschulen in den USA und gehört als Public Ivy fast zur sogenannten Ivy League. Die Ausbildung gilt als exzellent, und im Fachbereich Kernphysik ist sie dem MIT überlegen. Circa 42 000 Studenten sind immatrikuliert, davon fast 10 000 Doktoranden[136].

Das Leben in East Lansing und an der Universität ist beschaulich, das geistige Klima wie an nahezu jeder westlichen Hochschule liberal und den Himmelsrichtungen der parlamentarischen Gesäßgeografie folgend als links zu verorten.

Das passte gut zu den Pages, denn die Wurzeln der Familie lagen in der General-Motors-Stadt Flint, Michigan – übrigens die Heimatstadt Michael Moores, die er auch in seinem Film »Roger and me« porträtierte.

»Larrys Großvater war ein Auto-Arbeiter und ein linkes Mitglied der Teamsters, der traditionellen Gewerkschaft der Transportarbeiter, als sich diese in der Frühzeit des Automobils ihre feindseligen Kämpfe mit der Industrie lieferte. Die Gewerkschaft

....

[136] Post Graduates

wurde von Splittergruppen geleitet, die unter kommunistischem Einfluss standen. Larrys Großvater nahm an dem möglicherweise größten Arbeitskampf des frühen 20. Jahrhunderts teil, dem Sitzstreik von Flint 1937, als Arbeiter ein wichtiges Autowerk besetzten. Larry besitzt immer noch ein Andenken an diese Zeit: einen Hammer, den sein Großvater während des erbitterten Streiks zum Schutz bei sich trug.«[137]

Larrys Vater Carl gelang der soziale Aufstieg aus dem Arbeitermilieu. Er wurde, nachdem er 1956 als Jahrgangsbester die Flint Mandeville High abgeschlossen hatte, Student an der Michigan State und schaffte zwei Bachelor-Abschlüsse, einen davon als erster Absolvent der MSU im neuen Fach Computertechnik/Informatik.

Im Anschluss an einen Master in Kommunikationswissenschaft wurde Carl Victor Page 1965 im Fach Computer Science promoviert.

Vorerst folgte er einem Ruf an die University of North Carolina in Chapel Hill, um 1967 wieder an die Michigan State University als Professor zurückzukehren.

»Auch wenn die MSU nicht dasselbe Prestige besaß wie die University of North Carolina, war Carl ein talentierter Pionier der computergestützten künstlichen Intelligenz. Im akademischen Jahr 1974/75 war er Gastprofessor an der Stanford University, und 1978 verbrachte er ein Jahr als Forscher im Ames-Forschungszentrum der NASA[138] in Mountain View, Kalifornien.«[139]

Larrys Mutter Gloria W. Page war ebenfalls an der MSU unterwegs. Die begabte Programmiererin mit akademischem Abschluss, die im selben Fach unterrichtete, heiratete Larrys Vater und

....

[137] Richard L. Brandt, a. a. O., S. 24
[138] http://www.nasa.gov/centers/ames/home/
[139] Richard L. Brandt, a. a. O., S. 25

bekam vor Larry noch dessen Bruder, den ersten Sohn Carl Victor. Als Larry acht Jahre alt war, ließen sich die Eltern scheiden, »aber er blieb sowohl seinem Vater als auch seiner Mutter eng verbunden«[140].

Eine wohl wichtigere Zäsur in Larry Pages Leben war der sehr frühe Tod seines Vaters.

Der 58-jährige Informatikprofessor, der von Jugend an aufgrund einer überstandenen Polio-Erkrankung immer schon gesundheitlich recht fragil war, starb 1996 an einer schweren Lungenentzündung. Dieser Verlust traf Page, der gerade in Stanford mit dem BackRub-Projekt begonnen hatte, sehr schwer.

In dem Familienhaushalt der Pages spielte Religion in der Erziehung keine Rolle; Page wurde mehr oder weniger agnostisch erzogen. Stattdessen hatte es wegen der elterlichen Berufe und Interessenlagen stets eine große Affinität zu den Themen Computer Science, Elektronik und technische Wissenschaften generell gegeben. Daran änderte auch der Besuch der Montessori-Schule nichts, die Page absolvierte, um dann an der East Lansing High seine Hochschulreife zu erlangen.

In einem 2000 aufgezeichneten Interview erinnert sich Larry Page daran, dass im ganzen Haus Fachzeitschriften und Computermagazine sowie Computer und Elektronikbauteile zum Teil chaotisch herumlagen.[141] Zusammen mit seinem um neun Jahre älteren Bruder spielte er mit diesen Sachen hingebungsvoll.

Statt »The Wonderful Wizard of Oz« steckte der kleine Larry seine Nase in Zeitschriften wie »Wired« oder »Technology

....

140 Steven Levy, a. a. O., S. 18
141 Sehr aufschlussreiches Interview unter http://achievement.org/autodoc/page/
pag0int-1

86

Review«. Mit einem Schulfreund forschten und bastelten sie an einem alten Macintosh-PC.

In frühester Jugend sah Larry Page seinen Weg in Richtung Informationstechnologie und dazugehörige Technik vorgezeichnet[142]. Während die kleine Schwester Beverly offenbar nicht vom IT-Virus befallen wurde – sie lebt heute noch in Michigan –, erwischte es die beiden Brüder schwer.

Bruder Carl Victor jr. wurde für Larry zum unternehmerischen Vorbild.

»Nachdem er seinen naturwissenschaftlichen Master-Abschluss an der University of Michigan geschafft hatte, wurde Carl jr. zum Mitbegründer einer Dotcom-Firma namens eGroups, die im Sommer 2000 für 432 Millionen US-Dollar in Aktien an Yahoo verkauft wurde.«[143]

Das Jahr 2000 lag für Larry allerdings noch in weiter Ferne, als er seinen Bachelor in Ingenieurwissenschaften[144] an der MSU 1995 machte. In East Lansing beschäftigte er sich mit Transport-/ Verkehrswesen, besonders einem computergesteuerten Einschienen-Zubringersystem, das den konventionellen Pendelverkehr der Studenten zwischen Wohnheimen und Lehrgebäuden sowie Forschungseinrichtungen und Mensa ablösen sollte.

»Es schien ihn zu überraschen, dass diese abstruse, viele Millionen US-Dollar teure Fantasterei eines Studenten nicht sofort begeistert angenommen und realisiert wurde. Fünfzehn Jahre nach seinem Abschluss sollte Page dieses Thema bei einem Treffen mit dem Universitätspräsidenten noch einmal ansprechen.«[145]

Zusätzlich engagierte sich Larry Page auch im »Solar Car Team« der Uni, was sein auch späteres großes Interesse an

....
[142] Ebd.
[143] Richard L. Brandt, a.a.O., S. 26
[144] Computer Engineering
[145] Steven Levy, a.a.O., S. 18

nachhaltigen Transport-Technologien der Zukunft widerspiegelte.[146]

Nach seiner Graduierung zog es ihn nach Stanford, was für ihn fast wie eine Heimkehr war, denn während des Forschungsjahres seines Vaters hatte er ja schon, wenn auch nur kurze Zeit, in Kalifornien gelebt, und viele Angehörige des Lehrstuhles für Informatik konnten sich noch an den damals wissbegierigen, neugierigen Siebenjährigen erinnern.

In Stanford gab es für innovative und ambitionierte Computerwissenschaftler die allerbesten Möglichkeiten. Die Saat des Wissens konnte im fruchtbaren Silicon Valley bei entsprechender Qualität aufgehen, und Larry machte erst einmal seinen Master in Informatik[147].

Für sein Doktorandenstudium entschied er sich dafür, im Fachbereich der Gruppe Mensch-Computer-Interaktion zu arbeiten.

Da hatte er Sergey Brin schon kennengelernt. Anlässlich eines Programms für aufgenommene Bewerber in Stanford, das unter anderem von Brin geleitet wurde, trafen die beiden aufeinander. Sie mochten sich zuerst nicht[148] und brauchten lange, um sich einander anzunähern. Dass es aber nicht nur Brin war, der über

....

[146] 2009 pumpten Brin und Page als »major investors« in Tesla Motors von Elon Musk, dem Mitbegründer von PayPal und SpaceX.
S. a. unter http://www.eweek.com/c/a/Green-IT/Tesla-Motors-Model-S-Backed-By-Google-Founders-Brin-Page-336717/

[147] Computer Science

[148] »In the summer of 1995, Larry Page, then 22, visited Stanford as a prospective PhD student in computer science. His tour guide was Sergey Brin, a 21-year-old mathematical whiz who was already pursuing his PhD in that department. Despite their common interests, Brin and Page didn't immediately hit it off – in fact, their first day together was spent arguing.
Page later told Wired magazine, ›I thought [Sergey] was pretty obnoxious. He had really strong opinions about things, and I guess I did, too.‹
As for Brin, he felt that they ›both found each other obnoxious. But we say it a little bit jokingly. Obviously we spent a lot of time talking to each other, so there was something there.‹«
S. a. unter http://www.biography.com/news/google-founders-history-facts

vielleicht mangelhafte soziale Kompetenzen verfügte, wird oft erwähnt:

»Page war nicht gerade gesellig. Er schaffte es, andere dadurch zu entnerven, dass er einfach nicht antwortete – wer ihn ansprach, fragte sich oftmals unweigerlich, ob er vielleicht an einer Form von Autismus litt. Wenn Page aber dann doch einmal den Mund aufmachte, sprudelten überwiegend Ideen hervor, die sich an der Grenze zur Utopie bewegten.«[149]

Selbst Eric Schmidt berichtet ungewollt[150], wie seltsam Larry Page auf Fehler im Unternehmen reagiert. »An einem Freitag im Mai 2002 spielte Larry Page auf der Google-Seite herum. Er tippte Suchanfragen ein und wertete aus, welche Ergebnisse der organischen Suche sowie welche Anzeigen ihm präsentiert wurden. Was er sah, machte ihn alles andere als glücklich.« Doch statt daraufhin ein Meeting mit den verantwortlichen Managern einzuberufen, druckte Page die Seite aus, heftete sie samt des wenig schmeichelhaften Kommentars »Diese Anzeigen sind echt scheiße« ans Schwarze Brett in der Küche und verschwand ins Wochenende.

Eric Schmidt: »Er rief niemanden an, schrieb niemandem eine E-Mail. Er setzte kein kurzfristiges Meeting an. Er sagte auch uns nichts davon.«

Während Larry Page das Wochenende außerhalb der Firma verbrachte, arbeitete eine Gruppe von Programmierern durch und konnte dann am Montag, um 5.05 Uhr, Vollzug melden. Nicht nur für Eric Schmidt ist dieser Fall ein Beleg für die besondere Google-Kultur.

Nach der Gründung von Google Inc. war Page der Chief Executive Officer des Suchmaschinenbetreibers. Das blieb er bis 2001, als Eric Schmidt in die Firma eintrat. Von da an bekleidete er die

....

[149] Steven Levy, a.a.O., S. 18
[150] Eric Schmidt, How Google works, amerikanische Originalausgabe

Position des Head of Products, der er bis 2011 blieb. Dann wechselte er wieder auf den CEO-Stuhl, und Schmidt wurde Executive Chairman, Vorsitzender des Aufsichtsrates. Das geschah im April 2011, denn Page und Brin waren der Meinung, dass der Firma mit innovativen Produkten ein gewisser verloren gegangener Schub wiedergegeben werden könnte. Wieso sollte Page dafür der richtige Mann sein?

Er war und ist nicht besonders charismatisch. Er galt und gilt als langweilig und staubtrocken. Interviews und öffentliche Auftritte gibt er nur, wenn es unbedingt notwendig ist. Und eine 2013 bekannt gegebene »beidseitige Stimmbandlähmung« bedeutete für Page, nicht mehr dauernd ins Rampenlicht treten zu müssen.

Auch das Privatleben von Page wird konsequent abgeschirmt.

Bekannt ist, dass er eine mehrjährige Beziehung mit Marissa Mayer hatte.

Mayer war Google-Mitarbeiter Nr. 20. Die Stanford-Absolventin war als Vice President für Design der Google-Hauptseite und später auch für Google-Suchprodukte als Produkt-Managerin verantwortlich. Die hochbegabte Informatikerin, die neben ihrer Beschäftigung bei dem Internetriesen auch noch Einführungsvorlesungen an ihrer Alma Mater hielt, verließ Google 2012 und wurde CEO bei Yahoo. Vorher hatte sie den Anwalt Zachary Bogue geheiratet, und als sie den Vorstandsposten beim Google-Konkurrenten antrat, war sie schwanger. In der Branche gilt sie als einflussreich, ihr geschätztes Privatvermögen beträgt 300 Millionen US-Dollar.

Über die Gründe der Trennung von Page und Mayer kann nur spekuliert werden. Skandale oder Entgleisungen sind öffentlich nicht bekannt.

Aber hinter der Fassade des Mega-Nerds Page verbirgt sich eine unglaubliche Begabung, und genau das dürfte der Grund ein, weshalb Page wieder das Ruder bei Google übernahm.

»Der 37-Jährige ist nicht wie Apple-Gründer Steve Jobs, der

gerne auf eine technische Spitzenleistung verzichtet, damit sein Produkt gut aussieht und leicht zu bedienen ist. Auf Jobs Präsentationen fiebern die Fans regelrecht hin – Larry Pages einziger großer Auftritt vor fünf Jahren war so langweilig, dass Page jetzt sogar unter Nerds als Mega-Nerd verschrien ist.

Page ist auch nicht wie Mark Zuckerberg. Zuckerberg ist nicht nur ein begnadeter Programmierer, sondern zudem ein exzellenter Psychologe ...

Dafür hat Page den zwei Konkurrenten eines voraus: Forschergeist. Noch heute wird Google geführt wie eine Universität, nur lockerer. Legendär sind die Büros, in denen es Massageräume gibt und Freizeiträume mit Billardtischen, Spielekonsolen oder Schlafkabinen.«[151]

Als »Rektor« dieses Universitätsunternehmens wurde Page auch mehrfach offiziell ausgezeichnet. So wurde er 2004 zusammen mit Sergey Brin mit dem Marconi Prize[152] geehrt und im gleichen Jahr in die National Academy of Engineering[153] gewählt. Außerdem ist er Mitglied des National Advisory Committee (NAC) und des College of Engineering der University of Michigan, und mit seiner Firma erhielt er 2008 in der Klasse »Kommunikation und Humanwissenschaften« den mit 50 000 US-Dollar dotierten Prinz-von-Asturien-Preis[154].

....

[151] S. a. unter http://www.faz.net/aktuell/wirtschaft/netzwirtschaft/google/
google-gruender-larry-page-der-eigenbroetler-1575374-p2.html
[152] Mit 100 000 US-Dollar dotierter Preis, der von der Marconi-Gesellschaft alljährlich
für Verdienste auf dem Gebiet der Informationsübertragung verliehen wird. Der
Preis wurde nach Guglielmo Marconi benannt, dem Mit-Erfinder des Radios.
Marconi wurde 1909 gemeinsam mit Karl Ferdinand Braun mit dem Nobelpreis
für Physik ausgezeichnet.
[153] http://www.nae.edu/
[154] Heute: Prinzessin-von-Asturien-Preis/Premios Princesa de Asturias

Im Dezember 2007 heiratete Larry Page Lucinda »Lucy« Southworth, mit der er zwei Kinder hat[155].

Lucinda Southworth war seit 2003 Doktorandin in biomedizinischer Informatik an der Stanford University. 2001 hatte sie die University of Pennsylvania abgeschlossen und einen Master of Science der Oxford University erworben.

Die Hochzeit war offenbar aufwendig. Eingeladen waren »... der New York Times zufolge rund 600 Gäste. Seit einem halben Jahr sind Hochzeitsexperten mit der Planung des Mega-Ereignisses beschäftigt. Laut New York Post feiert Page in der Karibik. Für die Zeremonie habe er die Insel von ›Virgin‹-Boss Richard Branson gemietet, Necker Island: Palmen, türkisblaues Wasser und jeder erdenkliche Luxus. Kosten pro Tag: 46 000 US-Dollar. Inselbesitzer Branson soll zudem Trauzeuge sein.

Die Hochzeitsplaner hatten an mehreren Flughäfen überall auf der Welt Jets gechartert, um sicherzustellen, dass alle Gäste rechtzeitig zur Feier auf der Karibikinsel eintreffen. Übernachten sollen die meisten – Necker Island ist zu klein für alle – auf der Nachbarinsel Virgin Gorda. Der Transfer erfolge mit angemieteten Fähren. Schon vor Monaten hätten die Organisatoren alle verfügbaren Hotelzimmer reserviert, damit die Gäste von Larry Page und Lucy Southworth auch wirklich unter sich sind. ›Sie haben die ganze Insel eingenommen‹, wird ein namentlich nicht genannter Insider zitiert.«[156]

Bevor Larry seine »brainy bride« vor den Altar führte, mussten sämtliche Gäste Vertraulichkeitserklärungen unterschreiben, damit später nichts in den Medien verbreitet würde. Trotzdem

....

[155] http://www.wz-newsline.de/home/gesellschaft/leute/google-gruender-larry-page-ein-revolutionaerer-langweiler-1.1276623
[156] S. a. unter http://www.spiegel.de/panorama/leute/milliardaers-hochzeit-gegoogelt-und-gefunden-a-521995.html

gab es Lecks, durch die Einzelheiten, wie etwa die Gästeliste, an die Öffentlichkeit kamen.[157]

Als neuer, alter Chef und CMO tat sich Page nach 2011 allerdings schwer.

Obwohl er 2013 nach der Forbes-Liste mit einem Vermögen von 23 Milliarden US-Dollar auf Platz 20 der Liste der reichsten Menschen der Welt rangierte, glänzte er nicht zuletzt krankheitsbedingt durch Abwesenheit in der Öffentlichkeit.

Dazu kam: Die Reihe der früheren Fehlkäufe war lang, und den Ruf als gewiefte Firmenkäufer hatten die Kalifornier längst verloren. Facebook und Apple machten auf dem Börsenparkett eine bessere Figur als der Suchmaschinengigant, der immer noch das meiste Geld mit dem machte, mit dem alles begann: platzierte Werbung in den Such-Services. Und dass man Google nicht mehr so viel zutraute wie zu seinen Anfängen, wurde deutlich, als der umstrittene Rabatt-Händler Groupon ein sechs Milliarden US-Dollar schweres Übernahmeangebot von Google 2010 ablehnte. Stattdessen führte Groupon-Boss Eric Lefkofsky sein Unternehmen 2011 an die Börse.

Doch Larry Page hatte und hat ein Vorbild, dessen Biografie ihn auch in windstillen Zeiten motiviert: Nikola Tesla.

Der serbischstämmige, in der K.u.K.-Monarchie aufgewachsene, spätere 12fache Ehrendoktor war ein Genie der Elektrotechnik und Physik. Außerdem hatte er einen Lebenslauf, der ausgesprochen volatil verlief. Studienabbrecher, der er war, verdiente er sich mit Billard- und Kartenspielen in einschlägigen Lokalen in Marburg a. d. Drau Geld, wurde von der Polizei ausgewiesen,

....

[157] »Given his desire for privacy, Page required wedding guests to sign nondisclosure agreements prohibiting them from discussing details oft he wedding with the new media.« S.a. David A. Vise/Mark Malseed, a.a.O., S. XV

lebte in Paris, wanderte mittellos nach New York aus, erfand das System des Zweiphasenwechelstroms zur Energieübertragung und sicherte sich etliche Patente. Tesla, der teilweise auf großem Fuß lebte, starb 1943 völlig verarmt.

Larry Page hatte sich während seines Studiums mit Tesla befasst und wollte wie dieser ein bedeutender Erfinder sein – allerdings, ohne das gleiche Ende zu nehmen.

Mit Sicherheit ist hier auch – neben dem grundsätzlichen Interesse an zukünftigen Antrieben und alternativen Verkehrslösungen – die Affinität zu Elon Musk begründet, der seine 2003 mit anderen gegründete Elektroautoherstellerfirma Tesla Motors nannte.

Mit Teslas »Stehaufmännchen-Mentalität« gestärkt[158] und seiner Philosophie des »10X Thinking«[159] ausgerüstet, wollte Page Google wieder cool machen.

Neben den zunehmend hemmenden administrativen Strukturen, die Vorgänger Eric Schmidt dem Konzern verordnete, weil er musste, gab es auch das Problem der fehlenden Innovationskraft.

»Die hyperintelligenten Google-Informatiker bringen gelegentlich sehr verkopfte Produkte, zum Beispiel das mit großem Aufwand gestartete Kommunikationssystem ›Wave‹: Es sollte E-Mail, Facebook und Twitter vereinen. Doch nicht nur das: Gleichzeitig sollte es als System dienen, auf dem viele Leute gleichzeitig an einem Artikel arbeiten können. Wer das nicht versteht,

....

[158] Steven Levy, a.a.O., S. 19
[159] »Larry Page lives by the gospel of 10x. Most companies would be happy to improve a product by ten percent. Not the CEO and cofounder of Google. The way Page sees it, a ten percent improvement means that you're doing the same thing as everybody else. You probably won't fail spectacularly, but you are guaranteed not to succeed wildly.
That's why Page expects his employees to create products and services that are ten times better than the competition.« S. a. unter http://www.wired.co.uk/magazine/archive/2013/03/big-ideas/a-healthy-disregard-for-the-impossible

ist in guter Gesellschaft. So ging es vielen. Kaum einer wollte Wave nutzen. Am Ende brach Google die Entwicklung ab.«[160]

Doch die Stärke von Larry Page ist die Kreativität. Das Internet begreift er wohl nur noch als Werkzeug, mit dem das notwendige Geld eingesammelt wird, mit dem aber vorrangig auch Daten gesammelt werden können, die wieder zu Produkten führen.

Den akademischen Habitus bei dem Geschäft haben Page und Mitgründer Brin nie erfolgreich ablegen können und wollen.

Das und der Campus-Charakter von Googleplex können aber trotzdem nicht darüber hinwegtäuschen, dass es Google letztlich doch um zwei Dinge geht:

Geld und Veränderung der Welt.

Auch wenn Larry Page dem *Time Magazine* sagte, dass er und Brin, wenn es nur ums Geld gehen würde, die Firma längst verkauft hätten und am Strand liegen würden,[161] so ist doch sicher, dass beide Ur-Googler zusammen mit ihrer Truppe daran arbeiten, unsere Lebensumstände grundlegend zu modifizieren.

Die Zivilgesellschaft, von der Page öffentlich träumt, soll unter Googles Führung zu einem Paradies umgebaut werden.[162]

Demnach ist alles für alle verfügbar, Freizeit als hohes Gut und eine medizinische Total-Versorgung. Abwesenheit von Hunger

....

160 S. a. unter http://www.faz.net/aktuell/wirtschaft/netzwirtschaft/google/
     google-gruender-larry-page-der-eigenbroetler-1575374.html
161 »If we were motivated by money, we would have sold the company a long time
     ago and ended up on a beach.« S. a. unter http://content.time.com/time/
     magazine/article/0,9171,1158956,00.html ixzz2EO3YABft
162 »Wouldn't the world be a happier place if 90 per cent of the people with jobs
     put their feet up instead and left the robots to do the work? Why didn't the last
     house you bought cost only 5 per cent of what you paid for it? And is there any
     reason why you or your children shouldn't one day enjoy limitless cheap power
     from nuclear fusion and a greatly extended lifespan?«
     S. a. unter http://www.ft.com/cms/s/2/3173f19e-5fbc-11e4-8c27-00144feabdc0.
     html

und Krieg durch Bildung für alle und das Managen von Krisen jeder Art durch die Nutzung gesammelter Daten. Doch wo alles gut läuft, kann auch alles danebengehen.

Die Versammlung der Daten, auf deren Grundlage unser Leben verbessert werden soll, in einer Hand, impliziert den totalen Kontrollverlust.

Sergey – Der Super-Geek

Die Mai-Unruhen in Paris, Civil Rights Movement in den USA, der »Prager Frühling«, Free Speech Movement in Berkeley, die politische Unruhe, der Aufbruchsgeist nicht nur der Studenten weltweit Ende der 60er und Anfang der 70er, der sich gegen angeblich oder auch tatsächlich verkrustete politische Strukturen wandte und in der Tschechoslowakei einen »Sozialismus mit menschlichem Antlitz« herbeiführen wollte, dieser Esprit de la révolution berührte das riesige Sowjetreich in seinem Inneren kaum.

In seinem Buch »Hemingway und die toten Vögel« beschreibt der Autor Boris Saidman[163] die Sowjetunion der 60er- und 70er-Jahre des vergangenen Jahrhunderts. Er zeichnet ein düsteres Bild der sowjetischen Gesellschaft, in der alles dem gnadenlosen Willen der herrschenden Nomenklatura unterworfen wurde.

Der Totalitarismus sozialistischer Prägung regierte bis in die kleinsten Winkel der Privatsphäre, er ließ keine Luft zum Atmen und unterwarf alle dem Joch der Partei.

Die Sowjetunion, »… das war für viele kein besonders attraktiver Ort zum Leben. Angefangen von der gnadenlosen Umgestaltung der Städte nach den Vorstellungen des Regimes, über die Erziehung Jugendlicher zu angepassten, obrigkeitshörigen »sozialisti-

---

[163] Boris Saidman, Hemingway und die toten Vögel, Berlin 2008

schen Staatsbürgern« (und »Antizionisten«), bis hin zur Verbreitung von nackter Angst bei jedem, der auch nur etwas von der Norm abwich.«[164]

Auch Sergey Brin, der am 21. August 1973 in Moskau geboren wurde, wuchs die ersten Lebensjahre in der bedrückenden Atmosphäre staatlicher Unterdrückung auf. Wie viele andere russische Juden beantragten sein Vater, Michael Brin, und seine Mutter Eugenia 1977 ein Ausreisevisum für die USA, was erst 1979 bewilligt wurde. Hintergründe des Ausreisewillens waren der in der Sowjetunion der 70er-Jahre vorherrschende Antisemitismus, aber auch die wirtschaftlich schlechte Lage des Landes.

Um ein Ausbluten der Intelligenzija zu verhindern und auch, um die vorher angefallenen Ausbildungskosten der Auswanderer wieder reinzuholen, erfand die sowjetische Regierung die sogenannte »Diplomsteuer«. Nur noch wenige waren jetzt in der Lage, sich die Ausreise leisten zu können. Ausreisewillige Juden wurden außerdem eingeschüchtert und verfolgt. Die meist akademisch gebildeten Juden waren im Arbeiter- und Bauernstaat bürgerliche Außenseiter.

Die einflussreichen jüdischen Organisationen in den Vereinigten Staaten mobilisierten daraufhin den antisowjetischen und israelfreundlichen Senator und Demokraten Henry »Scoop« Jackson sowie dessen Parteifreund und Kongressabgeordneten Charles Vanik.

Über Außenminister Henry Kissinger und seine zähen Verhandlungen mit der sowjetischen Regierung erreichte man die freie Ausreise der Emigranten.

Im Oktober 1974 wird das Jackson-Vanik Amendment als Ergänzung zum Handelsgesetz beschlossen. Wichtiger Bestandteil des Amendments war, dass vor das Zustandekommen der

---

[164] S. a. unter http://www.deutschlandradiokultur.de/als-jude-in-der-sowjetunion.950.de.html?dram:article_id=136443

normalen Handelsbeziehungen zwischen den USA und nicht-marktwirtschaftlich organisierten Ländern, die Einhaltung der Menschenrechte, und was die Sowjetunion angeht, vor allem die kostenlose Ausreise hauptsächlich der Juden, aber auch anderer Minderheiten gesetzt wurde.

Das so ergänzte Handelsgesetz wurde ein großer Erfolg, denn durch die restriktiven Bestimmungen erreichten es die USA, dass ab 1975 circa 573 000 Emigranten in die Vereinigten Staaten dauerhaft einreisen konnten. Hauptsächlich waren das Juden, aber auch ein nicht unerheblicher Teil an protestantischen und katholischen Christen.

Sergey Brins Vater hatte vor der Ausreise beim Planungskollektiv »Gosplan«, der sowjetischen Lenkungsbehörde für die Planwirtschaft, unter dem stellvertretenden Vorsitzenden des sowjetischen Ministerrates der UdSSR, Nikolai K. Baibakow, gearbeitet. Die Behörde war für die Ausarbeitung der Fünf-Jahres-Pläne zuständig, und Mikhail Brin, dem der zweite Universitätsabschluss als Mathematiker offenbar verwehrt wurde, führte dort ein Schattendasein, das er hasste.

»Sowohl Larry als auch Sergey sind Juden, doch dieser ethnische Hintergrund spielte für Sergeys Familie eine weitaus größere Rolle als für Larrys Familie. Sergeys Vater Mikhail (geändert in Michael, als er in die USA kam) Brin war ein griesgrämiger Intellektueller und ein begabter Mathematiker. Zunächst hatte er an der staatlichen Moskauer Universität Physik studieren und Astronom werden wollen. Doch er wurde abgelehnt, weil die Kommunistische Partei Juden von der physikalischen Fakultät ausschloss; die Regierung wollte nicht, dass sie Zugang zu sowjetischen Atomgeheimnissen hatten. Daher entschied er sich, Mathematik zu studieren … Mikhail graduierte 1970 mit Auszeichnung.«[165]

....

[165] Richard L. Brandt, a. a. O., S. 27

Die Mutter Sergeys schaffte es ebenfalls, trotz des vorherrschenden Antisemitismus einen mathematischen Abschluss zu erlangen. Und auch sie fand einen Job. Sie arbeitete in einem Forschungslabor des sowjetischen Gas- und Ölinstituts[166].

Trotz großer Widerstände gelang es Mikhail Brin, doch noch promoviert zu werden.

In einer vergleichsweisen Provinzuniversität, der Nationalen Universität Charkiw[167] in der Ukraine, gelang es ihm, zwei Dozenten als Doktorväter zu gewinnen und das Promotionsverfahren 1975 mit Erfolg abzuschließen.[168] Nebenher veröffentlichte er in angesehenen Fachzeitschriften und versuchte, seine akademische Karriere voranzutreiben.

Der Wunsch nach Ausreise aus dem niederdrückenden, repressiven System der Sowjetunion wurde 1978 endgültig manifest. Die Familie Brin stellte bei den sowjetischen Behörden den Ausreiseantrag vorerst für Israel, um Verzögerungen in der Antragsbearbeitung zu vermeiden.

»Doch der Ausreiseantrag führte dazu, dass Mikhail seine Arbeit verlor; Eugenia musste ihre ebenfalls aufgeben, und die Familie verlor die sowjetische Staatsbürgerschaft. Während sie auf die Bearbeitung ihres Ausreiseantrags warteten, verdiente Mikhail Geld mit der Übersetzung technischer Dokumente aus dem Englischen ins Russische. Ohne Arbeit mussten sie sich mehrere

....

[166] Wahrscheinlich die Russische Staatliche Universität für Erdöl und Gas »I. M. Gubkin«. 1962 forderte die Industrie Spezialisten für die Automatisierung der industriellen Prozesse, und es entstand die neue Fakultät Automatisierung und Informatik.

[167] S. a. http://www.genealogy.math.ndsu.nodak.edu/id.php?id=15003

[168] »Er ging seinen Weg trotz großer Widerstände«, sagt Anatoly Katok, ein langjähriger Freund und Kollege aus Moskau. »Es gab Widerstand vonseiten des Establishments. Sie wollten keine Juden, und sie wollten keine Außenseiter.« Richard L. Brandt, a.a.O., S. 28

Monate durchschlagen, doch 1979 wurde ihr Antrag genehmigt.«[169]

Ohne Hab und Gut konnte die Familie Brin schließlich nach Paris ausreisen. Von Frankreich ging es dann weiter in die Nähe von Washington nach Prince George's County.

An der University of Maryland hatten Freunde Michael Brin, wie er sich nun nannte, eine Dozentenstelle verschafft. Aufgrund ihrer Qualifikationen und ihres Freundeskreises entgingen die Brins »dem Schicksal, Flüchtlinge im herkömmlichen Sinne zu sein«.[170]

Und auch, wenn Sergey Brin als sechsjähriger Junge das ganze Ausmaß der Umsiedelung, die bescheidenen Anfänge der Eltern in den USA damals natürlich noch nicht wirklich realisieren konnte, so prägte ihn doch die Zeit sehr nachhaltig.

Die Armut während des Anfangs, der Antisemitismus sowjetischer Prägung hinterließen beim späteren Google-Gründer tiefe Spuren:

»Obgleich die Familie nie besonders religiös gewesen ist, hat Sergey bereits dreimal Israel besucht, erstmals als Teenager mit seiner Familie. ... ›Wir lernten zurechtzukommen‹, sagte Sergey. ›Ich glaube, nicht alles zu haben und trotzdem zurechtzukommen, ist wichtig. ... Am wichtigsten aber ist der Hintergrund – die Erfahrung, eben noch Widrigkeiten erlebt zu haben und nun fähig zu sein, zu überleben und Erfolg zu haben. Ich glaube, das ist der Kern der jüdischen Erfahrung.‹«[171]

Aber nicht diese allein sollte die Basis des enormen Erfolges von Sergey später sein.

....

[169] Ebd.
[170] Ebd., S. 29
[171] Guy Rolnik, a. a. O.

Er ist ein ungewöhnliches, absolutes Ausnahmetalent in der Mathematik. Schon als Neunjähriger war er in der Lage, komplexe mathematische Aufgabenstellungen zu lösen. Sein Interesse galt der elektronischen Datenverarbeitung, und mit seinem ersten Computer, einem C64, frequentierte er primitive Chatrooms im sehr frühen Internet, das ihn schon damals besonders faszinierte.

Auch Sergey besuchte wie sein späterer Kompagnon Larry eine Montessori-Schule. Die anschließende Eleanor Roosevelt Highschool langweilte ihn derart, dass er sie nach drei Jahren abbrach. Angeblich gab es nichts mehr, was er noch lernen konnte.

Demzufolge bewarb er sich an der University of Maryland, an der sein Vater mittlerweile Professor war und seine Mutter Russisch lehrte, und wurde dort ein Jahr früher zugelassen als der übliche Highschool-Absolvent.

»Nach etwa einem Jahr belegt er Mathematikkurse, die fürs vierte Studienjahr vorgesehen waren, und er absolvierte noch vor seinem Abschluss mehrere Kurse auf Graduiertenniveau. Außerdem arbeitete er in den Sommerferien in angesehenen Forschungslaboren bei Wolfram Research, General Electric Information Services und im Institute for Advanced Computer Studies der University of Maryland.«[172]

1993 machte Sergey mit 19 Jahren an der University of Maryland seine Abschlüsse in Mathematik und Informatik mit Auszeichnung.[173]

Vater Michael – der seine eigenen Lehrveranstaltungen offenbar recht despotisch veranstaltete, dabei trennte sich meist die »Spreu vom Weizen«, und nur die Hälfte der anfänglich Inskribierten

....

[172] Richard L. Brandt, a.a.O., S. 31
[173] »..., the 19-year-old-whiz received his undergraduate degree in 1993 with honors in math an computer science.« S.a. David A. Vise/Mark Malseed, a.a.O., S. 26

blieben den Kursen treu[174] – war stolz auf seinen Sprössling und wünschte sich, dass dieser eine akademische Laufbahn einschlagen würde.

So sah es anfänglich auch aus, als Sergey sich nach Stanford bewarb und dort als Doktorand für das Fach Informatik angenommen wurde.

Da er bereits diverse Oberseminare in Maryland erfolgreich absolviert hatte, blieb ihm genug Zeit, um Segeln zu lernen. Sergeys Interessen waren relativ vielfältig, und er engagierte sich fächerübergreifend, da er der Meinung war, dass man, je mehr man sich umsah, desto eher über wichtige, wertvolle Dinge stolperte.[175]

So traf Brin auf Larry Page, auf das Data-Mining-Projekt des Informatik-Lehrstuhls in Stanford – und letztlich auf Google.

Möglicherweise war es auch das mehr oder weniger offizielle Studium universale, das Brin abseits seines eigentlich zu absolvierenden Lernstoffs durchzog, das ihn mit seiner späteren Frau Anne Wojcicki zusammenbrachte.

Ihre Schwester Susan war die Vermieterin der Google-»Garage«. Brin verliebte sich in die Yale-Absolventin Anne, die nach ihrem Bachelor zehn Jahre lang als Analystin für Silicon-Valley-Investoren, spezialisiert auf Biotech-Firmen, gearbeitet hatte.

Das Paar heiratete 2007 im Rahmen einer ungewöhnlichen Inszenierung[176] und bekam 2008 Sohn Benji und eine Tochter Wojin, die Ende 2011 geboren wurde.

....

174 »Almost half the statistics class he taught dropped out after the first session, because they couldn't handle his assault and battery on their sense of self. ... Attending his classes was like experiencing the drill sergeant in Full Metal Jacket.« Ebd., S. 28

175 »The more you stumble around, the more likely you are to stumble across something valuable.« Ebd., S. 29

176 Mitbegründer Sergey Brin hat in einer geheimen Zeremonie auf den Bahamas geheiratet. Der 33-Jährige – inzwischen einer der reichsten Männer der Welt – habe Anfang des Monats Anne Wojcicki, der Schwester der ersten

Neben Schwester Susan[177], die bei Google ihren Aufstieg machte und bei YouTube CEO wurde, legte auch Anne eine respektable Karriere hin.

Grundlage hierfür waren offenbar die 2012 in *Forbes.com* gelobten »guten Gene« des Wojcicki-Clans[178] und aber auch das biotechnologische Steckenpferd der Tochter aus gutem Hause: die Genomentschlüsselung.

2006 gründete sie mit Linda Avey, einer ehemaligen Managerin des Biotechnologieunternehmens Affymetrix[179], ein Start-up-Unternehmen namens 23andMe.

»Die Kalifornier bieten Genanalysen für jedermann an. ... Die Idee mit den persönlichen Genen stammte von Avey. Doch um sie umzusetzen, fehlten ihr Kapital und ein Computersystem, das leistungsfähig genug war, die anfallenden Massendaten zu verarbeiten. Beides konnte ihre Bekannte Anne Wojcicki mithilfe ihres Mannes besorgen. Sie begeisterten Brin für Aveys Idee. Er

....

Vermieterin des Internet-Unternehmens, das Jawort gegeben. Das berichtete die *San Jose Mercury News* unter Berufung auf einige der 60 Hochzeitsgäste. Brin und Wojcicki seien zu der Zeremonie bei einer Strandbar geschwommen, während der größte Teil der Hochzeitsgesellschaft per Boot dorthin gelangt sei. Die Trauung habe in einer traditionellen jüdischen Zeremonie stattgefunden. Als ein Journalist Brin bei einer Pressekonferenz am Mittwoch gratulierte, sagte der, er wolle das Gespräch auf berufliche Dinge konzentrieren. Er trug keinen Ring.«
S. a. http://www.welt.de/wirtschaft/webwelt/article878273/Google-Gruender-Brin-schwimmt-zum-Traualtar.html

[177] Die dritte Schwester, Janet Wojcicki, promovierte Anthropologin und Epidemiologin, ist in der Öffentlichkeit kaum präsent.

[178] »Speaking of genes, they are clearly good here. (Dad Stanley is a big-deal physicist who taught at Stanford and is now leading an experiment to challenge Einstein's theories; Woj, the daughter of Jewish-Russian immigrants, was the first in her family to attend college and went on to collect graduate degrees galore.) But besides the lucky DNA, the Wojcicki daughters also benefitted from mom's urging them to learn independently.«
S. a. http://fortune.com/2012/02/01/before-google-the-wojcicki-girls-learned-from-mom/

[179] S. a. http://www.affymetrix.com/estore/

stattete das Unternehmen mit 2,6 Millionen US-Dollar Startkapital aus.«[180]

Und damit hatte Sergey Brin nicht nur auf das richtige Pferd gesetzt, sondern auch noch zwei Fliegen mit einer Klappe geschlagen: Neben einer lukrativen Beteiligung an dem erfolgreichen Start-up seiner Frau war das Engagement bei 23andMe auch deshalb für die Google-Jungs wichtig, weil sie auf diese Weise zu ganz besonderen Datensätzen kamen, dem sequenzierten menschlichen Erbgut.

»Für die Menschen an der Spitze der beiden Unternehmen[181] sind selbst die Grundbausteine des menschlichen Lebens vor allem eins: Informationen, die man katalogisieren und auswerten kann. Nicht von ungefähr stockten die Googler im Mai 2007 ihre Beteiligung an 23andMe auf fast vier Millionen US-Dollar auf.«[182]

Doch die 23andMe-Story lief nicht ganz so glatt wie geplant. Mehr und mehr setzte sich die Erkenntnis durch, dass die Genomentschlüsselung und die via Internet verbreitete Analyse des Erbguts nicht unbedingt zuverlässig im Sinne von verbindlich waren.

Der Harvard-Medizinprofessor Robert C. Green etwa bestätigte in einigen Interviews für die *New York Times*, dass Gentests einerseits für Laien eigentlich unverständlich sind und andererseits nur sehr vage über eine genetische Disposition Auskunft geben[183],

....

[180] Lars Reppesgaard, a.a.O., S. 190
[181] Google und 23andMe
[182] Ebd., S. 193
[183] »»Not everyone wants to know, but the people who want to know really want to know, and they have their own reasons‹, Dr. Green said. ›I think it's a little patronizing for the medical establishment to say, ›We could give you that test, but we don't think you can handle it‹.«
und ›People are eventually going to understand that genetic risk factors are just risk factors, not determinants‹, Dr. Green said.«

und die FDA[184], die amerikanische Food and Drug Administration, wies mit einem Warnbrief darauf hin, »dass 23andMe keine Zulassung für die medizinische Auswertung der Selbsttest-Sets hat. …

Die FDA hatte bemängelt, das Unternehmen habe nicht belegen können, dass die medizinischen Testergebnisse sicher seien beziehungsweise einen Nutzen hätten. Die Behörde befürchtete deshalb Fehldiagnosen. Das könnte einerseits Menschen mit erhöhtem Risiko von Erbkrankheiten falsche Sicherheit geben und andererseits ungefährdete Kunden zu kostspieligen oder gefährlichen Behandlungen verleiten.«[185]

Dieser Umstand berührte vorerst allerdings – zumindest im Jahre 2008 – nur wenige Prominente: Harvey Weinstein, Rupert Murdoch und Ivanka Trump wollten es wissen, als sie während der New Yorker Fashion Week in jenem Jahr in kleine Röhrchen spuckten.

»Die Spuck-Party war eine PR-Aktion der Genfirma 23andMe von Anne Wojcicki. Die Biologin hat scheinbar viel von ihrem Mann, dem Google-Gründer Sergey Brin gelernt. Zum Beispiel, dass die schnelle Verbreitung von Neuigkeiten unabdingbar ist.«[186]

Was persönliches Data mining bedeuten kann, erfuhr Brin am eigenen Leib.

2008 publizierte der Google-Gründer, er habe über einen Gentest bei 23andMe erfahren, er trage wie seine Mutter ein Gen in sich, das in Verbindung mit der Nervenkrankheit Parkinson steht.

....

S. a. http://www.nytimes.com/2007/12/26/health/26gene.html?module=-Search&mabReward=relbiasProzent3Ar

[184] http://www.fda.gov/

[185] S. a. http://www.computerwoche.de/a/23andMe-setzt-medizinische-analysen-aus,2550912

[186] http://www.gq-magazin.de/unterhaltung/stars/party-date-mit-der-dna

Aber der Zugriff auf das menschliche Erbgut war nicht das einzige Projekt, das Sergey Brin bei Google initiierte. Als President of Technology war er beim Suchmaschinenriesen von 2001 bis 2011 Member of the Board.

Heute ist er, wie die offizielle Google-Seite verkündet, »für die Leitung spezieller Projekte zuständig. ... Sergey Brin ist Mitglied der National Academy of Engineering und Stipendiat des ›National Science Foundation Graduate Fellowship‹-Programms. Er hat mehr als ein Dutzend wissenschaftlicher Arbeiten veröffentlicht.«[187]

Angesichts der rasanten Firmenentwicklung von Google hatte er sich in Stanford von seinem Ph.-D.-Programm allerdings beurlauben lassen. Auch er legte wie Larry die Promotion auf Eis. Und wie sein Partner Page pflegt auch Brin einen speziellen Führungsstil, der sich auch mal dadurch ausdrückt, dass er an Meetings im Stehen und auf Rollerblades teilnimmt.

»Können Sie mir einen komplizierten Sachverhalt erklären, den ich noch nicht kenne?«, lautet eine von Brins oberlehrerhaften Lieblingsfragen in Bewerbungsgesprächen[188]. Von einem besonders abstrusen Beispiel berichtet ausgerechnet Eric Schmidt. Der Bewerber war in diesem Fall der Vice President eines angesehenen Unternehmens, der Brin von einem Google-Board-Mitglied empfohlen worden war. Der Bewerber versuchte, Brin mit einer hochmathematischen Kosten-Umsatz-Analyse zu beeindrucken, doch als Brin lieber an seinen Rollerblades rumspielte,

....

[187] http://www.google.de/intl/de/about/company/facts/management/ Unter den wissenschaftlichen Arbeiten sind Extracting Patterns and Relations from the World Wide Web, Dynamic Data Mining: A New Architecture for Data with High Dimensionality (in Zusammenarbeit mit Larry Page), Scalable Techniques for Mining Causal Structure, Dynamic Itemset Counting and Implication Rules for Market Basket Data und Beyond Market Baskets: Generalizing Association Rules to Correlations
[188] Eric Schmidt, Wie Google tickt, a.a.O.

wechselte er schnell das Thema, hielt einen Kurzvortrag über das erfolgreiches Balzverhalten am Beispiel des Kennenlernens seiner späteren Frau und bekam den Job.

Trotz dieses gewöhnungsbedürftigen Führungsverhaltens lief es bei Brin exorbitant gut, zumindest im beruflichen Bereich. Im privaten Bereich sorgte Brin für die eine oder andere Irritation. 2013 gaben seine Frau und er ihre Trennung bekannt.

Hintergrund dürfte Brins Affäre mit Amanda Rosenberg, Marketing Managerin für das Projekt »Google Glass« gewesen sein. Der Rosenkrieg um die 13 Jahre jüngere Geliebte forderte Opfer: Rosenbergs Ex-Freund verließ Google, sie selbst wurde im Konzern versetzt, um sie von Brin zu entfernen. Es darf spekuliert werden, ob das geschah, weil gegen den firmeninternen Verhaltenskodex[189] verstoßen wurde, oder weil die Schwester von Brins Noch-Ehefrau, Susan Wojcicki, Googles Vize-Präsidentin ist[190]. Genug Einfluss, die Versetzung anzuordnen, hätte sie …

Auch zwischen den zwei Google-Gründern war die Kommunikation durch die Romanze zumindest zeitweise gestört. Der sich moralisch sattelfest wähnende Larry nahm seinem Kompagnon die amourösen Abenteuer offenbar übel, und es kam zwischen CEO und dem Oberforscher des Google X zu einer mehrtägigen Funkstille.[191]

Sergey Brin als Mitgründer und Anteilseigner hatte allerdings genug zu tun. Eine seiner Baustellen war Google Glass, ursprünglich versüßt durch Amanda Rosenberg, aber auch andere Projekte.

················

[189] http://investor.google.com/corporate/code-of-conduct.html
[190] S. a. http://www.stern.de/panorama/liebes-zoff-bei-google-rosenkrieg-in-der-chefetage-2054769.html
[191] http://www.nydailynews.com/news/national/sergey-brin-affair-amanda-rosenberg-upset-google-brass-report-article-1.1719746

Abgewickelt und entwickelt werden diese in ein paar zweistöckigen Gebäuden aus Ziegelsteinen, die etwas abseits vom Google Campus lagen. Hier ist Google X beheimatet, die zentrale Forschungs- und Entwicklungsabteilung des Internetgiganten. Hier werden neue Geschäftsfelder angepeilt, während die Weiterentwicklungen bestehender Produkte in den entsprechenden Units stattfinden.

Google X wurde seit seiner Gründung 2010 vom Mutterkonzern versteckt gehalten. Hier wird den berühmten »Moonshots« nachgegangen[192]. Das fahrerlose Auto und all die anderen aus den akkumulierten Akquisen zusammengeführten Technologien sollen hier zur Marktreife gebracht werden: der Liftware Spoon, der das Zittern an Parkinson erkrankter Patienten beim Essen neutralisiert, Displaytechniken für PCs, das Computer-Auto, Nano-Maschinen und vieles mehr.

Doch schon 1979 konnte man lesen: »Zum Signum des elektronischen Zeitalters gehört auch, dass die allgemeine Vorstellungskraft von den technischen Möglichkeiten bereits überflügelt wird. Die Daten sammelnden, zusammensetzenden und übermittelnden beamteten Gutwilligen bedeuten für die Freiheit des Einzelnen schon längst oft eine größere Gefahr als die erklärten Verfassungsfeinde; ihre Macht ist ungleich größer als die jeder Terroristenbande, und auch gefährlicher, weil sie – in der festen Überzeugung, nur das Beste zu wollen – unbedenklich angewendet wird.«[193]

....

[192] »Google X seeks to be an heir to the classic research labs, such as the Manhattan Project, which created the first atomic bomb, and Bletchley Park, where code breakers cracked German ciphers and gave birth to modern cryptography. After the war, the spirit of these efforts was captured in pastoral corporate settings: AT&T's (T) Bell Labs and Xerox (XRX) PARC, for example, became synonymous with breakthroughs (the transistor and the personal computer among them) and the inability of each company to capitalize on them.« S. a. http://www.businessweek.com/articles/2013-05-22/inside-googles-secret-lab

[193] http://www.zeit.de/1979/18/datensammler

Ein Menetekel, das man in Kalifornien offensiv ignoriert hat, wenn man bedenkt, dass sich der größte Datensammler der Welt mehr als zwanzig Jahre später auch noch den Claim »Don't be evil« gab, aber die Google-Gründertruppe hatte den *Zeit*-Artikel offenbar nicht gelesen.

Auch die Website, die Sergey Brin an der University of Stanford sein eigen nannte, ist nur noch mühsam zu finden und von der PR-Maschinerie des Datenkonzerns noch nicht eliminiert worden. Dort[194] steht verschämt versteckt, was sich der Ausnahme-Mathematiker vom Berufsleben erhoffte:

»Während er vordergründig ganz seriös seinen studentischen Werdegang schildert, seine Veröffentlichungen auflistet und Forschungsprojekte erklärt, an denen er beteiligt ist, findet man seine geheime Nachricht nur, wenn man sich den im HTML-Quellcode der Seite durchliest (In Firefox über den Befehl Web-Entwickler/ Seitenquelltext anzeigen). Unter der Überschrift »Ziele« ist dort zu lesen: »Ein großes Büro, gute Bezahlung und sehr wenig Arbeit. Regelmäßige Reisen in exotische Länder wären ein Plus.«[195]

Heute kann man sagen, Sergey, du hast dein Ziel erreicht!

Doch trotz aller unternehmerischen Qualitäten und der unbestreitbaren wissenschaftlichen Reputation und Begabungen war da noch jemand, der das anfängliche Ruderboot Google erst auf Kurs brachte und letztlich zu einem respektablen Ozeanriesen trimmte.

Sein Name ist Eric Emerson Schmidt.

....

[194] http://infolab.stanford.edu/~sergey/
[195] http://www.spiegel.de/netzwelt/web/sergey-brin-easter-egg-im-lebenslauf-des-google-gruenders-a-960279.html

Eric Schmidt – Der Transformer

Wir erinnern uns an den Wahlspruch der Stanford University »Die Luft der Freiheit weht«, von Ulrich von Hutten, wenn wir den der Johns-Hopkins-University in Baltimore lesen: »Veritas vos liberabit – Die Wahrheit wird Euch befreien«.

Die Johns-Hopkins gehört wie Stanford zu den renommiertesten Hochschulen der USA. 35 Nobelpreisträger verzeichnet sie in ihren Annalen. Gegründet wurde sie 1876 ebenfalls als Privatuniversität mit dem Vermögen des 1873 verstorbenen Geschäftsmannes Johns Hopkins. Und auch hier liegt ein Teil der Wurzeln von Google. Und diese Wurzeln sind zum großen Teil auch deutsch.

Abgesehen davon, dass 15,7 Prozent aller US-Amerikaner deutscher Abstammung sind[196] und gerade die Johns Hopkins University nach deutschen Bildungsleitgedanken gegründet und formiert wurde[197], ist es ein Fakt, dass Eric Schmidt deutscher Abstammung ist.

Sein Vater, Wilson E. Schmidt, Jahrgang 1927, wurde 1981 von

....

[196] brand eins Wirtschaftsmagazin, Heft 11, November 2014, S. 8 – gefolgt von US-Amerikanern mexikanischer Abstammung (10,6 Prozent) und englischer mit 8,5 Prozent

[197] S. a. »Drei Jahrhunderte Der Deutschen in Amerika«, Band 5, von Rudolf Cronau: »Über ein Vierteljahrhundert hat die Johns-Hopkins-Universität die Ideale deutscher Gelehrsamkeit hochgehalten. Sie ist nicht irgendeiner besonderen Methode der deutschen Universitäten blindlings gefolgt, aber sie hat die Wichtigkeit gründlicher Forschung aufs Nachdrücklichste betont und damit einen starken Einfluss auf die höhere Erziehung Amerikas ausgeübt. Das von der Johns-Hopkins-Universität gegebene Beispiel wurde von vielen anderen Erziehungsanstalten dieses Landes nachgeahmt, und die Methoden, welche von den neueren Universitäten angenommen wurden, haben vieles mit jenen der Johns-Hopkins-Universität gemeinsam. In allen Fällen tritt der Einfluss Deutschlands klar zutage.
Dem Vorbild der Johns-Hopkins-Universität folgten zunächst die im Jahre 1890 gegründete Universität zu Chicago und die im Jahre 1891 gestiftete Leland-Stanford-Universität in San Francisco.«

Ronald Reagan zum United States Executive Director of the International Bank for Reconstruction and Development (IBRD)[198] ernannt und lehrte vorher an der Johns-Hopkins Wirtschaftswissenschaften. Vorausgegangen war ein Lehrstuhl am Virginia Polytechnic Institute, wo er von 1966 bis 1977 Dekan der wirtschaftswissenschaftlichen Fakultät war.

Zwischen 1963 und 1965 war er Gastprofessor an der renommierten Paul H. Nitze School of Advanced International Studies (SAIS) in Bologna[199] und von 1950 bis 1967 Privatdozent[200] an der George Washington University in Washington D. C., wo Eric Emerson Schmidt am 27. April 1955 das Licht der Welt erblickte.

Während der Vater zeitweise auch als Berater der Agency for International Development[201] arbeitete, wuchs Eric mit seinen zwei Geschwistern im behüteten Akademikerhaushalt in Blacksburg und Falls Church, beide in Virginia nahe Washington, bei seiner Mutter, der Psychologin Eleanor Schmidt, auf.

....

[198] http://web.worldbank.org/WBSITE/EXTERNAL/EXTABOUTUS/EXTIBRD/0,,menu PK:3046081~pagePK:64168427~piPK:64168435~theSitePK:3046012,00.html

[199] Die SAIS hat ihren Sitz in Washington, D. C., und verfügt über einen zweiten Campus in Bologna sowie über eine Außenstelle in Nanjing, China. Sie ist ein Zentrum des politischen Diskurses in den USA, und an ihr forschen und lehren Politologen, Ökonomen und Historiker. Die Studenten werden in einem interdisziplinären Studium in Bereichen wie Politikwissenschaften, Ökonomie, Finanzen, Geschichte und Völkerrecht ausgebildet, wobei SAIS einen Schwerpunkt auf die wirtschaftswissenschaftliche Ausbildung legt. Pro Jahr beginnen etwa 150 Studenten das Studium an der SAIS, die aus mehr als 1800 Bewerbern (2009) ausgewählt werden. Einer ihrer Leiter war Paul Wolfowitz, Weltbankchef, und damit auch Schmidt beruflich verbunden.
S. a.: http://de.inforapid.org/index.php?search=JohnsProzent20HopkinsProzent20University

[200] Instructor to professor, vergleichbar mit dem Dr. habil.

[201] Die United States Agency for International Development (»Behörde der Vereinigten Staaten für internationale Entwicklung«) ist eine unabhängige Behörde mit Sitz in Washington. Sie koordiniert die gesamten Aktivitäten der Außenpolitik der USA bezüglich der Entwicklungszusammenarbeit.

Für die Ausbildung der Kinder war den Eltern offenbar nur das Beste recht. Begünstigt durch die Zulassungspolitik der Universität, bei der die Zahlungskraft der Bewerber angeblich ignoriert wird, denn die Schmidts waren zwar bürgerlich gut situiert, aber nicht eigentlich wohlhabend, studierte Eric Schmidt an der Princeton University erst kurz Architektur, dann Elektrotechnik mit dem Bachelor-of-Science-Abschluss im Jahre 1976.

An der University of California in Berkeley folgten 1979 das Master-Examen und 1982 die Promotion in Informatik.

Berkeley als das eigentliche Zentrum der Studentenbewegung der 60er-Jahre in den USA hatte zwar einen grundsätzlich ehrwürdigen, aber in konservativen, rechteren Kreisen den Ruf der Revoluzzerhochburg, weshalb die Universität auch als »Berzerkerley« oder »Volksrepublik Berkeley«[202] bezeichnet wurde.

Ausgerechnet hier erhielt Eric Schmidt seine Grundausbildung, um später im Kapitalismus höchst erfolgreich zu sein.

Doch er lernte nicht nur, er lehrte auch: So hielt er Seminarveranstaltungen und erarbeitete sogenannte Compiler, also spezielle Übersetzungsprogramme, mit denen Programmiersprachen für Computer erst exekutierbar, das heißt lesbar werden. Computersprachenspezialist, der er war, schrieb er 1976 während seiner Praktikantenzeit bei den Bell Laboratories[203] eine neue Version von Lex, ebenfalls Bestandteil von Übersetzungsprogrammen, die die maschinenlesbaren Quellcodes »scannen« und lexikalisch analysieren.

Außerdem war Schmidt Mitglied der Forschungsabteilung des

....

202 People's Republic of Berkeley
203 Bell Telephone Laboratories Inc. Das Kerngeschäft besteht im Entwickeln hochkomplexer Systeme, aus denen Telekommunikationsnetze bestehen. Auch militärisch-zivile Projekte, wie z. B. der Bau der Flugabwehr- und späteren Höhenforschungsrakete Nike, wurden unterstützt.

Xerox PARC[204] und arbeitete bei dem kalifornischen Mikropro-zessorentwickler und -hersteller Zilog.

1983 bekam seine Karriere endlich richtigen Schub, denn Schmidt ging als Software-Manager zu Sun Microsystems Inc. nach Mountain View[205].

Sun, das als Spezialist für Server und Workstations 1982 von Scott McNealy gegründete Unternehmen, war bis 1997 Arbeit-geber von Eric Schmidt. Er wurde dort 1985 Vice President und General Manager der Software Products Division. Neben weite-ren diversen Verwendungen wurde Eric Schmidt 1994 der neue Chief Technology Officer (CTO) von Sun. Zusätzlich bekleidete er das Amt des Corporate Executive Officer und war von 1991 bis 1994 President of Sun Technology Enterprises. Auch war er ver-antwortlich für die Entwicklung von Java und definierte Suns Internet-Software-Strategie.

1997 wechselte Schmidt dann zu Novell Inc., wo er die Funktion des CEO wahrnahm. Doch nach vier Jahren, am 21. März 2001, warf Schmidt bei Novell das Handtuch. Auslöser war die Fusion von Novell mit Cambridge Technology Partners:

»Novell hat heute auf der CeBIT die jüngste Fusion mit dem IT-Consultant Cambridge Technologies erläutert. ... Das neue

....

[204] Das Forschungszentrum Xerox Palo Alto Research Center (Xerox PARC) wurde 1970 in Palo Alto gegründet.
»Auf PARC gehen viele Errungenschaften moderner Computertechnik zurück: Hier wurde der erste Laserdrucker entwickelt, ..., Ethernet erfunden, ..., mit SuperPaint die erste computergestützte grafische Bildbearbeitung entwickelt, mit Spacewar eines der ersten Computerspiele programmiert, ..., das Konzept des Laptops entwickelt (A. Kays Dynabook), die erste grafische Benutzeroberflä-che (GUI) entwickelt und ... erstmals eingesetzt«, s. a. http://de.wikipedia.org/wiki/Xerox_PARC
Das GUI-Konzept führte Steve Jobs dann später bei Apple zum Erfolg.
[205] Eine sehr ausführliche Liste der Verwendungen von Eric Schmidt und seine beruflichen Stationen sind zu finden unter: http://investing.businessweek.com/research/stocks/people/person.asp?personId=719894&ticker=GOOG;

Unternehmen wird zwar Novell heißen, aber unter der Führung von Jack Messman, dem bisherigen Cambridge-Chef, weitermachen. Eric Schmidt, bislang CEO von Novell, ist nur noch Chairman und Chefstratege.

Diesen Schritt erklärte Finanzchef Dennis Rainey[206] heute in Hannover mit Schmidts persönlichen Interessen. ›Es ist einzigartig, dass ein Unternehmen ein anderes schluckt und dann nicht den Chef stellt. Aber Eric Schmidt hatte das Gefühl, der Job als Chairman entspreche seinen Stärken besser.‹«[207]

Doch zu diesem Zeitpunkt hatte Eric Emerson Schmidt schon längst die Weichen gestellt.

Novell beklagte in späteren Pressemitteilungen und Interviews seines CFO Raney, dass man sich zu sehr auf die Produkte und zu wenig auf den Vertrieb konzentriert hätte. Das hatte dem erfolgsverwöhnten Softwarehersteller, der lange Zeit von einer Quasi-Monopolstellung komfortabel leben konnte, die Performance auch an der NASDAQ verhagelt.

Möglich, dass sich Schmidt als ehemaliger Forscher und Entwickler durch den Vertriebsaktionismus der neuen Mitarbeiter abgestoßen fühlte.

Möglich, dass der introvertiert freundlich wirkende, nachdenkliche Informatiker sich nach einer Atmosphäre sehnte, wie er sie in Princeton, Berkeley und den diversen Forschungslaboren kennengelernt hatte.

Noch im November 2013 schwärmte er von der Zeit, die sein Vater an der Johns Hopkins University verbracht hatte, und von

....

[206] Den hatte Eric Schmidt 1998 auf seinen Stuhl gesetzt: »Novell said today that it named Dennis Raney senior vice president and chief financial officer. ›Dennis Raney brings the knowledge and experience to apply strong financial controls and systems necessary in a well-managed, growing, billion US-Dollar global business‹, Novell's CEO Eric Schmidt said in a statement.« S. a. http://news.cnet.com/Novell-names-Raney-CFO/2100-1001_3-211774.html

[207] http://www.zdnet.de/2056028/novell-kommentiert-fusion-mit-cambridge/

seinem Aufenthalt in Italien, als einer Zeit, die sein Leben entscheidend geprägt habe.[208]

Möglich auch, dass Schmidt nach dem Abgang bei Novell Loyalität und Integrität besonders zu schätzen gelernt hatte. Denn bei seinen zukünftigen Arbeitgebern, den Google-Gründern, ist öffentlich von Missstimmungen im Führungs-Trio selten die Rede.

»Von Anfang an nahm Schmidt öffentlich eine uneingeschränkt bewundernde Haltung gegenüber den Gründern ein, die er später sorgfältig pflegte. … Auch wenn es einige Jahre lang ernsthafte Anpassungsprobleme gab, weil die Firmengründer offenbar meinten, sie hätten sich alleine ebenso gut geschlagen, erwies sich diese Hochachtung letztlich als erfolgreiche Strategie. Bei Erklärungen zur Einstellung von Schmidt klangen die Gründer selbst 2002 noch bitter.

›Im Grunde genommen brauchten wir eine erfahrene Überwachung‹, sagte Brin, fügte hinzu, dass die Risikokapitalgeber nun zufriedener mit ihnen waren, und meinte, die hätten sich vermutlich gefragt, was ›diese beiden Halbstarken wohl mit ihren Millionen machen würden‹. Der Übergang war zwar schwierig, aber mit den Jahren schienen Page und Brin die Beiträge von Schmidt wirklich zu schätzen. Page nannte die Einstellung des Geschäftsführers später sogar ›brillant‹.«[209]

....

[208] »Wednesday night was a homecoming of sorts for Google Executive Chairman Eric Schmidt, who spoke at the Johns Hopkins School of Advanced International Studies in Washington, D.C.
The lecture came 50 years to the day after Schmidt, then 8, arrived in Bologna, Italy, where his father, Wilson Schmidt, served as a professor of international economics at the SAIS campus. Schmidt said that experience ›changed my life, and I owe much of my success and career to Johns Hopkins‹.«
S. a. http://hub.jhu.edu/2013/11/21/google-eric-schmidt-sais
[209] Steven Levy, a.a.O., S. 106–107

Das Team war allerdings bei Schmidts Entrée deutlich optimisti-
scher, wie sich Douglas Edwards[210], Googles Mitarbeiter Nummer 59, später erinnerte:

»Beim TGIF[211] am 23. März 2001 stellten Larry und Sergey den
versammelten Mitarbeitern zwei Noogler[212] vor: Dirk Aguilar als
internationalen Anzeigenanalysten und Eric Schmidt als Vorsitzenden des Aufsichtsrates. … Ich war elektrisiert, nicht nur, weil
ich Eric kannte und spürte, dass er uns zur Suchdominanz führen
würde, sondern auch, weil das lange Warten endlich vorbei war.
Das Licht, das wir am Ende des Tunnels sehen konnten, war das
Google-Tickerkürzel, das über die NASDAQ-Tafel am Times
Square flimmerte.«

So sollte es dann auch kommen. Der erfolgreiche Börsengang
2004 spülte das ersehnte Geld in die Taschen zahlreicher Mitarbeiter, aber auch in die der Founder und Owner.

Vorangegangen war eine Transformation des Unternehmens
Google. Als CEO hatte Schmidt den IT-Konzern umstrukturiert
und damit professionalisiert.

»Als Schmidt zu Google wechselte, war die Firma noch ein chao-
tisches Start-up. Lohnbuchhaltung und Steuererklärung wurden
mithilfe der Software Quicken abgewickelt, die normalerweise
private Haushalte oder kleine Handwerksbetriebe benutzen.
Google war damals aber bereits ein Unternehmen mit 200 Mitarbeitern, das rund 200 Millionen US-Dollar Umsatz im Jahr
machte. Heute ist Google dank Schmidt ein straff organisierter
Konzern, der mithilfe von Oracle-Software gesteuert und gemessen wird und sich eher stärker als andere Unternehmen bei Entscheidungen an harten Kennzahlen orientiert. Google misst einer

....

[210] Douglas Edwards, a.a.O., S. 261
[211] Google-intern für die allwöchentlichen Thank-God-it's-Friday-Meetings
[212] Google-intern für Neu-Googler

116

im Harvard Business Review veröffentlichten Analyse zufolge anhand von 25 Leistungskriterien, was Mitarbeiter leisten und wie gut sie ihre Arbeit machen.«[213]

Dieses Bewertungssystem ist allerdings nicht nur auf eine vermeintliche Gnadenlosigkeit des neuen CEOs zurückzuführen, die Idee zu den sogenannten Quarterly Performance Reviews hatte Larrys Ex, Marissa Mayer.

Diese sorgte für Furore[214], als sie im November 2013 nach Mode-Fotoshootings für die *Vogue*, bei denen sie sich ablichten ließ, die vierteljährliche Mitarbeiterbeurteilung nach dem Muster bei Google auch bei Yahoo als neue Vorstandsvorsitzende einführen wollte.

Was beim vermeintlichen Kuschel-Konzern Google längst Standard war, diente nun als Beispiel für andere. Die Mehrklassengesellschaft innerhalb der Firma, die ohne mögliche korrigierende Einflussnahme der Mitarbeiter mithilfe der Beurteilung durch Vorgesetzte entsteht, entscheidet über Wohl und Wehe, Auf- oder Abstieg, mehr oder weniger Geld.[215]

Grundsätzlich ist natürlich auch gegen den Einsatz von Leistungsbewertungstools durch die Personalführung eines Betriebes nichts einzuwenden, geht es doch um profitorientierte und über-

....

213 Lars Reepesgaard, a.a.O., S. 52
214 S.a. http://www.spiegel.de/karriere/berufsleben/internetkonzern-yahoo-mayer-veraergert-mitarbeiter-a-933051.html
215 Sehr interessant dazu http://blog.idonethis.com/google-performance-reviews/: »All four performance rating schemes follow a similar cadence: employees are given a rating relative to their peers on a quarterly basis. This is done in secret and potentially never shared with employees. On a semi-annual basis summary assessments are shared with a selective set of examples (of work and behavior) that articulate and reinforce the rating. Then employees are made aware of the bonuses, salary raises, and stock grants they will be awarded. The rewards are decided unilaterally regardless of the dialogue that takes place during the review, and next chance to check in and reassess is six months away.«

lebenswillige Unternehmungen, die dazu unter großem Druck stehen. Das, was viele Mitarbeiter und Außenstehende stört, ist vielmehr die Schere zwischen geschicktem Reputations-Management und der echten Wirklichkeit bei Google.

Schon das Bewerbungsverfahren, das zwar auch nicht von Schmidt initiiert wurde, aber auch nicht infrage gestellt wird, ist gewöhnungsbedürftig:

»Im Laufe der Jahre wurde der Einstellungsprozess vereinfacht. Nach einer Phase, in der Bewerber bis zu 20 Gespräche absolvieren mussten, verringerte Google deren Anzahl[216]. Auch wenn die gesammelten Daten zeigten, dass Ablehnungen nach vier Gesprächen vergleichsweise selten wurden, mussten die Bewerber doch eher acht über sich ergehen lassen. ›Es dauerte gewöhnlich ewig – irgendwo zwischen sechs und zwölf Monaten –, bis man von Google eingestellt wurde. Jetzt dauert es durchschnittlich so etwa 46 bis 60 Tage vom Anfang bis zum Ende‹, sagt Googles Personalchef Laszlo Bock.«[217]

Page unterschrieb angeblich zumindest bis 2012 die meisten Arbeitsverträge selbst[218].

Und dabei sind auch nur die vermeintlich Besten gut genug. Page und Brin bevorzugen fast ausschließlich Absolventen von Stanford, Berkeley, der George Washington University und dem MIT[219] sowie Rhodes-Stipendiaten[220]. Gleichzeitig versucht Google, alles Zwischenmenschliche aus dem Bewerbungsprozess

....

[216] Eric Schmidt erwähnt in »Wie Google tickt«, dass Google aus Effizienzgründen die Anzahl der Bewerbungsgespräche auf fünf reduziert habe, die maximal 30 Minuten dauern.
[217] Steven Levy, a.a.O., S. 183
[218] Ebd., S. 184
[219] Ebd., S. 181
[220] Das Stipendium für ein Studium an der Universität Oxford in Großbritannien gilt als eines der prestigeträchtigsten Stipendien der Welt.

zu eliminieren. So sind die Bewerbungsgespräche auf 30 Minuten befristet, damit, wie es Eric Schmidt[221] selbst erklärt, keine Zeit für Small Talk oder unwichtige Fragen bleibt. Anschließend soll die Performance des Bewerbers in Daten dargestellt werden. Dieses Blatt Papier bildet dann die Entscheidungsgrundlage für den Einstellungsausschuss, der ins Leben gerufen wurde, damit nicht ein Einzelner aus emotionalen Gründen über Ja oder Nein entscheiden kann.

Unweigerlich assoziiert man eine Art intellektueller Orden mit handverlesener Bruder- bzw. Schwesternschaft und einer dreiköpfigen Hohepriesterkaste, die das »Wissen der Welt« verwaltet.

Und doch stellt Google das ganz anders dar:
»Wir holen clevere und zielstrebige Menschen in unser Team. Dabei sind uns Fähigkeiten wichtiger als Erfahrung. Zwar teilen alle Googler gemeinsame Ziele und Visionen für das Unternehmen, aber wir haben ganz unterschiedliche Hintergründe und sprechen viele Sprachen, wie auch unsere Nutzer aus den verschiedensten Ländern der Welt kommen. Unsere Freizeitinteressen reichen von Radfahren und Imkern bis hin zu Frisbee und Foxtrott.«[222]

Fähigkeiten werden als natürlich rein akademisch gebildetes und nicht als empirisch gewachsenes, bewährtes Besserkönnen gesehen. Diese inzestuöse, verkopfte Atmosphäre beim Suchmaschinen-Giganten hat Eric Schmidt nicht nur durch das Schaffen professioneller Strukturen aufgebrochen, er ist auch danach vom profanen Börsenparkett weiter in die reale Welt der Politik eingedrungen.

....

[221] Eric Schmidt, Wie Google tickt, S. 120f.
[222] http://www.google.com/about/company/facts/culture/

Schmidt hat die analoge Welt, die Reduced Reality, dem Beispiel seines Vaters folgend, nie verlassen. Waren dem einen die ökonomischen Theoreme, die er lehrte, Handwerkszeug für seine außenpolitisch-wirtschaftliche Beratertätigkeit, so ist dem anderen ganz pragmatisch die digitale Dimension der Wirklichkeit, die Augmented Reality, ein probates Mittel zum Geldverdienen. Es geht nicht zuletzt auch um Macht und Einfluss, Moonshots in allen Ehren.

So erinnert sich Google-Mitarbeiter Nr. 59, Douglas Edwards: »Ich sah Eric in seinen ersten Wochen sehr oft. Er schien viel Zeit damit zu verbringen, mit einem verträumten Lächeln durch die Räumlichkeiten zu schlendern, als könnte er nicht glauben, dass er sich tatsächlich diesem Unternehmen angeschlossen hatte, einem Unternehmen mit großen Gummibällen, Lavalampen und ungepflegten Wesen, die auf Sofas schliefen – manchmal mit den Haustieren, die sie mit zur Arbeit gebracht hatten, direkt neben ihnen.

Meistens sah ich Eric in Begleitung. Einmal war es Gouverneur Howard Dean[223], mehr als einmal war es Al Gore. Gore schien viel freie Zeit zu haben. Ich traf ihn dauernd.

›Guten Morgen, Mr. Vice President‹, sagte ich zu dem großen Mann neben mir auf der Toilette, als ich gerade eine Pause zwischen zwei Meetings hatte. Diese Erfahrung vertrieb jedes verbliebene Gefühl von Ehrfurcht.

....

[223] Howard Dean war Ende 2003 Präsidentschaftskandidat in den USA. »Nicht zuletzt hat sein Team den Einsatz des Internets für das Sammeln von Wahlkampfspenden und die Mobilisierung von Anhängern geradezu revolutioniert: Auf seiner Website befanden sich 650 000 eingeschriebene Unterstützer, 318 884 Kleinspender haben Geld gegeben, von denen viele Erstspender waren und ein Viertel jünger als 30 Jahre. Auf diese Weise konnte Deans Wahlkampfteam die bisher größte Summe für einen Demokratischen Kandidaten einwerben: 50,3 Mill. US-$.« S. a. http://www. fesdc.org/NewsProzent20Service/AmericaProzent20Alert/AmericaProzent20Alert-Prozent205-2004Prozent20-Prozent20HowardProzent20Dean.htm

Als Eric und Al sich vor meinem Büro über Gores Pläne unterhielten, einen unabhängigen Fernsehsender aufzubauen[224], stieß ich ganz freundlich die Tür mit meinem Fuß zu. Ich hatte zu tun.«[225]

Seit 2001 als Chairman of the Excutive Committee und Chief Executive Officer repräsentiert Eric E. Schmidt Google nach außen. Von Page und Brin ist in den letzten Jahren wenig öffentlich geworden.

Schmidt ist das Gesicht des IT-Giganten, und so gehören der Aufbau von Partnerschaften und der Ausbau von Geschäftsbeziehungen, die Zusammenarbeit mit Behörden und die Weiterentwicklung der technologischen Vordenkerrolle zu seinen Kernaufgaben. So steht es jedenfalls bei Google.[226] Und seine Aufgabe erfüllt der Topmanager mit den deutschen Wurzeln gewissenhaft.

Die Nähe zur Macht wurde offensichtlich, als Eric Schmidt und seine zwei Kompagnons mit Vehemenz in den Präsidentschaftswahlkampf 2008 für den späteren US-Präsidenten Barack Obama eingriffen. Behauptungen, dies wären überparteiliche neutrale Engagements gewesen, werden an anderer Stelle hier eindrucksvoll widerlegt.

»Google war Obama-Territorium und umgekehrt. Mit seinen Schwerpunkten Geschwindigkeit, Skalierbarkeit und vor allem den Daten hatte das Unternehmen die wesentlichen Zutaten für

....

224 Möglicherweise handelt es sich um das Projekt »Current TV« – das Al Gore von 2005 bis 2013 maßgeblich gehörte. Gedacht als angeblich unabhängiger Sender, wurde Current TV 2013 von Al Jazeera America gekauft.
»Current TV partnered with Twitter for the 2008 Presidential and Vice-Presidential debates, allowing viewers watching the Current TV version of the debates to post live on Twitter and have their opinions shown on screen, live.« S. a. http://en.wikipedia.org/wiki/Current_TV
225 Douglas Edwards, a. a. O., S. 265
226 https://www.google.de/intl/de/about/company/facts/management/

die Denkweise und den Erfolg im Internet-Zeitalter identifiziert und genutzt. Barack Obama schien diese Konzepte in seinem eigenen Problemlösungsverhalten ebenfalls verinnerlicht zu haben. Natürlich waren die Googler darauf gespannt, was wohl passieren würde, wenn ihre erfolgreichen Methoden in Washington zum Einsatz kämen – und sie waren zuversichtlich, dass sich die Google-Weltanschauung auch außerhalb von Mountain View durchsetzen würde.«[227]

Glasklar ist, dass die Googler Obamanauten[228] waren, die mit ihrer IT-Kompetenz den Wahlkampf des Demokraten massiv förderten. Folgerichtigerweise gehört Schmidt seit 2009 zum Beraterteam des US-Präsidenten und des britischen Premierministers[229] und hilft auch heute noch in Technologiefragen, nachdem er vorher das Angebot, als Sonderbeauftragter für die Technologiebranche (Chief Technical Officer) im Regierungsteam zu arbeiten, abgelehnt hatte. Es hätte seine Tätigkeit bei Google, aber auch bei Apple, bei denen er von 2006 bis 2009 Mitglied des Board of Directors war, empfindlich gestört. Letztere Position gab er gerade deshalb auf: Die Interessen der Unternehmen Google und Apple überschnitten sich zunehmend, und eine Unvoreingenommenheit Schmidts war nicht mehr gewährleistet[230].

Wie mehrere Zeitungen übereinstimmend berichteten, funktioniert die Vernetzung Eric Schmidts nicht nur in der Politik oder in der Szene der IT-Unternehmungen.

Zwar lebt er offiziell mit Frau Wendy, seit 1980 verheiratet, in

....

227 Steven Levy, a. a. O., S. 403
228 Ebd., S. 415
229 »Council of Advisors on Science and Technology des US-Präsidenten sowie des Advisory Council des britischen Premierministers«, s. a. https://www.google.de/intl/de/about/company/facts/management/
230 https://www.google.de/intl/de/about/company/facts/management/

Atherton, Kalifornien, in der »unmittelbaren Umgebung der Google-Zentrale in Mountain View«[231], doch halten sich die Gerüchte über außereheliche, amouröse Aktivitäten des Mannes hartnäckig, der ein geschätztes Vermögen von aktuell ca. 7,24 Milliarden Euro (8,9 Milliarden US-Dollar)[232] besitzt.

Eric Schmidt, der im Jahr 2006 in die National Academy of Engineering gewählt und im Jahr 2007 in die American Academy of Arts and Sciences aufgenommen wurde, der Vorsitzender der New America Foundation und seit 2008 Trustee des Institute for Advanced Study in Princeton, New Jersey, ist, dieser Schmidt, Vater zweier erwachsener Töchter[233], der seit Mai 2012 Mitglied des Board of Directors der Khan Academy und seit 2013 Vorstandsmitglied bei *The Economist* ist und 2007 in die American Academy of Arts and Sciences als Fellow aufgenommen wurde – also dieser mit Ehrungen und lukrativen oder prestigeträchtigen Nebenämtern überhäufte IT-Unternehmer hat offenbar seine Frau, die er in Berkeley kennengelernt hatte, mit Charity-Aufgaben beschäftigt und im 15 Millionen US-Dollar teuren Anwesen auf Nantucket Island geparkt[234], um sich einer ganzen Reihe von Affären zu widmen.

....

[231] Ebd.
[232] http://www.forbes.com/profile/eric-schmidt/ vom 08.12.2014 bei einem Kurs von 0,814 Euro für den US-Dollar
[233] Sophie und Allison
[234] »Meanwhile his wife Wendy, 57, remains at one of the couple's many homes, a £15 million waterfront mansion on Nantucket Island in Massachusetts, where she focuses on her philanthropic work amid reports in the US that she has accepted their ›open marriage‹.« S. a. http://www.google.de/imgres?imgurl=httpProzent3AProzent2FProzent2Fi.dailymail.co.ukProzent2FiProzent2FpixProzent2F2013Prozent2F07Prozent2F20Prozent2Farticle-2371719-1AE8F22F000005DC-217_634x822.jpg&imgrefurl=httpProzent3AProzent2FProzent2Fwww.dailymail.o.ukProzent2FnewsProzent2Farticle-2371719Prozent2FGoogles-Eric-Schmidts-open-marriage-string-exotic-lovers.html&h=822&w=634&tbnid=5Xe2tPHncjHRFMProzent3A&zoom=1&docid=uR9Kq2BW2cpLKM&ei=LrKBVJmuDau1ygP6i4L-4BA&tbm=isch&iact=rc&uact=3&dur=367&page=10&start=144&ndsp=18&ved=0CK4BEK0DMDg4ZA

Der als kultiviert geltende Schmidt[235] – und so gesehen eine wahrscheinlich absolute Ausnahmeerscheinung im Revier der Investmentgamer und Startup-Tech-Hippster – achtete bei seinen Eroberungen auf intellektuelle Qualität und versuchte seine Erlebnisse unter der Decke zu halten.

Von nachträglich unterschriebenen Verschwiegenheitserklärungen der Verflossenen ist die Rede, aber auch von tatsächlicher Herzensbindung[236]. Seine wichtigsten Herzensdamen waren, so heißt es in mehreren Medienberichten, in chronologischer Reihenfolge die TV-Moderatorin Anne Bohner, die PR-Agentin Marcy Simon, die TV-Produzentin Lisa Shields und die vietnamesische Konzertpianistin Chau-Giang Thi Nguyen[237].

Nach dem Motto »Stress ist was für Leistungsschwache« schafft es Eric Schmidt, der 2011 den CEO-Stuhl wieder an Larry Page übergab und nun als Executive Chairman, also als Vorsitzender des Aufsichtsrates, bei Google fungiert, neben den beruflichen, ehrenamtlichen und erotischen Verpflichtungen auch, als Publizist aufzutreten.

2013 veröffentlichte er mit Co-Autor Jared Cohen das Buch »The New Digital Age. Reshaping the[238] Future of People, Nations and Business«. Mit Jared Cohen hat Schmidt im *Wall Street Jour-*

....

[235] »Schmidt ist ein kultivierter, extrem intelligenter Mann ...«, bei Richard L. Brandt, a. a. O., S. 73

[236] Hierzu ausführlich: http://www.bild.de/geld/wirtschaft/eric-schmidt/zeitung-enthuellt-die-liebes-geheimnisse-des-google-chefs-31506676.bild.html

[237] S. a.: http://www.afov.org/afov/Press_Prozent26_Events.html

[238] Bei Google heißt es: »2013 verfassten Eric Schmidt und Jared Cohen gemeinsam den New-York-Times-Bestseller *The New Digital Age: Transforming Nations, Businesses, and Our Lives.*« S. a. http://www.google.de/intl/de/about/company/facts/management/

nal auch einen Artikel veröffentlicht[239], in dem das Internet als Waffe der Menschen gegen autokratische Regimes verstanden wird. Vorangegangen war ein öffentlichkeitswirksamer Besuch der Volksrepublik Nordkorea.

Cohen stammt aus der Condoleezza-Rice-und-Hillary-Clinton-Truppe des United States Department of State, genauer der strategischen Abteilung, dem Policy Planning Staff.

Doch der erst 33-jährige Jared und auch Eric Schmidt ernteten unter anderem von Julian Assange, dem Kopf der Whistleblower-Plattform WikiLeaks, für die Autorenschaft des ersten Buches ein paar saftige Ohrfeigen: Eine durchsichtig argumentierte Beförderung eines technokratischen Imperialismus wirft Assange den beiden in seinem Artikel in der *New York Times* »The Banality of ›Don't be Evil‹« vor.

Aber es kommt noch dicker.

»Das Buch ist gar nicht dafür geschrieben, um gelesen zu werden«, schreibt Assange. »Es soll nur die Position von Google klarmachen. Google ist die einzige Firma, die angeblich weiß, wohin Amerika soll und muss.«[240]

Vielleicht veranlasste diese Kritik Eric Schmidt dazu, das nächste Buch »Wie Google tickt«, das im September 2014 in den USA veröffentlicht wurde, ohne allzu offenkundige Anbindung an die offizielle amerikanische Politik und ohne allzu offenkundige Preisgabe unternehmerischer Ziele zu verfassen.

....

[239] »The Dark Side of the Digital Revolution« in The Wall Street Journal vom 19. April 2013

[240] »But this isn't a book designed to be read. It is a major declaration designed to foster alliances.
›The New Digital Age‹ is, beyond anything else, an attempt by Google to position itself as America's geopolitical visionary – the one company that can answer the question ›Where should America go?‹« S.a.: http://www.nytimes.com/2013/06/02/opinion/Sunday/the-banality-of-googles-dont-be-evil.html?smid=fb-share&_r=0

Co-Autoren waren diesmal sein Redenschreiber und Googles Director of Executive Communications, Alan Eagle, sowie der Senior Vice President of Products von Google, der zusätzlich einer seiner engsten Vertrauten und Berater ist, Jonathan Rosenberg.

Doch auch dieses Elaborat aus den Federn der wahren Googler hat sich als eine PR-Mogelpackung[241] entpuppt.

Steuerzugeständnisse an die Briten, wenig überzeugende Zusammentreffen mit Bundeswirtschaftsminister Sigmar Gabriel – Eric Schmidt, dem visionären und außerordentlich begabten Entrepreneur und Technologen aus Kalifornien, will die Vernetzung der Welt mit einer blau-rot-gelb-grünen Spinne, die das Netz spinnt und aberntet, nicht mehr so ganz gelingen.

Denn der Wind bläst mittlerweile in Europa, in Deutschland und Frankreich, selbst Großbritannien, für die klimaverwöhnten Amerikaner aus dem Gold State von vorne[242].

Ist es »Der Geist der Freiheit, der (jetzt) weht«?

Den Wahlspruch der Stanford University muss Eric Schmidt noch aus dem August 2014 in Erinnerung haben. Da war er dort Teilnehmer eines dreitägigen Workshops, des Cybersecurity Boot Camps, mit Condoleezza Rice und sagte vor Studenten:

....

[241] Siehe auch http://www.handelsblatt.com/unternehmen/it-medien/neues-buch-von-eric-schmidt-googles-zuckrige-werbebroschuere/10759638.html vom 26.09.2014, 12:00 Uhr
»Googles zuckrige Werbebroschüre –
Google bläst zum Flauschangriff: Unternehmenschef Eric Schmidt schlägt in seinem neuen Buch ›How Google works‹ leise Töne an. Statt den versprochenen Geheimnissen berichtet er aber leider nur Klischees.«

[242] Ebd. »Die Ursachen für den leisen Ton, den Autor Schmidt anschlägt, vor allem im Vergleich zu seinem ersten Buch ›The New Digital Age‹, reichen aber noch weiter. International gerät Google immer stärker in die Kritik. Vor der EU-Kommission muss es sich einem Kartellverfahren stellen.«

»Am Ende werden Technologien die Privatsphäre des Menschen schützen, verwalten und keine juristischen, rechtlichen Maßnahmen. Alles lässt sich verschlüsseln.«[243]

....

[243] http://news.stanford.edu/news/2014/august/cybersecurity-boot-camp-082614. html

5. Google heute

> »Unser Ziel ist, mit den Nutzern zu leben – den
> ganzen Tag mit ihnen zu verbringen, sei es auf
> einem Fernseher, Mobiltelefon oder Desktop-
> Rechner, mit Google Glass, oder womit auch
> immer.«
>
> GOOGLE-FINANZCHEF PATRICK PICHETTE

»Google ist in der Lage, das erste an einer US-Börse gehandelte Unternehmen zu werden, das über eine Marktkapitalisierung von über einer Billion US-Dollar verfügt«, sagt Analyst Colin Gillis[244] vom US-Finanzinvestor BGC Capital voraus.

1 000 000 000 000 US-Dollar für eine einzige Firma.

Larry Page und Sergey Brin, die derzeit zusammen fast 60 Prozent der Aktien halten, würden dann allein dank ihrer Google-Aktien jeweils über ein Vermögen von rund 300 Milliarden US-Dollar verfügen. Ein gigantisches Vermögen, das jeweils mehr als vier Mal so groß wäre wie das von Bill Gates.

Der Microsoft-Gründer gilt als derzeit reichster Mensch der Welt und führt die aktuelle »Forbes Billionaires List« mit einem Vermögen von rund 76 Milliarden US-Dollar vor dem Mexikaner Carlos Slim Helu (72 Milliarden US-Dollar) und dem Spanier Amancio Ortega (64 Milliarden US-Dollar) an.

Analyst Gillis geht davon aus, dass Google diese magische Schallmauer von einer Billion US-Dollar bis 2020 durchbrechen kann. Derzeit liegt Google mit einer Börsenkapitalisierung von

......

244 http://nypost.com/2014/10/10/google-to-beat-apple-to-1t-club-analyst/?utm_
campaign=SocialFlow&utm_source=NYPFacebook&utm_medium=SocialFlow

rund 370 Milliarden US-Dollar auf Platz zwei hinter Apple, das mit 590 Milliarden US-Dollar das teuerste Unternehmen der Welt ist – zumindest noch.

»Google ist in der Lage, wie ein Lauffeuer zu wachsen, nachdem das Suchmaschinen-Unternehmen auch in Bereiche wie selbst fahrende Autos und Roboter investiert. Wenn man sich die große Bandbreite der Projekte, die Google vorantreibt, ansieht, dann hat Google weitaus größere Möglichkeiten, massiv zu wachsen, als Apple. Denn was können wir von Apple erwarten, außer ein dünneres Ipad?«, so Analyst Gillis.

2013 erzielte Google einen Gesamtumsatz von 59,825 Milliarden US-Dollar sowie einen Jahresüberschuss von 12,92 Milliarden US-Dollar und somit eine Rendite von über 20 Prozent.

Googles Geschäftsfelder gliedern sich in die Bereiche Suche, Werbung, Betriebssysteme und Plattformen sowie Unternehmen.

Wem gehört Google?

Google ist 2004 an die Börse gegangen und gehört damit den Google-Aktionären. Stimmt, stimmt aber auch nicht.

Um sich die Macht im Konzern dauerhaft zu sichern, haben Larry Page und Sergey Brin ein Mehrklassen-System bei den Aktionären eingeführt, das das Prinzip einer Aktionärs-Demokratie ad absurdum führt.

Das Unternehmen hat sogenannte A-Aktien ausgegeben, die wie üblich über eine Stimme pro Aktie verfügen.

Gleichzeitig gibt es noch B-Aktien, die jedoch nicht börsennotiert sind und die mehrheitlich von Larry Page und Sergey Brin gehalten werden. Hier gibt es pro Aktie gleich zehn Stimmen.

2014 wurde noch eine dritte Klasse eingeführt, die C-Aktien. Deren Eigentümer haben überhaupt keine Stimme in der Hauptversammlung. Die C-Aktien, so urteilen Analysten, sind vor allem als Bezahlmittel für Firmenübernahmen gedacht und werden an den Börsen separat gehandelt. Damit es bei den stimmrechtslosen C-Aktien nicht zu einem Kursrutsch kommt, hat Google versprochen, entsprechende Differenzbeträge nach bestimmten Regeln auszugleichen.

Diese C-Aktien sind in Deutschland mit Vorzugsaktien vergleichbar, die ihren Namen daher haben, dass sie im Gegenzug zum fehlenden Stimmrecht bei der Dividendenzahlung über eine höhere Dividende bevorzugt werden. Nur: Google hat noch nie eine Dividende gezahlt.

Im Anhang an den Geschäftsbericht 2013, der im Frühjahr 2014 veröffentlicht wurde, musste Google detailliert Auskunft über die Aktionärsstruktur geben. Stand 17. März 2014, also vor dem Aktiensplit und der Einführung der C-Aktien, gab es 280 844 569 A-Aktien und 55 800 053 B-Aktien.

Hauptaktionäre sind Larry Page mit 23 586 914 B-Aktien, was einem Stimmenanteil in der Hauptversammlung von 28,1 Prozent entspricht, und Sergey Brin, der über 75 000 A- und 23 160 282 B-Aktien, und damit über einen Stimmenanteil von 27,6 Prozent verfügt.

Über die exklusiven B-Aktien verfügen außerdem noch Eric Schmidt (408 574 A-Aktien, 4 583 227 B-Aktien, 5,5 Prozent Stimmanteil), David C. Drummond (93 071 A-Aktien, 21 332 B-Aktien, Stimmanteil nicht aufgeführt, da unter einem Prozent) und L. John Doerr (158 556 A-Aktien und 1 134 035 B-Aktien, 1,4 Prozent Stimmanteil).

Drummond war 1998 der erste externe Berater von Google und arbeitete damals als Partner für die Anwaltskanzlei Wilson,

Sonsine, Goodrich & Rosati, die sich auf Firmenübernahmen im Technologiebereich spezialisiert hatte. Seit 2002 ist Drummond bei Google Senior Vice President of Corporate Development und Chief Legal Officer.

Doerr ist, wie bereits erwähnt, Partner der Venture-Capital-Gesellschaft Kleiner Perkins Caufield & Byers, zu deren weiteren Partnern unter anderem Ex-US-Vize-Präsident Al Gore, Ex-US-Außenminister Colin Powell und Sun Microsystems Mitbegründer Bill Joy gehören, und war für die Finanzierung von Google zuständig. Doerr gehört seit 1999 Googles Board of Directors an. Bis 2010 saß Doerr außerdem am Board of Directors von Amazon.

Auch die anderen Executive Officers und Directors halten größere Pakete an A-Aktien, und zwar Patrick Pichette 8742, Nikes Arora 4108, Diane B. Greene 1275, John L. Hennessy 4899, Ann Mather 12760, Paul S. Otellini 6606 und Shirly M. Tilghman 6603 Aktien.

Diese dreizehn Personen, die zusammen Management und Aufsichtsrat bilden, verfügen demnach über ein Stimmrecht von 62,7 Prozent in der Hauptversammlung.

Sprich: Eine unabhängige Kontrolle gibt es nicht.

Mit Black Rock und Fidelity, zwei weltweit führenden Investmentfirmen, gibt es nur zwei Außenstehende mit nennenswerten Aktienpaketen. Black Rock hat 15936278 A-Aktien im Portfolio und verfügt damit über 1,9 Prozent der Stimmen, bei Fidelity sind es 19537847 A-Aktien bzw. 2,3 Prozent.

Der Geschäftsbericht macht öffentlich, was Page und Brin im Jahr verdienen: jeweils einen US-Dollar.

Doch wie finanzieren dann die beiden Google-Gründer ihren exklusiven Lebensstil, ohne ihre B-Aktien versilbern zu müssen und damit die Mehrheit an ihrem Unternehmen zu verlieren?

Ganz einfach: über Aktienoptionen, also über das Recht, weitere Firmenanteile günstig oder gratis zu erwerben und anschließend über die Börse zu verkaufen. Im März 2007, also nur rund drei Jahre nach dem Börsengang, listete die Zeitung *San Jose Mercury News*[245] auf, wie Googles Top-Personal zwischenzeitlich abkassiert hat. Demnach hat Brin seit dem Börsengang 7,5 Millionen Aktien verkauft und dafür 2,2 Milliarden US-Dollar eingenommen. Larry Page versilberte sogar 8,5 Millionen Aktien und erzielte dafür 2,5 Milliarden US-Dollar – was 70 Millionen US-Dollar im Monat oder 2,3 Millionen US-Dollar pro Tag entspricht.

Eric Schmidt verkaufte seit Googles Börsengang bis März 2007 rund 3,6 Millionen Aktien für insgesamt 1,2 Milliarden US-Dollar. Und John Doerr war mit 423,2 Millionen US-Dollar für 1,1 Millionen Aktien dabei.

Auch im Jahr 2014 machten die Google-Boys kräftig Kasse. Allein Sergey Brin verkaufte Klasse-C-Aktien[246] im Wert von 1 097 342 268,79 US-Dollar. Macht über 3 Millionen US-Dollar pro Tag.

Obwohl Google bislang keine Dividende gezahlt hat, ist das Unternehmen eine gigantische Gelddruckmaschine, allerdings nicht für alle Aktionäre, sondern für jene, die über Aktienoptionen den Geldhahn nach Belieben aufdrehen können. Und öffentlichkeitswirksam erklären, sie würden für ein Jahresgehalt von 1 US-Dollar arbeiten.

....

[245] http://www.mercurynews.com/business/ci_5522511?source=infinite
[246] http://www.insidermonkey.com/insider-trading/insider/brin-sergey/1295032/sales/

Das Google-Imperium

Google baut das »Betriebssystem unseres Lebens«, warnte die Zeitschrift *Capital* Anfang 2014. In der Tat: Google dominiert bereits weite Teile unseres Alltags, und zwar rund um den Globus. Der US-Konzern ist in über 50 Ländern aktiv und bietet seine Produkte in über 100 Sprachen an.

Google ist bereits Marktführer bei Suchmaschinen, mobilen Betriebssystemen, Browsern, Online-Videos und E-Mail-Diensten und hat damit alle wichtigen Schlüsselstellen des Internets besetzt.

Dies führt zu einer unglaublichen Machtfülle – und einer prall gefüllten Kasse. Google ist damit in der Lage, sein weltweites Reich immer weiter auszubauen und zusätzliche Geschäftsbereiche nach Belieben zu dominieren. Google ist heute ein kaum noch überschaubarer Konzern mit Hunderten Tochterfirmen und Beteiligungen. Zwischen 2001 und 2014 hat Google über 170 Unternehmen aufgekauft und sich über Google Ventures noch an Dutzenden weiteren Firmen beteiligt. Die wichtigsten Geschäftsfelder im Überblick:

Google

Seit der Firmengründung dreht sich das Kerngeschäft von Google um die Suchmaschine. 2013 hatte Google Search weltweit einen Marktanteil von 70 Prozent. In Deutschland ist Google sogar noch dominanter. Laut einer Analyse von SEO-united[247] hatte Google im September 2014 einen Marktanteil von 94,87 Prozent. Nummer zwei ist mit riesigem Abstand Bing mit 2,51 Prozent vor

....

[247] http://de.statista.com/statistik/daten/studie/167841/umfrage/marktanteile-ausgewaehlter-suchmaschinen-in-deutschland/

Yahoo mit 2,02 Prozent. Dabei sieht die Realität noch deutlicher pro Google aus. In der Untersuchung fehlt nämlich die Google-Tochter YouTube, die ebenfalls auch als Suchmaschine genutzt wird.

Während Google immer Transparenz predigt, hält man sich, was die Kapazität von Google Search anbelangt, bedeckt. Angeblich beantwortet Google[248] 150 Millionen Suchanfragen am Tag, erreicht bis zu 1000 Suchanfragen pro Sekunde, besitzt mehr als 10 000 Server, führt bis zu 4 sogenannte Tera-Ops pro Sekunde durch, indiziert drei Milliarden Web-Seiten und vier Milliarden Dokumente insgesamt und nutzt mehr als vier Petabyte an Festplattenkapazität.

Doch diese Zahlen sind inkonsistent. Sie können nicht stimmen, hat Martin Farach-Colton nachgerechnet. Der Informatikprofessor an der Rutgers University hatte zwei Jahre über Google geforscht.

Warum die Google-Zahlen nicht aufgehen? 4 Tera-Ops pro Sekunde sind 4000 Milliarden Operationen pro Sekunde. Moderne Hochleistungs-Server verarbeiten aber rund zwei Milliarden Operationen pro Sekunde. Demnach müsste Google nur 2000 Server betreiben, nicht 10 000. Andersherum bedeuten vier Petabyte an Festplattenspeicherplatz, auf 10 000 Server verteilt, 400 Gigabyte pro Server.

Farach-Colton berichtete aber, dass Google pro Server zwei 80-Gigabyte-Festplatten betreibt, also 50 000 Server benötigen müsste.

Und: Wenn Google wirklich 150 Millionen Suchanfragen pro Tag beantwortete, wären dies pro Sekunde mindestens 1736 und nicht höchstens 1000.

....

[248] http://www.heise.de/tr/artikel/Geheimniskraemerei-bei-Google-276907.html

Farach-Colton: »Diese Zahlen sind absurd klein. Google gibt wesentlich geringere Zahlen an, als es der Wahrheit entspricht.« Jedes Mal, wenn ein Google-Mitarbeiter eine Präsentation zusammenstelle, überprüfe die Pressestelle den Vortrag im Vorfeld und frisiere die Zahlen nach unten, berichtete der Informatikprofessor im Jahr 2003.

Mögliches Motiv: Google will die Konkurrenz im Unklaren lassen, um seine Marktposition weiter ausbauen zu können.

Ein paar Monate später, im November 2003, veröffentlichte die *New York Times* dann auch wesentlich höhere Zahlen. Demnach verfügte Google bereits damals über mehr als 100 000 (!) Server rund um den Globus, die 20 Tera-Ops pro Sekunde durchführen konnten, also in jeder einzelnen Sekunde 200 Billionen (200 000 000 000 000) Operationen.

YouTube

Erst 2005 gegründet, gehört YouTube seit Oktober 2006 zu Google und ist mit Abstand die beliebteste Videoseite weltweit. Im Mai 2012 wurden laut Unternehmens-Angaben täglich vier Milliarden Videos[249] auf der Plattform angeschaut. Pro Minute werden 100 Stunden Videomaterial hochgeladen.

Und auch in Deutschland führt YouTube die Liste der Top-20-Videoportale unangefochten an. Gleichzeitig wird YouTube auch als Suchmaschine genutzt und gilt nach Google weltweit als Nummer zwei. Laut einer eMarketer-Schätzung lagen die Netto-Werbeeinnahmen von YouTube 2013 weltweit bei knapp zwei Milliarden US-Dollar. Zielgruppengenau können Werbespots in die

....

[249] http://de.statista.com/themen/162/youtube/

Videos der Nutzer integriert werden. Das Hochladen von Videos ist bislang sowohl für Privatpersonen als auch für Unternehmen kostenlos.

Fraglich ist, ob dies zumindest für Firmen so bleibt. Von Anbeginn hatte Google immer die Strategie verfolgt, neue Produkte zunächst kostenlos zur Verfügung zu stellen, um dadurch einen hohen Marktanteil zu generieren, und dann die Bezahlschranke eingeführt.

Auch bei YouTube könnte sich das lohnen, denn viele Unternehmen nutzen YouTube bereits als Gratis-Werbeplattform. Bei den Online-Shops sind es über 55 Prozent, die eine YouTube-Präsenz haben. Und 37 Prozent aller Handelsunternehmen in Deutschland präsentieren sich und ihre Produkte ebenfalls über YouTube.

AdWords und Google Shopping

Die Cashcow von Google heißt Google AdWords.

Direkt im Blickfeld des Users, oberhalb und rechts der organischen Suche, werden die von Anzeigenkunden ersteigerten Links angezeigt. Bezahlt wird per Click. Und die Höhe richtet sich nach Angebot und Nachfrage. Jeder Kunde definiert die Stichworte, die bei der Suche eingegeben werden müssen, damit seine Anzeige erscheint, und legt ein Budget sowie einen Preis pro Click fest.

Google führte AdWords im Jahr 2000 ein und hatte bereits 2007 über eine Million Werbekunden – was alle Erwartungen übertraf.

2013 erzielte Google bei einem Gesamtumsatz von 59,83 Milliarden US-Dollar allein über Werbung einen Umsatz von 50,58 Milliarden US-Dollar.

Mit Google Shopping hat Google ein neues Geschäftsfeld eröffnet – und damit den Zorn vieler Shopping-Portale auf sich gezogen (mehr im Kapitel »E-Commerce unter Googles Gnaden«).

Chrome, Gmail und Android

Mit dem Betriebssystem Android hat Google sehr schnell seinen Rückstand im Mobil-Bereich aufgeholt. Im dritten Quartal 2013 liefen bereits mehr als 80 Prozent der weltweit neu ausgelieferten Smartphones auf Android. Tendenz weiter steigend.

Doch Android wird nicht nur auf Smartphones und Tablets eine immer wichtigere Rolle spielen, sondern auch zunehmend auf Fernsehern, Spielekonsolen, Kameras und Autos laufen.

Zuvor hatte Google bereits in zwei anderen Geschäftsbereichen die Konkurrenz ein- und dann überholt. In nur fünf Jahren gelang es Google, seinen Browser Chrome zum weltweiten Marktführer zu machen; ebenso den E-Mail-Dienst Gmail.

Gleichzeitig versucht Google, über Unternehmenslösungen weiteren Umsatz zu generieren. Für viele Produkte, die Google Privatpersonen kostenlos anbietet, müssen Unternehmen zahlen.

Google Ventures

Im Frühjahr 2009 gründete Google das Tochterunternehmen Google Ventures und stattete die Wagniskapital-Firma zunächst mit 100 Millionen US-Dollar aus. Mittlerweile stehen der Google-Tochter für Investments in Start-Ups bis zu 300 Millionen US-Dollar pro Jahr zur Verfügung.

Als eines der wichtigsten Venture-Capital-Unternehmen im Silicon Valley ist Google Ventures derzeit in über 250 Firmen investiert und verwaltet dabei ein Risikokapital von 1,5 Milliarden US-Dollar. Mit Außenbüros in San Francisco, New York City,

Cambridge und London ist Google Ventures zudem zum aktivsten Wagniskapital-Unternehmen der Welt aufgestiegen.

Die Liste der Investments von Google Ventures (Stand: Oktober 2014): 23andMe, About.me, Adelphic Mobile, Adimab Agent, Airtime, Airware, Airy Labs, Ambition Solutions, Amino, AngelList, Apportable, Apptentive, Apptimize, Appurify (2014 von Google gekauft), Astrid (2013 von Yahoo gekauft), BackOps, Backplane, Blue Bottle Coffee, Boxbee, BufferBox (2012 von Google gekauft), Building Robotics, Buttercoin, BuysideFX, Carnival Labs, CircleUp, CircuitHub, Clarifai, Clean Power Finance, ClearStory Data, Clever, CliQr Technologies, Cloudera, Cluster, Collaborate (2013 von Cisco gekauft), Confide, Cool Planet Energy Systems, Cord, Corduro, Cozy, creative-LIVE, Crittercism, CustomMade, DailyCred, Dasient (2012 von Twitter gekauft), DataFox, Datanyze, DataPad, Desmos, Disruptor Beam, Divide (2014 von Google gekauft), DJZ, DNAnexus, Doctor On Demand, DocuSign, Duo Security, EasyPost, Egnyte, English Central, Expect Labs, FitStar, Flatiron Health, Flux, Foundation Medicine (Börsengang September 2013, NASDAQ), Freshplum (2014 von TellApart gekauft), FullStory, Glimpse, Granular, Gyft (2014 von First Data gekauft), HelloSign, High Fidelity, Highfive, Hipster (2012 von AOL gekauft), HomeAway (Börsengang Juni 2011, NASDAQ), Homejoy, HomeLight, HubSpot, Humanoid, InVenture, Ionic Security, iPierian (2014 gekauft von Bristol-Myers Squibb), Jaunt, JumpCam, Kabam, Kamcord, KeepTruckin, Kensho, Last, LawPivot (2013 von Rocket Lawyer gekauft), Le Tote, LendUp, LevelUp, LocBox, Loom (2014 von Dropbox gekauft), Lucid Software, Luminate (2014 von Yahoo gekauft), Luvocracy (2014 von WalmartLabs gekauft), MediaSpike, Medium, MessageMe, Milk (2012 von Google gekauft), MindSumo, Miso Media, Mitro (2014 von Twitter gekauft), MixBit, MobileDay, Moonfrye, Move Loot, mParticle, N3twork, Namo Media (2014 von Twitter gekauft), Nest (2014 von Google gekauft), NewHound, Nextbit, Nextdoor, ngmoco (2010 von DeNA gekauft), Nifti, Nimble, NoRedInk, Objective Logistics, OnDeck, One Medical Group, Openbay, Optimizely, Ordr.in, Osito, Panorama Education, Parse (2013 von Facebook gekauft), PayRange, Plaid, Play-i, Pocket, Pocket Change, Predilytics, Premise, Product Hunt, Puppet Labs, Quettra, Rabbit, Rally, Rani Therapeutics, Recorded Future, RelayRides, Republic Project (2013 von Digital Generation gekauft), RetailMeNot (Börsengang Juli 2013, NASDAQ), Ripple Labs, Rise, Robinhood, Rockbot, Rocket Lawyer, Rumble, Rumr, Savioke, ScalingData, Scan, Schematic Labs (2014 von Rhapsody gekauft), Secret, Shape Security, SideCar, Signpost, Silver Spring Networks (Börsengang März 2013, NYSE), Skycatch, Smarterer, Sold (2013 von Dropbox gekauft), Space Monkey, Spring, Stamped (2012 von Yahoo gekauft), Stickery, Stitch, Subtext (2013 von Renaissance Learning gekauft), Super.cc, SweetLabs, Swell, Synack, SynapDx, Tamr, tenXer, The Climate Corporation (2013 von Monsanto gekauft), The Orange Chef Co., ThinkNear (2012 von Telenav gekauft), ThreatStream, Tracelytics (2012 von AppNeta gekauft), Trada, Transcriptic, Transphorm, Triptrotting, TrueLens, TuneIn, Uber, UberConference, UberSense, Unbabel, Upstart, Upthere, Urban Engines, URX, VigLink, Vungle, Wander (2014 zu Yahoo), Wearable Intelligence, Weotta, Wingu (2014 von PerkinElmer gekauft), Wittlebee, WUT, Yesware, YieldMo, Zencoder (2012 von Brightcove gekauft), ZenPayroll.

Geführt wird Google Ventures von Bill Maris, den ein Branchenmagazin zu den »Top 40 der Unter-Vierzigjährigen im Silicon Valley« zählt.

Maris studierte Neurowissenschaften und ist sehr am Thema künstliche Intelligenz interessiert.

Vor Google gründete er den Web-Hoster Burlee.com, den er

später verkaufte. Maris war außerdem maßgeblich an der Gründung von Googles Biotech-Tochter Calico im September 2013 beteiligt.

Wovor Google Angst hat

Der Risikobericht gehört regelmäßig zu den spannenderen Teilen eines Geschäftsberichts, den eine Aktiengesellschaft jährlich ihren Aktionären vorzulegen hat.

Um nicht schadensersatzpflichtig zu werden, lässt ein Unternehmen hier sozusagen die Hosen herunter und listet – abseits der sonst üblichen Marketing-Prosa – alle eventuellen Risiken detailliert auf.

Auch Google offenbart im Geschäftsbericht 2013[250], dass viele seiner Geschäftsfelder risikobehaftet sind, vor allem, weil man zu ständigen Innovationen gezwungen sei:

»Wir stehen in einem intensiven Wettbewerb. Wenn wir nicht weiterhin innovativ sind und Produkte sowie Dienstleistungen anbieten, die nützlich für die Nutzer sind, werden wir nicht wettbewerbsfähig bleiben und unser Umsatz sowie das Betriebsergebnis könnten negativ beeinflusst werden. … Unsere laufenden Investitionen in neue Geschäftsfelder, Produkte, Dienstleistungen und Technologien sind von Natur aus riskant und könnten unsere laufenden Geschäfte stören.«[251]

Was Google besonders umtreibt, ist der rasante Anstieg in der mobilen Nutzung. Der Grund: Am PC surft die Mehrheit der

....

[250] http://www.sec.gov/Archives/edgar/data/1288776/000128877614000020/goog2013123110-k.htm
[251] Ebd.

Nutzer noch über Google durch das Web, aber bei mobilen Endgeräten nutzen viele Menschen Apps, die die gewünschte Seite direkt ansteuern, was für Google ein Problem ist: »Die Zahl der Menschen, die ohne einen Personal Computer Zugang zum Internet haben, zum Beispiel über Mobiltelefone, Smartphones, Handheld-Computer wie Netbooks und Tablets, Videospielkonsolen und TV-Set-Topboxen, steigt dramatisch. Die niedrigere Auflösung, Funktionalität und Speicherkapazität solcher Geräte erschwert die Nutzung unserer Produkte und Dienstleistungen. Die Mobil-Versionen unserer Produkte und Dienstleistungen könnten für Nutzer, Hersteller und Händler solcher alternativen Geräte nicht überzeugend sein. Jeder Hersteller oder Händler könnte außerdem einen eigenen technischen Standard für seine Geräte etablieren, auf denen dann unsere Produkte und Dienstleistungen nicht mehr funktionieren oder nicht mehr sichtbar sind. Einige Hersteller könnten auch beschließen, unsere Produkte nicht mehr auf ihren Geräten zu implementieren. Hinzu kommt, dass Suchanfragen zunehmend über Apps, die auf bestimmte Geräte oder Social-Media-Plattformen zugeschnitten sind, erfolgen. Dies kann über die Zeit unseren Marktanteil beeinflussen.«[252]

Für Googles Geschäftserfolg ist es entscheidend, einen hohen Marktanteil, also viele Nutzer zu haben, da Googles Haupteinnahmequelle die Werbung ist.

»Wir generieren einen erheblichen Teil unserer Erträge aus der Werbung. Eine Reduzierung der Werbeausgaben oder der Verlust von Werbekunden könnte unserem Geschäft ernsthaft schaden. ... Unser Umsatzwachstum könnte im Laufe der Zeit zurückgehen, und wir müssten dann damit rechnen, dass unsere Umsatzrendite nach unten gedrückt wird.«[253]

....

[252] Ebd.
[253] Ebd.

Sorgen haben die Google-Manager auch davor, dass es in immer mehr Staaten Rufe gibt, die Monopolstellung von Google zu begrenzen und die Privatsphäre der Nutzer zu schützen.

»Wir unterliegen einer erhöhten regulatorischen Kontrolle, die sich negativ auf unser Geschäft auswirken kann. ... Wir sind regelmäßig Gegenstand von Forderungen, Klagen, behördlichen Untersuchungen und sonstigen Verfahren, die zu unerwünschten Ergebnissen führen können. ... Eine Vielzahl von neuen und bestehenden US-amerikanischen und ausländischen Gesetzen könnte zu Klagen gegen uns führen oder auf andere Weise unserem Geschäft schaden. ... Wir sind Gegenstand von Urheberrechts- und anderen Klagen und werden dies wohl auch in Zukunft sein. Diese Prozesse sind teuer und können zu hohen Schadensersatzzahlungen führen. Und sie könnten die zukünftige Nutzung einiger unserer Technologien einschränken. ... Wir könnten für die Bereitstellung von Online-Diensten oder -Inhalten per Gesetz haftbar gemacht werden. ... Datenschutzrechtliche Bedenken in Bezug auf unsere Technologie könnten unseren Ruf schädigen. Vorhandene oder potenzielle Kunden könnten abgeschreckt werden, unsere Produkte und Dienstleistungen zu nutzen.«[254]

Neben dem Risiko von technischen Pannen, Lücken im Sicherheitsnetz und anderen Negativereignissen warnt Google in seinem Geschäftsbereich auch davor, dass ein Auseinanderbrechen des Führungstrios Page, Brin und Schmidt ungeahnte Folgen haben könnte:

»Wenn wir Larry, Sergey, Eric oder andere Schlüsselpersonen verlieren, sind wir möglicherweise nicht mehr in der Lage, unsere Geschäftsstrategie fortzuführen.«[255]

....

[254] Ebd.
[255] Ebd.

6. Google außer Kontrolle

Don't be evil!? Im Sommer 2011 standen Eric Schmidt, Larry Page und Sergey Brin kurz davor, sich einem ernsten Strafverfahren stellen zu müssen.

Der Vorwurf: illegaler Medikamentenhandel in unzähligen Fällen.

Doch in letzter Minute rettete Geld, viel Geld, die Bosse davor, auf der Anklagebank Platz zu nehmen. Die amerikanischen Behörden stimmten einem Vergleich zu, und Google überwies 500 Millionen US-Dollar an die Staatskasse.

Kay Oberbeck, der deutsche Unternehmenssprecher von Google, versuchte anschließend, den Fall kleinzureden:

»Wir haben die Bewerbung von verschreibungspflichtigen Arzneimitteln in den USA durch kanadische Online-Apotheken schon vor einiger Zeit unterbunden. Im Nachhinein betrachtet, hätten wir diese Anzeigen auf Google niemals zulassen sollen. Da bereits ausführlich über unser Settlement berichtet wird, werden wir dies nicht weiter kommentieren.«[256]

Alles nur ein Versehen? Ein Irrtum? Eine Panne? Mitnichten.

Jahrelang hatten kanadische Online-Apotheken verschreibungspflichtige Medikamente illegal in die USA verkauft. Diese Dealerei im großen Stil hatte nur deshalb funktioniert, weil die Kanadier mit Googles Genehmigung unbehelligt AdWords-Anzeigen schalten und so US-Kunden auf ihre Seiten leiten konnten.

....

[256] http://www.spiegel.de/wirtschaft/unternehmen/illegale-werbung-google-muss-500-millionen-US-Dollar-zahlen-a-782255.html .

Ein klarer Rechtsbruch auch für Google. Laut US-Recht drohen nämlich auch Suchmaschinen ernsthafte Konsequenzen, wenn sie von illegalen Aktivitäten im Internet profitieren. In einem ähnlichen Fall hatten Google und andere Suchmaschinenbetreiber bereits im Jahr 2007 wegen Werbung für illegale Wett-Webseiten insgesamt 31,5 Millionen US-Dollar zahlen müssen, um ein Strafverfahren abzuwenden. Google war also gewarnt.

Dass die Medikamenten-Werbung illegal war, wusste Google nach Angaben der ermittelnden Behörden seit 2003. Doch der Internetriese hielt weiter die Hand auf. Erst nachdem Google im Jahr 2009 erfuhr, dass die Strafbehörden Ermittlungen aufgenommen hatten, wurde das lukrative Geschäft gestoppt. Anschließend gab sich das Unternehmen ahnungslos und erklärte, dass sein Anzeigensystem »trotz Gegenmaßnahmen anfällig für derartigen Missbrauch«[257] gewesen sei.

Als Eric Schmidt am 21. September 2011, also nach der Einigung mit den Strafbehörden, vor dem United States Senate Judiciary Committee aussagen musste, konnte er straflos zugeben, bereits 2004 informiert gewesen zu sein. Auf die Frage, ob diese illegalen Praktiken das Ergebnis von Nachlässigkeit und mangelnder Kontrolle gewesen seien oder ob es Mitarbeiter gäbe, die dies ohne Wissen der Google-Führungsspitze getan hätten, sagte Schmidt: »Mit Sicherheit nicht ohne mein Wissen.«

Aber auch dieses Geständnis war nur die halbe Wahrheit.

Wie vertrauliche Unterlagen, die den Autoren vorliegen, belegen, wurde Eric Schmidt spätestens am 22. August 2003 von Regan Hurley, Googles damaligem Direktor für die Region Nordwest,

....

257 http://www.focus.de/panorama/vermischtes/google-millionenstrafe-wegen-werbung-fuer-illegale-medikamente-_aid_658611.html

vor den strafrechtlichen Konsequenzen gewarnt. Hurley hatte seine E-Mail unmissverständlich formuliert und dem Text einen Einleitungssatz vorangestellt, der mit deutlichen Worten die Lage umriss[258]:

»Ziel: Unterrichtung der Google-Führung über die Risiken von Werbung für illegale Medikamente.«

Und mitten im Text fettete Hurley dann auch noch den entscheidenden Satz[259]:

»Der Import von Medikamenten ist illegal.«

Die Möglichkeit, dass Eric Schmidt diese E-Mail nicht gelesen hat, lässt sich einfach ausschließen, denn noch am gleichen Tag textete Eric Schmidt an Sergey Brin und bat ihn um seine Einschätzung[260].

Am 21. Oktober 2003 erhielten Eric Schmidt, Sergey Brin und Larry Page dann eine E-Mail von Sheryl Sandberg, damals Vice President of Global Online Sales & Operations bei Google, aus der klar hervorgeht, dass das Management seit Längerem über die Causa[261] Bescheid wusste: Sherly Sandberg sorgte sich aber per E-Mail zunächst nicht um die möglichen strafrechtlichen Konsequenzen, sondern um Schaden und Schadensbegrenzung. Die Google-Managerin befürchtete einen Umsatzeinbruch[262] und wollte wissen, wie hoch die Einnahmen aus der Pharma-Werbung seien und wie deren Aufteilung aussehe.

....

[258] »Goal: Educate Google executives on the risks associated with the continued paid sponsorship of rogue pharmacies«

[259] »Importation of medication is illegal.«

[260] »This is a request to not accept advertisers who are advertising items like viagra from online pharmacies that may or may not be properly licensed. Please review the request and let me know your thoughts. Thanks eric«

[261] »As I believe everyone is aware, there is a lot of concern about pharma policy.«

[262] »Revenue breakdown (Betsy, Eric) – what do we know about how much revenue comes from pharma? How much is online vs. direct?«

Doch damit nicht genug: Sandberg wies eine Mitarbeiterin[263] an, sie solle versuchen, ohne Rezept das Schmerzmittel Vicodin zu kaufen. Das Morphinderviat hat die 1,5fache Stärke von Morphin, kann zu einer starken Abhängigkeit führen und darf deshalb nur unter bestimmten Voraussetzungen von einem Arzt verschrieben werden.

Berüchtigt ist Vicodin aus der TV-Serie »Dr. House« und durch eine Reihe von Hollywood-Größen, die ihre Vicodin-Sucht öffentlich gemacht haben. Vicodin besteht aus einer Mischung aus Hydrocodon und Paracetamol. Wie Codein ist das Hydrocodon eigentlich ein Anti-Hustenmittel, kann aber, da es nicht retardiert, eine Sucht auslösen. Paracetamol ist ein relativ einfaches Schmerzmittel, das aber bei Missbrauch zu schweren und irreparablen Schäden an Nieren und Leber führen kann. Im Extremfall führt ein Paracetamol-Missbrauch aufgrund des Zelluntergangs zum kompletten Leberversagen mit Koma, irreparabler Hirnschädigung oder Tod.

Am gleichen Tag mailte Tim Armstrong, damals President of Americas Operations, Larry Page an und informierte ihn über ein Treffen mit Vertretern der legalen US-Online-Apotheke Drugstore.com.

Die Drugstore-Manager hatten dem Google-Manager unmissverständlich klargemacht, dass der Konzern illegal handelte und sie erwarteten, dass dieser permanente Gesetzesbruch umgehend beendet würde.

Armstrong warnte dann auch in seinem Schreiben an Google-Gründer Page davor, dass Drugstore.com angekündigte hatte, den

....

[263] *»Alana [Karen] – please check with legal and if they are ok, *please have someone go to a good sample of our online advertisers and try to buy vicodin or something similar that you need a prescription for. Have them take notes on their experience and see if they ask for prescription. Not sure if you have to go all the way to purchase to answer the question. Better not to.*«

illegalen Medikamentenhandel zeitnah per Pressemitteilung zum öffentlichen Thema zu machen.

Nur einen Tag später, am 22. Oktober 2003, berichtete Mary Ann Belliveau, damals Vertical Market Manager for Healthcare, per E-Mail an Eric Schmidt, wie einfach es sei, über die Anzeigenkunden verschreibungspflichtige Medikamente wie Vicodin, Valium und Xanas ohne Rezept, und damit illegal, online zu kaufen:

»Ohne einen Doktor zu sehen, kann man über diese Anzeigenkunden Vicodin, Valium und Xanax kaufen.«[264]

Google vertrat zunächst den Standpunkt, dass Bestellungen über ausländische Apotheken dann legal seien, wenn auch diese Anbieter verschreibungspflichtige Medikamente nur gegen Rezept ausgäben. In der offiziellen Richtlinie war deshalb festgelegt, dass nur jene Online-Apotheken über AdWords werben dürften, die sich an diese gesetzlichen Vorschriften hielten.

Am 27. Oktober 2003 informierte dann Sherly Sandberg die gesamte Führungsriege von Google, darunter auch Schmidt, Page und Brin, dass diese offizielle Haltung nichts weiter war als reine Augenwischerei. Kontrollen durch Google gab es nämlich nicht, eine einfache Erklärung[265] der Online-Apotheke hatte dem Unternehmen ausgereicht.

Zwei Tage später, am 29. Oktober 2003, meldete sich Sherly Sandberg erneut per E-Mail bei Schmidt, Page und Brin. Sie informierte die Google-Bosse von einem Treffen mit den Betreibern von

....

[264] »You absolutely can buy vicodin, valium, xanax from these advertisers without seeing a live doctor.«

[265] »Our current policy is that we allow the advertisement of online pharmacies, both domestic and foreign, only if the site claims to require a prescription.«

Drugstore.com, die Google seit Langem aufforderten, die illegale Medikamentenwerbung einzustellen. Drugstore.com fuhr dabei schwere Geschütze auf und warf Google vor, über Leichen zu gehen, wie Sandberg an das Trio mailte: »We are killing people.«

Per Antwort-Mail bat Page Sherly Sandberg, das Meeting-Protokoll auch an L. John Doerr zu schicken. Doerr gehörte zu diesem Zeitpunkt nicht nur dem Board of Directors bei Google an, sondern hatte die gleiche Position auch bei Google-Gegner Drugstore.com inne.

Sandberg hatte in dem Meeting mit Drugstore.com versucht, auf Zeit zu spielen. Sie untersagte den Drugstore-Betreibern, eine Presseerklärung zu veröffentlichen, in der der Name Google auftauche, und versprach gleichzeitig, dass man über ihre Bedenken nachdenken werde.

Am 17. November 2003 erhielten Eric Schmidt, Larry Page und Sergey Brin wieder Post von Sherly Sandberg, die sich im Eingangstext sogar dafür entschuldigte, das Thema »illegaler Medikamentenhandel« erneut zur Sprache zu bringen.[266]

Aber Sandberg hatte eine klare Warnung für die Google-Bosse. Google war mittlerweile der einzige Suchmaschinenbetreiber, der weiterhin Werbung für den illegalen Verkauf von verschreibungspflichtigen Medikamenten zuließ, und Sandberg sah ein PR-Desaster[267] auf den Konzern zukommen.

Am 18. November 2003 versuchte dann Cindy McCaffrey, damals Vice President of Corporate Marketing bei Google, per Brand-

----

[266] »Please forgive my bringing up an issue we have already discussed, but I think this is worth at least one more email, and potentially more discussion.«

[267] »We are the only player in our industry still accepting these ads. I continue to think that although there is some commercial harm to shutting down these ads, the PR/brand risk we are taking by being out there on our own may not be worth it.«

Mail[268] Schmidt, Page und Brin endlich umzustimmen, indem sie vor einem »medialen Desaster« warnte. Mit dramatischen Worten informierte sie das Trio, dass die *Washington Post* bereits recherchiere und Sherly Sandberg in die Zange genommen habe. Die Worte, die die Angestellte McCaffrey weiter an ihre Bosse schrieb, waren von seltener Deutlichkeit:

»Ich glaube, Sie sollten verstehen, dass dies eine sehr, sehr große Sache geworden ist, die unsere Marke massiv beschädigen kann.«

Am gleichen Tag meldete sich ein weiterer Mitarbeiter bei Schmidt, Brin und Page und berichtete Details[269], die die *Washing-*

....

[268] »This is a very serious matter and needs to be addressed quickly. I understand that Sheryl had a very tough interview this morning with the same Washington Post reporter Larry talked to a few weeks ago (David K. will be sending a summary). She did a great job, but we do not have a good response to this issue and it is not going to go away. The industry is moving fast to remove most pharma ads; our gesture to address this will be perceived as just not enough compared with what the other companies are doing. I understand that we should not let other companies, press, etc. influence our decision-making around policy, but I think you should understand that this has become a big, big issue and the potential of serious harm to our brand among our users is very real. The Post plans to run with a story next week. We'll be cast as the only company not moving quickly enough to address this issue. If we can make something happen quickly, we can get back to reporter this week and save ourselves from disaster in the media. We just don't need this.«

[269] »*The reporter will devote this article to the role search engines and portals play between illegal online pharmacies and consumers. As all of Google's competitors have recently adapted their policies to restrict these ads, we'll be criticized for holding out and not reacting quickly.
*The article will also challenge our interpretation of the law. The reporter and reps. from the FDA (who will be quoted) believe that Google AdWords is facilitating the illegal distribution of pharm. drugs online. They have analyzed our pharm. advertisers extensively and have determined that a majority of these businesses are illegal.
*And as Cindy noted below . . . as much as we push the message that we are currently reviewing our policies and will ultimately do the right thing, our efforts are not perceived as aggressive enough – this is amplified by the recent changes by OVER (Overture).«

ton Post mittlerweile recherchiert habe und in der darauffolgenden Woche veröffentlichen werde.

So werde die *Washington Post* Juristen der zuständigen Behörden, der US Food and Drug Administration (FDA), zitieren, die Google und seinen Pharmakunden illegales Handeln vorwerfen.
Auch die Schutzbehauptung von Google, man handle im Interesse der Nutzer, greife nicht, da die illegalen Online-Apotheken von ihren Kunden Preise bis zum Dreifachen des Normalen verlangten. Und die *Washington Post*, so der Mitarbeiter, werde auch über das Schicksal eines 15-Jährigen berichten, der über eine Online-Apotheke illegal Hydrocodon bezogen habe und dessen Vater Googles Werbedienst AdWords für die Sucht verantwortlich mache. Auch in dieser Mail bekamen die Google-Bosse die klare Empfehlung, schnellstmöglich das illegale Tun einzustellen, um schweren Schaden von der Firma abzuwehren.

Doch Schmidt, Page und Brin dachten nicht daran, das lukrative Geschäft mit illegalen Medikamenten zu beenden. Erst als 2009 die Behörden ernst machten und anfingen, gegen Google strafrechtlich zu ermitteln, zogen die drei die Notbremse.
Möglicherweise zu spät.

....

*»The message we also use about providing the broadest range of choices to our users also doesn't hold water in this case, as most of these questionable online pharmacies charge a 3x premium over sites like walgreens.com.
*Lastly, the story of the 15 year-old who became addicted to Hydrocodone will also be reflected in this article – and as we all know, the father blames Google AdWords for connecting his son to an online pharm. that sold him these pills sans prescription. Sheryl has recently spoken to the father and further explained our point of view, but he's of the opinion that we should remove these ads entirely.
It would be great to be finalize [sic] any changes we might make this week, so we can brief the Washington Post before this article goes to print.
David«

Eine Reihe von Aktionären wollte die 500-Millionen-US-Dollar-Ausgabe und den immensen Imageschaden nicht auf sich beruhen lassen und reichte im November 2013 eine Aktionärsklage gegen Schmidt, Brin und Page ein.

Im Rahmen dieses Verfahrens wollen die Kläger auch die Frage zur Sprache bringen, wer Google führt und wer das Management eigentlich beaufsichtigt.

In vielen Unternehmen im anglo-amerikanischen Raum ist es üblich, dass an der Spitze ein Board of Directors steht. Im Gegensatz zur in Deutschland üblichen Trennung zwischen Vorstand und Aufsichtsrat sitzen hier die Akteure und Kontrolleure gemeinsam in einem Gremium.

Google gehört jedoch zu den wenigen amerikanischen Unternehmen, die an der Spitze ein dualistisches System haben, das Executive Board als Vorstand, der das operative Geschäft verantwortet, und das Board of Directors als Kontrollgremium. Gewählt werden die Mitglieder des Board of Directors – wie in Deutschland die Aufsichtsräte – von der Hauptversammlung.

Im Gegensatz zur in Deutschland üblichen Trennung in Vorstand und Aufsichtsrat kann es aber im US-dualistischen System zu personellen Überschneidungen kommen.

Executive Officers, also Vorstände, sind bei Google neben CEO Larry Page, Eric Schmidt und Sergey Brin noch David C. Drummond als Senior Vice President, Corporate Development und Chief Legal Officer, und Patrick Pichette als Senior Vice President und Chief Financial Officer. Letzterer war ursprünglich Partner bei McKinsey & Company, wechselte dann 2001 zu Bell Canada, wo er verschiedene Managementaufgaben wahrnahm, und verfügt insgesamt über fast zwanzig Jahre Erfahrung im Finanzwesen und Management in der Telekommunikationsindustrie.

Das Board of Directors hat elf Mitglieder, und den Vorsitz führt als Executive Chairman Eric Schmidt. Auch die Google-Gründer

Sergey Brin und Larry Page wurden von der Hauptversammlung in das Gremium entsandt, was angesichts der Mehrheitsverhältnisse auch keine Überraschung ist, hält doch das Google-Trio rund zwei Drittel der Aktien. Larry Page, Sergey Brin und Eric Schmidt hatten damit die entscheidenden Trümpfe in der Hand, um die Kontrolle über Google auch in Zukunft zu behalten.

Weitere Mitglieder des Board of Directors sind L. John Doerr, Diane B. Greene, John L. Hennessy, Ann Mather, Alan R. Mulally, Paul S. Otellini, K. Ram Shriram, Shirley M. Tilghman.

Ob diese acht jedoch ihre Kontrollfunktion wahrnehmen bzw. wahrnehmen können, bezweifeln die Aktionärskläger, und dies aus guten Gründen.

Insbesondere L. John Doerr, John L. Hennessy, K. Ram Shriram, und Shirley M. Tilghman sind auch auf andere Weise mit den Google-Bossen verbandelt.

Also Spezl-Wirtschaft im Silicon Valley?

John L. Hennessy ist Präsident der Stanford University, und Ram Shriram sitzt im Kuratorium. Beide sind permanent bemüht, potente Unterstützer für Stanford zu finden, und haben mit Google einen generösen Big Spender an der Seite. Seit 2006 hat das Unternehmen über 14,4 Millionen US-Dollar an die Hochschule überwiesen.

»Hennessy und Shriram würden ihre herausragenden Positionen in Stanford oder die permanente Unterstützung für die Universität durch Google nicht dadurch gefährden, dass sie für einen Prozess gegen Page oder Brin stimmen«, argumentieren die Aktionärskläger und halten deshalb beide für befangen.

Hennessy ist auch noch mit einem anderen Tech-Riesen stark verbunden. Er sitzt im Board of Directors von Cisco.

Ähnlich ist die Situation bei Shirley M. Tilghman, der Präsidentin der Princeton University. Hier hatte sich in den letzten Jahren Eric

Schmidt mit einem zweistelligen Millionen-US-Dollarbetrag erkenntlich gezeigt. So gab die Universität am 13. Oktober 2009 bekannt, dass Princeton-Absolvent Schmidt eine 25-Millionen-US-Dollar-schwere Stiftung für die Universität eingerichtet hat.

Hinzu kommt, dass Schmidt zwischen 2004 und 2008 in seiner Zeit als Kuratoriumsmitglied der Universität die akademische Karriere von Tilghman massiv gefördert hatte.

Schon aus Loyalität werde deshalb Tilghman nie für ein rechtliches Vorgehen gegen Schmidt stimmen, meinen die Aktionärskläger.

Stark geschäftlich verbunden ist auch L. John Doerr mit den Google-Bossen.

Doerr war von 1996 bis 2010 einer der Geschäftsführer beim Internet-Einzelhändler Amazon.com und ist seit 1980 General Partner des Venture-Capital-Unternehmens Kleiner Perkins Caufield & Byers.

2007 kaufte Google für 20,3 Millionen US-Dollar die Firma Peakstream, an der Doerrs Firma mit rund 25 Prozent beteiligt war. Seit dieser Zeit hat Google immer wieder in Firmen investiert, an denen Kleiner Perkins Caufield & Byers beteiligt ist.

Allein in 2010 waren es über 21 Millionen US-Dollar. Und seit 2008 summiert sich das Gesamtinvestment auf 47,5 Millionen US-Dollar.

Die Aktionskläger halten es deshalb für nicht vorstellbar, dass Doerr im Board of Directors die Stimme gegen die drei Google-Bosse erhebt und dafür stimmt, Schmidt, Page und Brin wegen der 500-Millionen-US-Dollar-Strafe persönlich und juristisch zur Verantwortung zu ziehen.

Drei plus vier gegen maximal vier – damit hätten Schmidt, Page und Brin kaum etwas zu befürchten. Aber auch die verbleibenden vier, Diane B. Greene, Ann Mather, Alan R. Mulally und Paul S. Otellini, dürften wenig Lust verspüren, im Board of Directors auf Konfrontation zu gehen:

Greene ist erst seit Januar 2012 bei Google an Bord, aber ebenfalls in der Tech-Industrie tief vernetzt.

Seit August 2006 gehört sie zum Board of Directors von Intuit Inc., einem Anbieter für Unternehmens- und Finanzmanagementlösungen. Außerdem ist sie Mitglied der MIT Corporation, des Führungsorgans des Massachusetts Institute of Technology. Und 2007 brachte sie VMware, einen Anbieter von Lösungen für Virtualisierung und virtualisierungsgestützte Cloud-Infrastrukturen, an die Börse – ein Unternehmen, das sie 1998 mitgegründet hatte.

Seit 2005 gehört Ann Mather zum Board of Directors bei Google. Auch sie ist bestens vernetzt und hat auch in anderen Firmen hochrangige Positionen inne, wie bei Glu Mobile, einem Anbieter von Spielen für Mobilgeräte, bei Netflix, einem Webabonnementdienst für Filme und TV-Sendungen, bei Shutterfly, einem Hersteller und digitalen Einzelhändler für personalisierte Produkte und Dienste, und bei Solazyme, einem Unternehmen für erneuerbare Öle und Bioprodukte.

Neu in der Runde ist Alan R. Mulally. Er ist erst seit Juli 2014 bei Google und war zuvor, von September 2006 bis Juni 2014, President und Chief Executive Officer beim Automobilkonzern Ford gewesen.

Noch interessanter ist aber, für wen er davor tätig gewesen ist.

Mulally verfügt über einen Master in Luft- und Raumfahrttechnik und hat für Boeing eine Zeit lang den Raumfahrt- und Rüstungsbereich verantwortet. Mulally verfügt über beste Kontakte zum US-Militär und war Mitglied des U.S. Air Force Scientific Advisory Board, eines hochrangigen Beratungsgremiums für die amerikanische Luftwaffe.

Ein alter Hase mit besten Kontakten ist auch Paul S. Otellini, der seit April 2004 bei Google ist. Otellini war von Mai 2005 bis Mai 2013 Chief Executive Officer und President des Halbleiterherstellers Intel Corporation und zudem von 2002 bis Mai 2013 Mitglied in dessen Board of Directors.

Kaum vorstellbar also, dass jemals ein Aufsichtsratsmitglied den Vorstand zur Verantwortung zieht.

Wie Google Daten missbraucht

> »Mir tut das sechzehnjährige Mädchen leid, deren Freundin ein Video auf YouTube publiziert hat, in dem sie betrunken ist und sich erbricht, denn das wird nie verschwinden. Ihre beste Hoffnung ist, dass es neben den anderen Sachen untergeht.«
>
> ERIC SCHMIDT, GOOGLE

Das wichtigste Ziel von Google ist das Sammeln persönlicher Daten der Nutzer, offenbarte Eric Schmidt in einem Gespräch mit Journalisten der *Financial Times* im Mai 2007 mit verblüffender Offenheit:

»Wir können die wesentlichen Fragen nicht beantworten, weil wir über Sie noch nicht genügend wissen. Dieser Punkt ist der wichtigste Aspekt der Google-Expansion.«[270]

Wie solche wesentlichen Fragen lauten könnten, die die Daten-

---

[270] Financial Times, Google's goal: to organise your daily life, 22. Mai 2007

krake Google den Menschen künftig beantworten will, davon hat Eric Schmidt auch eine klare Vorstellung.

»Ziel ist, dass Google-Nutzer auch Fragen stellen können, wie: ›Was soll ich morgen machen?‹ oder ›Welchen Job soll ich annehmen?‹.«

Fürsorge ist es nicht, was Google dazu treibt, unsere intimsten Wünsche aufzuspüren. Es geht ums Geschäft. Je mehr Google über den einzelnen Nutzer weiß, desto maßgeschneiderter können Kunden über Google Werbung schalten und desto geringer ist der Streuverlust.

Und desto größer ist der Wettbewerbsvorteil, den Google gegenüber allen anderen Mitbewerbern aufbaut, die solche intimen Daten über ihre Nutzer nicht haben.

Ein paar Jahre später, 2010 im Gespräch mit dem *Wall Street Journal*, konnte Eric Schmidt Vollzug melden.

»Sagen wir, du gehst eine Straße entlang. Aufgrund der Informationen, die Google über dich gesammelt hat, wissen wir grob, wer du bist, wissen ungefähr, was dich interessiert, wissen annäherungsweise, wer deine Freunde sind. Google weiß auch, bis auf wenige Meter genau, wo du gerade bist.«[271]

»Wenn es etwas gibt, von dem Sie nicht wollen, dass es irgendjemand erfährt, sollten Sie es vielleicht ohnehin nicht tun«, war dann auch der lapidare Ratschlag von Eric Schmidt in seinem legendären CNBC-Interview im Dezember 2009.

Eric Schmidt, der wegen außerehelicher Beziehungen höchstpersönlich Schlagzeilen produziert hatte, offenbarte dabei vor laufender Kamera seine abstruse Grundhaltung. Tenor: »Nur unanständige Menschen haben Geheimnisse.«

Selbst schuld also, wenn Google jeden kurzen Klick auf eine legale, aber trotzdem unanständige Webseite registriert. Aber wer

....

[271] Wall Street Journal – Google and the Search for the Future

nichts zu verbergen habe, so Schmidts Logik, müsse solche Daten-mengen, die Google über jeden Menschen sammelt, nicht fürch-ten.

Wirklich nicht?

Google weiß, wo seine Nutzer wohnen, was sie bewegt, für wel-che Produkte sie sich interessieren, welche Krankheiten sie beschäftigen, wer ihre Nachbarn sind. Daraus lassen sich detail-lierte Profile entwickeln, anhand derer zum Beispiel die individu-elle Kreditwürdigkeit oder der Gesundheitszustand ermittelt wer-den kann.

Was dies für Nutzer bedeuten kann, ist klar: Sie müssen plötz-lich für einen Kredit höhere Zinsen zahlen oder werden von einer Krankenkasse abgelehnt.

Im Herbst 2014 stellte Google in den USA einen neuen Dienst vor, der erahnen lässt, wie tief der Internetgigant bereits in unsere Privatsphäre eindringen kann.

Über Google Now werden Nutzer daran erinnert, ihre offenen Rechnungen zu bezahlen. Google scannt dafür Mails und Mail-Anhänge im Gmail-Konto des Nutzers.

Google argumentiert gerne, dass die Nutzer diese Daten schließlich freiwillig offenbaren.

Was ist aber, wenn diese individuelle Transparenz plötzlich zur Verpflichtung für alle wird?

Was ist, wenn Kreditinstitute Kunden, die Google Now nutzen, Sonderkonditionen anbieten, um so jene Menschen zu bedrän-gen, die ihre Daten schützen wollen?

Was ist, wenn Krankenkassen jenen Patienten einen Bonus ein-räumen, die sich überprüfen lassen, ob sie ihre Medikamente ein-nehmen und regelmäßig Sport treiben?

Alles natürlich freiwillig.

Und doch: Solche Form der Transparenz mutiert zur Unfrei-heit. Diese Form der Transparenz zwingt Menschen, gegen ihren Willen Dinge zu tun, zu unterlassen oder zu offenbaren.

Welche Methoden Google-Mitarbeiter benutzen, um an intime Daten der Nutzer heranzukommen, zeigt der Street-View-Skandal, der 2010 aufflog.

Google hatte mit Kameras gespickte Fahrzeuge rund um den Globus durch die Straßen geschickt, um unzählige Aufnahmen zu machen und die Häuser per Laser zu vermessen. Viele Bürger protestierten damals, dass ihr Heim plötzlich für jedermann sichtbar im World Wide Web veröffentlicht wurde, und ließen die betreffenden Bilder pixeln. Aber das war nur die Spitze des Eisbergs: Die Fahrzeuge waren auch so ausgerüstet, dass sie ungeschützte WLAN-Netze aufspüren konnten. Zwei Jahre lang sammelte Google weltweit alles, was die Technik zuließ: MAC-Adressen, SSIDs, aber auch E-Mails, Webseitenaufrufe sowie Passwörter der unwissenden Bürger.

Erst dementierte Google energisch, bis es dann im Mai 2010 erstmals einräumen musste, sich über Jahre systematisch in offene WLAN-Netze gehackt zu haben. Google sprach von einem »Software-Fehler«, der »lange nicht aufgefallen« sei, und gab sich – wie üblich bei einem solchen Skandal – reumütig.

»Wir sind beschämt darüber, was passiert ist«, so Google-Manager Alan Eustace.

Die Geschichte vom »Software-Fehler« war allerdings nicht lange zu halten. Die Ermittlungen ergaben, dass ein Google-Mitarbeiter ein spezielles Programm geschrieben und in die Software der Street-View-Autos implementiert hatte. Wieder versuchte Google, sich aus der Sache herauszuwinden, und verbreitete die These vom »Einzeltäter«.

Zusätzlich zog Google aus dem Skandal scheinbar ein ganzes Bündel an Konsequenzen. Es wurde ein Datenschutzbeauftragter installiert, der fortan die Einhaltung der Privatsphäre bei Entwicklungsarbeit und im Produktmanagement überwachen sollte.

Mitarbeiter erhielten entsprechende Schulungen. Die Kontrolle beim Umgang mit Nutzerdaten wurde verschärft. Und es wurden sogar personelle Konsequenzen gezogen. Ein Google-Mitarbeiter wurde entlassen. Nein, nicht der, der die Spionage-Software entwickelt hatte, sondern jemand, der dabei erwischt worden war, wie er E-Mail-Accounts von Teenagern gelesen hatte.

Googles Reue-Show hatte Erfolg. Nach rund zweijähriger Untersuchung einigten sich die Staatsanwälte von 38 US-Bundesstaaten mit Google auf eine Strafe von läppischen sieben Millionen US-Dollar. Bei einem Jahresgewinn von über 13 Milliarden US-Dollar brauchte das Unternehmen nur Stunden, um diesen Betrag wieder einzuspielen.

Und der Mitarbeiter, der den ganzen Skandal ausgelöst hatte?

Im Frühjahr 2012 gelang es Reportern der New York Times, den Mann, den die Welt nur unter »Engineer Doe« kannte, zu enttarnen: Marius Milner, 41 Jahre alt, gebürtiger Brite, Netzwerk-Spezialist, wohnhaft in Palo Alto im Silicon Valley – und weiterhin beschäftigt bei Google.

Auch die These vom »Einzeltäter« gilt mittlerweile als widerlegt. Bereits ab 2007 soll Milner mit Kollegen und Vorgesetzten über die Möglichkeit gesprochen haben, sich systematisch in ungeschützte WLAN-Netze zu hacken, um Daten zu sammeln. Bereits damals soll Milner sogar angeregt haben, diese Möglichkeit vorab rechtlich überprüfen zu lassen.

Die Federal Communications Commission (FCC), die den Skandal untersuchte, geht auch in ihrem Abschlussbericht davon aus, dass das ganze Street-View-Team von dem Vorhaben gewusst haben könnte.

Glück für Google: Als der FCC-Bericht veröffentlicht wurde, waren die meisten strafrechtlichen Ermittlungsverfahren rund um den Globus längst eingestellt.

Auch in Deutschland schloss die zuständige Staatsanwaltschaft Hamburg im November 2012 den Aktendeckel. Man sei zu dem Schluss gekommen, dass MAC-Adressen und SSIDs keine schützenswerten Daten darstellten und somit kein Rechtsverstoß vorliege.

Google hackt Apple-Nutzer

Im November 2013 gerät Google erneut in die Negativ-Schlagzeilen. Der Internetriese wird in den USA belangt, weil er die Datenschutz-Einstellungen in Apples Safari-Browser umgangen hat. Nach Ansicht der Staatsanwälte konnte Google so von Juni 2011 bis Februar 2012 ungefragt das Surf-Verhalten von Millionen von Safari-Nutzern beobachten und speichern.

»Indem Google das Surf-Verhalten von Millionen Leuten erfasst hat, hat das Unternehmen nicht nur deren Privatsphäre verletzt, sondern auch ihr Vertrauen missbraucht«, echauffiert sich dann auch New Yorks Generalstaatsanwalt Eric Schneidermann zu Recht.

Doch wieder gelingt es Google, sich günstig freizukaufen. Das Unternehmen zahlt nach einem Vergleich, den die Google-Anwälte mit den Generalstaatsanwälten zahlreicher US-Bundesstaaten ausgehandelt haben, 17 Millionen US-Dollar, also umgerechnet ein paar US-Dollar pro Opfer.

Dabei war Google kein Ersttäter. Erst Mitte 2012 hatte der Konzern eine Buße von 22,5 Millionen US-Dollar an die zuständige US-Aufsichtsbehörde FTC überweisen müssen. Auch in diesem Fall waren Apple-Nutzer die Opfer gewesen. Google hatte einen Weg gefunden, beim Safari-Browser für iPhone, iPad und Desktop-Rechner ohne Zustimmung der Nutzer für seinen Werbeanbieter DoubleClick sogenannte Cookies zu hinterlassen. Cookies sind kleine Dateien, die unter anderem dazu genutzt werden, um gezielt Werbung auf den Rechnern der Nutzer zu platzieren. Nachdem das *Wall Street Journal*[272] den Skandal Anfang 2012 öffentlich gemacht hatte, versuchte Google zunächst, die Vorwürfe wie üblich zu bestreiten.

»Das *Wall Street Journal* verzerrt den Sachverhalt und die Gründe. Wir haben eine bekannte Funktionsweise von Safari eingesetzt, um angemeldeten Google-Nutzern Features bereit zu stellen, die von ihnen zuvor aktiviert wurden«, behauptete zunächst Google-Sprecherin Rachel Whetstone und versicherte gleichzeitig, Google habe keinerlei private Daten der Nutzer gespeichert.

Zumindest der erste Teil der Aussage der Google-Sprecherin wurde schnell und klar durch den Informatiker Jonathan Mayer, auf den sich die Zeitung berufen hatte, widerlegt.

Demnach hatte die Google-Spionagesoftware dafür gesorgt, dass die jeweiligen Rechner der Nutzer leere Formulare abschickten, die dazu dienten, Safari vorzutäuschen, der Nutzer habe einer Speicherung der Cookies zugestimmt. Und gleichzeitig konnte Google über diese Cookies auch verfolgen, auf welchen Webseiten die Nutzer unterwegs waren.

Die Bürgerrechtsinitiative Electronic Frontier Foundation (EFF)[273] reagierte entsetzt auf diesen Skandal und forderte Google in einem öffentlichen Brief auf, sich endlich an die Gesetze zu halten und die Privatsphäre der Menschen zu respektieren:

»Wir müssen ein Internet schaffen, in dem allein der Nutzer

....

[272] http://online.wsj.com/news/articles/SB100014240529702048804045772253804565991176?mg=reno64-wsj&url=httpProzent3AProzent2FProzent2online.wsj.comProzent2FarticleProzent2FSB10001424052970204880404577225380456599176.html

[273] https://www.eff.org/deeplinks/2012/02/time-make-amends-google-circumvents-privacy-settings-safari-users

entscheidet, welche privaten Daten er teilen möchte und welche nicht.«

Wie Google die Welt manipuliert

»Ziel ist, dass Google-Nutzer auch Fragen stellen können wie: ›Was soll ich morgen machen?‹, oder ›Welchen Job soll ich annehmen?‹.«[274]

ERIC SCHMIDT, GOOGLE

Warum hat Google, so wurde Eric Schmidt in kleinem Kreis einmal gefragt, seine Wahlkampfhilfe bereits in der Frühphase der Kandidatenauswahl auf den späteren US-Präsidenten Barack Obama konzentriert?

»Weil wir anhand der Daten gesehen haben, dass er es wird. Und dann haben wir dafür gesorgt, dass er es auch wirklich wird«, soll Eric Schmidt geantwortet haben. Beißende Ironie oder verblüffende Ehrlichkeit des Google-Chefs?

Unbestritten ist mittlerweile, dass die Reihenfolge von Suchergebnissen und die Auswahl an Nachrichten in Google News auch in der politischen Willensbildung Einfluss haben kann.

Die organische Suche verstärkt Mehrheitsmeinungen und verdrängt Ansichten von Minderheiten – außer, man greift bewusst in den Algorithmus ein.

Könnte also Google Meinungen manipulieren oder gar Wahlergebnisse? Eindeutig ja, sagt der bekannte amerikanische Psychologe Prof. Dr. Robert Epstein und belegt dies in einem Aufsatz, den er im Juni 2014 veröffentlicht hat.[275]

....

[274] Financial Times, Google's goal: to organise your daily life, 22. Mai 2007
[275] Ursprünglich erschienen im US World & News Report: http://www.usnews.com/opinion/articles/2014/06/09/how-googles-search-rankings-could-manipulate-elections-and-end-democracy?page=2

Prof. Dr. Epstein: Wie Google Wahlen beeinflussen kann

Zunächst möchte ich eine Sache aus dem Weg räumen. Ich beschuldige Google nicht der Manipulation von Wahlen. Es gibt keine Informanten, die mir geheime Nachrichten auf mein Einweghandy senden. Ich kenne keine statistischen Analysen, die belegen würden, dass Google absichtlich die Ranglisten seiner Suchergebnisse zugunsten bestimmter Kandidaten verändern würde. Soviel ich weiß, hat bislang niemand nachgewiesen, dass Google tatsächlich böse ist.

Allerdings zeigen die Untersuchungen, die ich zusammen mit Ronald Robertson durchgeführt habe, dass Google aufgrund des faktischen Monopols im Bereich Suche über die Macht verfügt, die Ergebnisse von Wahlen mit knappem Ausgang problemlos zu beeinflussen – und zwar, ohne dass es jemand bemerkt. Im Laufe der Zeit könnte Google so die Zusammensetzung von Parlamenten und Kongressen entsprechend den Geschäftsanforderungen des Unternehmens weltweit verändern – und damit Aufsichtsbehörden in Schach halten oder günstige Steuervereinbarungen und Ähnliches aushandeln. Und da die Geschäftsaktivitäten von Google derzeit in den meisten Ländern nicht reguliert werden, wäre eine derartige Beeinflussung von Wahlen auch gesetzlich zulässig.

Ich beschuldige niemanden, nicht im Geringsten. Wäre ich allerdings Larry Page, der CEO von Google, würde ich ein schlagkräftiges Team bilden, das ich mit meinen in Mountain View arbeitenden Wunderkindern besetzen würde, und das für mich weltweit, 24 Stunden an 7 Tagen die Woche, Wahlen untersuchen und manipulieren würde. Dies nicht zu tun, stünde im Gegensatz zum Gewinnstreben.

Denkt man an andere skandalöse Aktivitäten, für die das Unternehmen in den letzten Jahren mit Geldbußen belegt wurde –

etwa an das Hacken von Apples Software, um Millionen von Safari-Nutzern zu beobachten, an das Absaugen von ungesicherten Wi-Fi-Daten in 30 Ländern mit Street-View-Fahrzeugen, an das illegale Vermarkten von kanadischen Arzneimitteln über den AdWords-Dienst des Unternehmens an Bürger in den USA –, dann ist es schwer vorstellbar, dass die Führungsebene von Google nicht zumindest ein kleines bisschen Interesse an Wahlen hat. Der neue Roman »The Circle« von Dave Eggers, in dem er Google scharf kritisiert, dreht sich genau um diese Möglichkeit – dass Google in Kürze eine beherrschende Rolle in den Regierungen einnehmen könnte. Wenn Außenstehende sich diese Dinge vorstellen können, sind wohl auch Mitarbeiter von Google dazu in der Lage.

Die Formel ist einfach: ein Kopf-an-Kopf-Rennen ausfindig machen, den Kandidaten ermitteln, der den eigenen Anforderungen am besten entspricht, und dessen Kampagne unterstützen. Als Nächstes werden unentschlossene Wähler ausgemacht, und es werden ihnen wiederholt personalisierte Suchergebnisse bereit gestellt, die den favorisierten Kandidaten in besserem Licht zeigen als die anderen – kinderleicht angesichts der mit E-Mail-Inhalten und Suchhistorien massiv bestückten Datenbank von Google. Im Laufe der Zeit werden die Präferenzen vieler Wähler kippen – und zwar stärker, als man annehmen mag (siehe unten).

Der Kandidat wird die Schwindelei nicht bemerken und dankbar sein für die Zuwendung. Noch besser erscheint die Tatsache, dass Regulierungsbehörden keine Möglichkeit haben, die Manipulation aufzudecken, da sie eine geringe Anzahl von Personen anspricht, die personalisierte Ranglisten mit Suchergebnissen erhalten, wie viele andere heutzutage. Man denke daran, wie gezielt die Ausgaben für die Kampagne in den letzten Tagen des Wahlkampfs zwischen Obama und Romney eingesetzt wurden;

das Schicksal der Wahlen lag in den Händen von ein paar Tausend Menschen in Wahlkreisen, die sich ganz einfach ermitteln ließen.

Bei einem knappen Wahlausgang ist es hilfreich, die richtigen Leute zu kennen, und niemand ist in einer besseren Position, diese Personen zu identifizieren – und, wie sich herausstellt, zu manipulieren –, als Google.

Der Effekt der Manipulation durch Suchmaschinen: Unsere ersten Experimente, die wir vergangenes Jahr auf der Jahrestagung der »Association for Psychological Science« in Washington, D. C. vorstellten, wurden im Labor nachgewiesen. Über Zeitungsanzeigen rekrutierten wir eine demografisch diverse Stichprobe mit Wahlberechtigten aus der Gegend von San Diego, die in fast allen Punkten den amerikanischen Wähler repräsentieren: in puncto Alter, Einkommen, Bildung und so weiter.

Die Wähler wurden nach dem Zufallsprinzip in Gruppen eingeteilt; die Suchergebnisse einer Gruppe favorisierten Julia Gillard, die der anderen Gruppe Tony Abbott, beide Personen waren 2010 die Kandidaten für den Posten des Premierministers von Australien; die Auswahl garantierte, dass unsere Teilnehmer »unentschlossen« waren, da sie die Kandidaten nicht kannten. Die Teilnehmer lasen kurze Beschreibungen über jeden Kandidaten und bewerteten diese anschließend auf unterschiedliche Arten, um dann anzugeben, wen sie wählen würden. Anschließend hatten sie bis zu 15 Minuten Zeit, um unsere personalisierte Suchmaschine – Kadoodle – zu nutzen und über die Kandidaten zu recherchieren. Dabei hatten sie Zugriff auf fünf Seiten mit echten Suchergebnissen, die auf echte Webseiten verlinkten, auf denen die Teilnehmer frei navigieren konnten, genau wie in Google.

Die Gillard-Gruppe sah die Suchergebnisse, die zugunsten von Gillard waren, an oberster Stelle; der Abbott-Gruppe wurden die Suchergebnisse zugunsten von Abbott auf höheren Plätzen angezeigt; und einer Kontrollgruppe wurden gemischte Suchergebnisse zur Verfügung gestellt. Alle Teilnehmer hatten freien Zugriff auf exakt dieselben Materialien; lediglich das Suchmaschinen-Ranking war unterschiedlich.

Die Ergebnisse waren klar und einheitlich und zudem konsistent mit Erkenntnissen aus Untersuchungen über das Verbraucherverhalten: 15 Prozent beziehungsweise mehr Teilnehmer aus den Gruppen der voreingenommenen Wähler veränderten ihre Präferenzen und stimmten für den Zielkandidaten; nur wenige Teilnehmer entdeckten, dass die Ranglisten einseitig verfälscht waren. In der Kontrollgruppe änderten sich die Wahlergebnisse nicht. In weiteren Studien konnten wir feststellen, dass wir unsere Manipulationen durchaus verbergen können, indem wir die Informationen ein wenig vermischen – so gut, dass kein einziger Teilnehmer die Einseitigkeit der Daten erkannte.

Platzierungen von Suchergebnissen haben eine starke Wirkung auf Wählerstimmen; der Grund ist identisch mit dem Grund für die Wirkung auf das Verbraucherverhalten: Je höher die Platzierung der Suchergebnisse, desto mehr Menschen glauben an die Inhalte und vertrauen ihnen, da sie fälschlicherweise davon ausgehen, dass irgendein unparteiischer und allwissender Geist jede einzelne Webseite sorgfältig bewertet und die besten ganz oben platziert hat. (Dem ist nicht so.)

Wir haben diesen »Manipulationseffekt durch Suchmaschinen« oder SEME, wie wir ihn nennen, vor Kurzem im Rahmen einer Online-Stichprobe mit 2100 Wahlberechtigten aus den USA abgebildet. Die Teilnehmer waren über das gesamte Land verteilt. Dabei zeigte sich eine neue und höchst praktische Erkenntnis (Google, aufgepasst): Einige Bevölkerungsgruppen in den USA sind für diese Manipulation besonders anfällig, vor allem – und das erfinde ich nicht – Geschiedene, Republikaner und Menschen aus Ohio.

Unsere bisherigen Studien untersuchten ausschließlich Wahlkämpfe in der Vergangenheit und in anderen Ländern; gerade haben wir aber unsere SEME-Untersuchungen im Rahmen einer echten Wahl in Indien abgeschlossen. Ja, es stimmt, wir haben die Wahlpräferenzen von über 2000 tatsächlich Wahlberechtigten der größten demokratischen Wahlen in der Geschichte der Menschheit bewusst manipuliert, und dabei auf einfache Weise die Präferenzen von über 12 Prozent der unentschlossenen Wähler in die Richtung gesteuert, in die wir sie beeinflussen wollten – diese Zahl lässt sich für einige Bevölkerungsgruppen verdoppeln.

Wir verfügen nun sogar über eine Formel, die auf Basis eines prognostizierten Vorsprungs bei Wahlen genau erläutert, welche Wahlen mit Sicherheit durch Manipulationen der Suchergebnisse beeinflusst werden können. In der indischen Untersuchung war die von uns herbeigeführte Veränderung der Wahlpräferenzen umfangreich genug, um beinahe jede Wahl mit einem prognostizierten Vorsprung unter 2,9 Prozent zu kippen. Weltweit werden 25 Prozent der landesweiten Wahlen mit einem Vorsprung von weniger als 3 Prozent gewonnen.

Auch ohne die absichtliche Manipulation durch die Führungsriege von Google besteht eine weitere, noch nie da gewesene Möglichkeit. Was wäre, wenn ohne Intervention von Menschen der Algorithmus von Google einen Kandidaten bei den Suchergebnissen auf die hohen Plätze katapultieren würde? Mit anderen Worten, was, wenn die Bevorzugung »organisch« stattfände? Genau das war laut Google die Erklärung für den durchgängig hohen Score, den Barack Obama in den Monaten vor den Präsidentschaftswahlen sowohl 2008 als auch 2012 erzielte.

Wir können dies einmal durchspielen. Ein Algorithmus platziert die Suchergebnisse für einen Kandidaten in einem Wahlkampf mit 100 Millionen Wählern nach ganz oben. Auch wenn lediglich sechs Prozent dieser Wähler mit Internetzugang unentschlossen sind (der tatsächliche Prozentsatz läge in den meisten Industrieländern höher), lassen unsere Untersuchungen darauf schließen, dass sich im Laufe der Zeit durch einseitig verfälschte Ranglisten knapp eine Million Wähler für diesen Kandidaten entscheiden. In den kommenden Jahren werden daher die objektiven Algorithmen eine noch größere Bedeutung haben, da immer mehr Menschen ihre wahlbezogenen Informationen über das Internet erhalten werden.

Diese Art der unzulässigen Einflussnahme hätten sich die Gründungsväter nicht in ihren kühnsten Träumen vorstellen können.

Sollte das alles zu weit hergeholt klingen, so überlege man Folgendes: 2006 stellten Forscher des National Bureau of Economic Research fest, dass republikanische Kandidaten immer dann an Stimmen gewannen, wenn sich Fox News in einem neuen Markt für Kabelfernsehen etablierte. Die Forscher kamen zu dem Schluss, dass Fox durchwegs dafür sorgte, dass sich die Wahlpräferenzen von zwischen drei und acht Prozent seiner Zuschauer veränderten – mehr als genug, um das Kopf-an-Kopf-Rennen bei den Wahlen im Jahr 2000 »entscheidend« zu beeinflussen. Untersuchungen zeigten in der Folge, dass, sobald im Laufe der Zeit auch konkurrierende Fernsehsender auf diesen Märkten agierten, sich der »Fox-News-Effekt« abschwächte.

Man stelle sich also vor, Fox News wäre der einzige Fernsehsender im Land. Ohne Konkurrenten würde der Sender die Wahlpräferenzen von Millionen unentschlossener Wähler kontinuierlich in eine Richtung steuern.

Immer, wenn eine wichtige Quelle der Einflussnahme eine einseitige Darstellung liefert, und keine Möglichkeit für gegensätzliche Ansichten besteht, sind die Auswirkungen dieser Einflussnahme erdrückend. In der Regel gilt dies für Diktaturen, weshalb

Wahlen in diesen Ländern eine Farce sind. Aktuell ist die Suchmaschine von Google eine Quelle der ungehinderten Einflussnahme, die auch noch sehr glaubwürdig scheint, deren Methodik undurchsichtig ist, deren Umfang enorm ist, deren Reichweite rasant zunimmt, und die weder von Regulierungsbehörden noch von Kandidaten überwacht oder kontrolliert wird. Andere Quellen der Einflussnahme konkurrieren bei Wahlen miteinander und gleichen sich weitgehend aus, aber Google steht allein auf weiter Flur.

Nachdem wir nun fünf Untersuchungen mit über 4000 Teilnehmern in zwei Ländern durchgeführt haben, kann ich mit Sicherheit sagen, dass SEME nicht mehr in den Bereich der Spekulation gehört. Es ist real und hat genau jetzt Auswirkungen auf Millionen von unentschlossenen Wählern. Googles eigene Daten – buchstäblich die »Noten« oder »Scores«, die das Unternehmen Politikern mitten in einer Kampagne verleiht – weisen drastische Unterschiede auf in den Suchaktivitäten, die mit den einzelnen Kandidaten in Zusammenhang stehen, die, laut PR-Materialien von Google, dazu beitragen, die Suchergebnisse der Kandidaten mit guten Noten an oberster Stelle zu platzieren. Dabei übertrafen die Google-Scores von Obama die Scores von McCain im Vorfeld der Wahlen 2008 an 90 von 92 Tagen und kurz vor den Wahlen 2012 an 86 von 92 Tagen.

Und die Google-Scores von Narendra Modi, dem Gewinner der kürzlich in Indien durchgeführten Wahlen, waren wenigstens 60 Tage in Folge um mindestens 25 Prozent höher als die seiner Gegner, bevor die Wahllokale am 12. Mai 2014 geschlossen wurden – wir sprechen von einem Land, in dem es gesetzlich verboten ist, Wählerbefragungen nach Verlassen des Wahllokals zu veröffentlichen, bevor die Wahllokale geschlossen sind. Diese Veröffentlichung von Umfragen zum Wahlausgang ist untersagt, um einen Mitläufereffekt zu verhindern, aufgrund dessen eine

Wahl in eine Richtung kippen könnte, die von den gegnerischen Kandidaten nicht abgefangen werden kann.

Aber es gibt keine Schutzmechanismen, um die Auswirkungen der einseitigen Suchmaschinenergebnisse zu verhindern, die auch in den Entwicklungsländern enorm sein können. Googles eigenen Schätzungen zufolge hatten 240 Millionen Menschen in Indien bei den letzten Wahlen einen Internetzugang, und diese Zahl wird voraussichtlich bis 2019 auf über 600 Millionen steigen.

Suchergebnisse, die auf den vordersten Plätzen rangieren, können von niemandem neutralisiert werden; und ein von uns entwickeltes mathematisches Modell zeigt, wie sich die Suchergebnisse im Laufe der Zeit sogar so auswirken können, dass die Unterstützung zum Durchmarsch einer politischen Partei führt.

Auch wenn die Führungsriege von Google so unschuldig sein mag wie Lämmer, wollen wir wirklich, dass unsere politischen Führer von einem Computerprogramm gewählt werden? Das würde die Absurdität des politischen Theaters auf eine neue Ebene heben, wenn nicht sogar in eine neue kosmologische Dimension katapultieren.

Der Sinn dieser Untersuchungen liegt darin, die Demokratie zu retten – wirklich. Solange ein Unternehmen unkontrolliert das Monopol auf die Suche hat, verfügt es auch über die Macht, die Demokratie, wie wir sie kennen, in die Bedeutungslosigkeit zu führen.

Vor Kurzem streute ein Kollege allerdings Sand ins Getriebe. Was, meinte er, wenn Google überhaupt nicht böse ist? Was, wenn die Unternehmensleitung völlig ahnungslos ist bezüglich des Einflusses, den der Algorithmus auf die Wähler hat, und sie niemals auch nur daran gedacht hat, die Platzierung von Suchergebnissen einzusetzen, um Wahlen zu manipulieren? Was, wenn wir ihnen den Weg zeigten?

Ich bin selten sprachlos, aber nach dieser Aussage war ich es. Er könnte recht haben.

Ein Grund mehr, um unsere Gesetzgeber dazu zu bewegen, schnell Maßnahmen zu ergreifen, solange es noch jemanden gibt, der überhaupt zuhört.

Der Schutz unserer Gesellschaft vor einer vorsätzlichen beziehungsweise, noch schlimmer, zufälligen Manipulation von Wahlen im großen Stil bedingt, dass Suchergebnisse in Zusammenhang mit Wahlen reguliert und beobachtet werden müssen sowie Vorschriften zur Bereitstellung von Suchergebnissen in gleichen Zeitintervallen erstellt werden müssen. Die Alternative ist unhaltbar, wenn nicht bizarr.

Üble Nachrede per Autocomplete

2009 hat Google die Autocomplete-Funktion eingeführt. Mit der Eingabe eines Suchwortes schlägt Google weitere Begriffe vor, um den Trefferbereich einzugrenzen und zu beschleunigen. Was in vielen Fällen hilfreich ist, kann im Einzelfall für den Betroffenen dramatische Konsequenzen haben, wenn der eigene Name mit falschen, negativen oder ehrverletzenden Begriffen verknüpft wird. So zog der deutsche Unternehmer R. S. gegen Google vor Gericht, weil die Suchmaschine seinen Namen mit den Begriffen »Scientology« und »Betrug« ergänzte. Zunächst ohne Erfolg.

Das Oberlandesgericht Köln entschied am 10. Mai 2012, dass die angezeigten Suchergänzungsbegriffe »R. S. Scientology« und »R. S. Betrug« keine eigenen Aussagen von Google seien. Google würde damit also nicht behaupten, dass R. S. Mitglied bei Scientology sei oder dieser Sekte zumindest positiv gegenüberstehe oder Täter oder Teilnehmer eines Betruges sei.

In der Revision hob der Bundesgerichtshof am 14. Mai 2013 dieses Urteil auf und berief sich dabei auf eine Grundsatzentscheidung des Bundesverfassungsgerichts. Deutschland höchstes Gericht hatte einst festgelegt, wie öffentliche Äußerungen generell zu werten sein.

Der Bundesgerichtshof:

»Maßgeblich für die Deutung einer Äußerung ist die Ermittlung ihres objektiven Sinns aus Sicht eines unvoreingenommenen und verständigen Publikums (vgl. BVerfGE 93, 266, 295). Zwar mag es zutreffen, dass von einem durchschnittlichen Internetnutzer unter ›Betrug‹ nicht die Verwirklichung eines rechtlich präzise bestimmten Straftatbestandes verstanden werden muss. Jedoch verbindet der Durchschnittsleser mit der Verwendung dieses Begriffes zumindest ein sittlich vorwerfbares Übervorteilen eines anderen und verleiht ihm damit einen hinreichend konkreten Aussagegehalt.«

Soll heißen: Wenn Google hinter einem Namen einen negativen Begriff wie »Betrug« ergänzt, geht der Otto-Normal-Bürger davon aus, dass diesem Menschen nicht zu trauen ist.

Auch Bettina Wulff ist eines der Google-Opfer. In ihrer Zeit als Ehefrau des damaligen Bundespräsidenten Christian Wulff ergänzte Google ihren Namen unter anderem mit »Rotlicht« und »Prostituierte«. Und jeder Internet-Nutzer wusste, was damit gemeint war.

Mittlerweile musste Google diese öffentliche Diffamierung stoppen, allerdings hat das Unternehmen nur die Autofill-Funktion der Google-Suche entsprechend geändert. Bei Google Trends wird der Name Bettina Wulff (Stand Dezember 2014) immer noch mit »Artemis«, einem Sauna-Club, und »Rotlicht« ergänzt. Und selbst die Änderung der Autofill-Funktion bei der Google-Suche ist nur begrenzt wirksam. Gibt man zum Beispiel »Escort« und »Bettina« ein (Stand Dezember 2014) ergänzt Google die Anfrage zu »bettina körner escort service chateau«. Körner ist der Mädchenname von Bettina Wulff. Und bei Chateau handelt es sich um das »Chateau am Schwanensee«, ein einschlägiges Etablissement bei Hannover. Und nach der Eingabe von »Lady Victoria« bietet Google noch immer den Vornamen »Bettina« plus Fotos von Bettina Wulff an.

Welche Wirkung solche negativen Verbindungen auch für Unternehmen haben können, davor warnte der Suchmaschinenexperte Daniel Wette[276] im Oktober 2011 auf dem SEO Day in Köln.

»Ein negativer Suggest-Vorschlag kann die gesamte Online-Wahrnehmung eines Unternehmens sehr stark negativ beeinflussen, auch wenn es bei der Suche nach dieser Negativ-Kombination keine unvorteilhaften Beiträge gibt. Der überwiegende Anteil der Nutzer wird bereits allein durch einen einzigen negativen Suggest-Vorschlag in seiner Meinung über das Unternehmen beeinflusst. Das hat sich auch in verschiedenen Tests mit Probanden gezeigt.«

Google ficht das nicht an: »Die automatische Vervollständigung ist eine Funktion im Rahmen der Google-Suche, die Nutzern hilft, schneller das zu finden, was sie suchen. Die Begriffe werden automatisch erstellt und basieren auf verschiedenen Faktoren, insbesondere der Beliebtheit bestimmter Suchbegriffe im Internet«, verteidigt sich der Konzern.

Wirklich?

Zu welchen Ergebnissen diese »Hilfe« führen kann, zeigen Beispiele. Gibt man beispielsweise »Frauen können« in der Suchmaske ein, ergänzt Google: »… nicht einparken«.

Bei »Wie baue ich«, kommt: »… einen Joint« – samt Link zu einem Anleitungsvideo auf YouTube.

Und bei »Ungläubige« schlug Google im Oktober 2014 allen Ernstes »töten« vor – bis die *Bild-Zeitung*[277] diesen Skandal öffent-

....

[276] http://www.lorm.de/2012/01/10/google-suggest-autocomplete-manipulation/
[277] http://www.bild.de/politik/inland/google/warum-bietet-mir-google-unglaeubige-toeten-an-38187352.bild.html

lich machte und Google die automatische Ergänzung löschte. Allerdings nur bei den »Ungläubigen«. So ergänzt die österreichische Google-Seite den Begriff »Moslems« zu der Beleidigung »Moslemschwein«.

Wird Google mit solchen Suchanfrage-Ergänzungen konfrontiert, gibt sich der Konzern in der Regel unschuldig und verweist, wie üblich, auf die Meinungsfreiheit. Schließlich entstünden die Suchvorschläge nicht von allein, sondern aus der Masse der von den Nutzern eingegebenen Suchanfragen. Entfernt würden lediglich Begriffe, »die in engem Zusammenhang mit Pornografie, Gewalt, Hassreden und Urheberrechtsverletzungen stehen«, zitiert RP-Online[278] einen Google-Sprecher.

Doch an der Unterstellung, die ergänzenden Suchbegriffe seien nur das objektive Ergebnis des Google-Algorithmus, darf gezweifelt werden.

So hatte der Suchmaschinenexperte Brent Payne[279] aus Chicago wenig Mühe, seinen Eintrag »Brent Payne« mit der Ergänzung »manipulated this« zu erweitern. Er tippte einfach diese Kombination ein paarmal hintereinander in die Google-Suchmaske.

Dass die Google Autocomplete-Funktion alles andere als objektiv ist, bestätigt auch Daniel Wette[280]:

»Manipulieren kann man die Vorschläge dadurch, dass man neue Vorschläge über bereits vorhandene Vorschläge bringt und diese damit verdrängt. Dies kann durch passive Einflussnahme (z. B. mittels PR-Aktionen) oder durch aktive Einflussnahme (mittels Erzeugung von Suchvolumen auf die gewünschte Begriffskombination) geschehen.«

················

[278] http://www.rp-online.de/digitales/internet/diskriminierung-ueber-google-bettina-wulff-ist-kein-einzelfall-aid-1.3841385
[279] http://www.loudinteractive.com/presentations/Google-Suggest-Manipulation.pdf
[280] http://www.lorm.de/2012/01/10/google-suggest-autocomplete-manipulation/

Mittlerweile werfen sogar die Vereinten Nationen dem Internet-riesen Diskriminierung von ganzen Bevölkerungsgruppen vor und haben eine öffentliche Kampagne gestartet. Auf Plakaten und in einem Video werden Frauen unterschiedlicher Herkunft gezeigt, die anstelle des Mundes ein Google-Suchfenster haben. Darauf zu sehen sind Suchanfragen mit »Frauen können nicht …«, »Frauen sollten nicht …«, »Frauen sollten …« und »Frauen müssen …«.

Die Suchanfragen stammen laut den Vereinten Nationen vom 9. März 2013. Die Vorschläge, die Google lieferte, reichten von »Frauen sollten Sklaven sein« über »Frauen sollten keine Rechte haben« bis »Frauen müssen kontrolliert werden«.

Google macht die Welt dümmer

Google ist zumeist der erste Einstiegspunkt ins Internet. Mehr als 90 Prozent der Nutzer recherchieren im Internet ausschließlich mit Google.

Eine Studie der Johannes Gutenberg-Universität Mainz zum Thema »Googleisierung der Online-Informationssuche« bestätigt die Marktdominanz von Google. Sie zeigt, dass fast alle User die Google-Internetsuche weitgehend unkritisch nutzen und nur wenig darüber wissen, wie Trefferlisten zustande kommen und wodurch diese beeinflusst werden. Wie gravierend diese Entwick-lung für den Bildungsbereich ist, zeigen die folgenden Erkennt-nisse.

Fehlende Quellen und steigende Anzahl von Plagiaten

Der Salzburger Medienwissenschaftler Stefan Weber beschreibt in seinem Buch das »Google-Copy-Paste-Syndrom« also, wie weit die Dominanz des Suchmaschinenanbieters in Schulen, Universitäten, Wissenschaft, bis hin zum Journalismus um sich gegriffen hat. Der Medienwissenschaftler glaubt, dass über 90 Prozent aller Recherchen für akademische schriftliche Arbeiten und Referate mit Google starten. Dabei ist besonders problematisch, dass »eine unbekannte Anzahl von Studierenden mit der ›Google‹-Recherche ihre Recherchetätigkeit insgesamt bereits wieder abschließen« und viele sich dazu verleiten lassen, die gefundenen Textsegmente gleich direkt eins zu eins und unzitiert in ihre Arbeit zu übernehmen.

»Die Ergoogelung der Wirklichkeit« hat zu einer erheblichen Beschleunigung der Recherche geführt. Gleichzeitig ist mit der Ergoogelung, vor allem dann, wenn sie den ersten Schritt vor Copy/Paste darstellt, auch die Qualität der Texte insgesamt gesunken«, so Weber.

Der Medienwissenschaftler Martin Löffelholz von der TU Ilmenau berichtet in diesem Zusammenhang:

»Schon seit längerer Zeit machen wir an unserer Universität die Erfahrung, dass Studierende primär Instrumente wie Google nutzen, um sich einen Überblick zu einer bestimmten wissenschaftlichen Frage zu verschaffen. Damit erhalten diese Studierenden aber keineswegs den aktuellsten und relevantesten Forschungsstand. Das führt zu einem deutlichen Qualitätsverlust in der wissenschaftlichen Arbeit.«[281]

Hinzu kommt: Google und die zunehmende Digitalisierung auch älterer Texte und Bücher machen es immer leichter, mit den Computerbefehlen Copy und Paste fremde Texte und Textteile zu kopieren und ohne Quellenhinweis als eigene geistige Arbeit auszugeben.

Wo das, im breiten Stil angewendet, hinführen würde, skizziert Weber so:

....

[281] http://www.heise.de/tp/artikel/20/20982/1.html

»Eine vollständige Recycling-Textkultur ohne Hirn würde den intellektuellen Stillstand bedeuten: das ewige Remake des schon Existierenden.«[282]

Aber Weber sieht aufgrund zahlreicher Umfrageergebnisse in den USA und Europa »erste Indikatoren für ein Problem von mutmaßlich gigantischer Dimension«: Die verschiedenen Umfragen würden darauf hinweisen, dass »mindestens jeder dritte Studierende schon zumindest einmal in irgendeiner Form plagiiert hat« und auch 1,5 Prozent der Wissenschaftler »Ideendiebe« seien.

Fehlende Lesekompetenz

Die permanente Stichwortsuche bei Google und in der Google-Buchsuche führt sehr rasch dazu, dass die Lesekompetenz, gemeint ist damit vor allem das inhaltliche Erfassen längerer Textabschnitte, abnimmt.

Lesen könnte bald nicht mehr bedeuten, das zentrale Argument eines Autors in einem Aufsatz oder Buch nach einer Lektüre des gesamten Werkes zu erfassen, sondern Texte nach Stichwörtern punktuell und höchst fragmentarisch abzugrasen. Das Einscannen von Büchern durch Google könnte sich somit als Bumerang erwiesen, der das Medium Buch selbst vernichtet.

In einer Welt, die Texte und Bücher konsequent online verfügbar macht, muss sich nicht mehr den Beschränkungen eines materiellen Objektes unterworfen werden. Für das Leseverhalten kann dies bedeuten, dass das Sinn erfassende Lesen längerer Texte von einem mentalen Einscannen von Schnipseln abgelöst wird.

....

[282] http://derstandard.at/2676230

Deep Web

Suchmaschinen erfassen nur einen Bruchteil des World Wide Web. Neben diesem öffentlichen Bereich, dem Surface Web, existiert das sogenannte Deep Web, dessen Datenmenge nach einer Studie des Deep-Web-Unternehmens BrightPlanet[283] etwa 400- bis 550-mal[284] größer sein soll als die des Surface Web.

Angeblich existieren mehr als 200 000 Deep-Websites. Und das Deep Web ist das am schnellsten wachsende Informationsmedium.

Allein die 60 größten Seiten im Deep Web enthalten etwa 750 Terabyte an Informationen, was die Menge des Surface Web um den Faktor 40 übersteigt.

Insgesamt sollen im Deep Web Daten mit einer Gesamtmenge von 7500 Terabyte gespeichert sein, die zu 95 Prozent frei zugänglich sind.

Zum Vergleich: Im gesamten Surface Web sind es nur 19 Terabyte, was gerade mal 0,25 Prozent entspricht. Dies bedeutet: Beim ausschließlichen Einsatz von Suchmaschinen verzichten wir auf 99,75 Prozent des menschlichen digitalisierten Wissens.

....

[283] Bergman, Michael K.: The Deep Web: Surfacing Hidden Value, The Journal of Electronic Publishing, Jahrgang 7, Nr. 1, 2001
[284] http://quod.lib.umich.edu/j/jep/3336451.0007.104?view=text;rgn=main

Wie Google Jobs vernichtet

> »Werdet reich, bevor eure Arbeitsplätze
> automatisiert werden.«
>
> ERIC SCHMIDT, GOOGLE

Stellen Sie sich vor, Sie besäßen das einzige Kaufhaus auf einer Insel. Kein Lebensmittelmarkt, keine Boutique, kein Schuhladen, kein Elektronikmarkt weit und breit. Nur Sie und Ihr Kaufhaus. Jeder, der Waren verkaufen möchte, kann dies nur mit Ihrer Unterstützung in Ihrem Laden tun, und natürlich nur gegen eine entsprechende Miet- oder Provisionszahlung. Gleichzeitig verfügen Sie über beste Handelskontakte in alle Branchen und können jedes Produkt zu einem günstigen Preis auch selbst herstellen und mit hohem Profit verkaufen.

Jetzt schwanken Sie zwischen zwei extremen strategischen Entscheidungen. Variante eins: Sie stellen Ihre Ladenfläche anderen zur Verfügung, überlassen Risiko und Geschäft den Händlern und begnügen sich mit einem Anteil vom Umsatz.

Variante zwei: Sie nutzen Ihre Marktmacht gnadenlos aus, produzieren alle Produkte selbst und erzielen so einen noch höheren Profit.

Klar ist, mit Variante zwei verdienen Sie mehr als mit Variante eins.

Sie müssen schließlich nicht mehr teilen. Nur: Auch Variante zwei ist keine optimale Lösung. Warum? Bevor Sie Produkte verkaufen können, müssen Sie sie produzieren. Und damit tragen Sie das Risiko. Möglicherweise haben Ihre Kunden gar kein Interesse an allen Produkten, die Sie anbieten. Oder Sie könnten mit anderen Produkten noch höhere Margen erzielen.

Sie üben sich deshalb in Geduld, überlassen das Risiko, ein Geschäft zu entwickeln, lieber den Händlern und sammeln fleißig Daten. Welche Waren sind am Markt erfolgreich? Welche Waren nicht? Wie muss man die Ware anbieten? Welche Margen kann man erzielen? Aus welchen Fehlern können Sie lernen? Und wenn Sie dann ein lukratives Produkt ausgemacht haben, werden Sie aktiv. Sie lassen das Produkt selbst herstellen und bieten es ebenfalls an.

Für den Händler ist der Kampf schon verloren, bevor er begonnen hat. Sie können es sich locker leisten, Ihr Produkt unter Preis zu verkaufen, um ihn aus dem Markt zu drängen. Sie können es sogar zunächst umsonst anbieten. Oder Sie können den Händler von seinem guten Verkaufsplatz verdrängen und ihn in die hinterste Ecke Ihres Kaufhauses verbannen und gleichzeitig noch die Miete erhöhen.

Ist das fair?

Unser Kaufhaus heißt Google. Wer Waren und Dienstleistungen online anbieten will, muss sich den Regeln unterwerfen, die Google vorgibt. Welche Regeln dies sind, bestimmt allein Google.

Schlimmer noch: Google gibt viele Regeln nicht preis. Aber jedes Unternehmen spürt es sofort, wenn Google die Regeln ändert, ohne dass die Betroffenen jedoch erfahren, wie sie jetzt lauten.

Nur wer von der Suchmaschine wahrgenommen wird, hat eine Chance, am Markt zu bestehen. Google hat deshalb die Suchmaschine zu einer sprudelnden Gelddruckerei weiterentwickelt. Das Zauberwort heißt AdWords.

Wer heute über Google sucht, bekommt mindestens zwei verschiedene Arten von Ergebnissen. Die Ergebnisse über die organische Suche und die Anzeigen, die über AdWords generiert werden, die dann – wer zahlt, schafft an – gut sichtbar oberhalb oder rechts der eigentlich relevanten Ergebnisse präsentiert werden.

Jeder AdWords-Kunde kann genau definieren, bei welchen Stichworten aus welcher Region seine Anzeige angezeigt wird. Der Internetriese macht sich noch nicht einmal die Mühe, dafür einen fixen Preis festzulegen, wie er in anderen Medien (in Zeitungen nach Zentimetern sowie im Radio und Fernsehen nach Sekunden) üblich ist. Google lässt die AdWords-Kunden einfach gegeneinander antreten und versteigert die Anzeigen automaten-basiert an den Meistbietenden. Seltene Suchbegriffe sind damit günstig, häufig nachgefragte Suchbegriffe teuer. Bezahlt wird per Klick. Und wenn ein Kunde kein Budget mehr hat, kommt der nächste an die Reihe. Und Google kassiert und kassiert und kassiert. Wirkliche Alternativen haben die Anzeigenkunden nicht. Bei einem Marktanteil von über 90 Prozent in Deutschland kommt kein Unternehmen mehr an Google vorbei. Wer also nicht bei Google wirbt, wird von den Endkunden sehr schnell nicht mehr wahrgenommen.

Bei einem Marktanteil von über 90 Prozent kommt niemand an Google vorbei.

Doch damit nicht genug. Google hat Zugriff auf unendlich viele Geschäftsdaten und kann genau analysieren, wie sich Branchen entwickeln.

Die Geschäftsidee ist dabei immer die gleiche: Auf der Webseite des Preisportals werden Angebote diverser Online-Shops für einen bestimmten Produktbereich zusammengefasst.

Für Kunden sind die Preisportale höchst attraktiv, da darüber ein direkter Preisvergleich möglich ist, der Kunde also automatisch sein Produkt zum billigsten Preis kaufen kann. Aber auch für die Online-Shops rechnet sich das, da Preisportale für zusätzliche Kunden sorgen. Und auch die Preisportale profitieren. Klickt ein Kunde auf ein Produkt und kauft es über den jeweiligen Online-Shop, bekommt das Preisportal eine Provision. Also eine Win-Win-Win-Situation, über die alle glücklich waren, nur nicht der wichtigste Player im Markt: Google.

Google kopierte daraufhin das Geschäftsmodell der Preisportale und machte allen Online-Shops mit Google Shopping ein unwiderstehliches Angebot: keine Provisionen. Jeder konnte seine Waren kostenlos über das neue Google Shopping anbieten. Und Google konnte es sogar noch besser: Auf der eigentlich fotolosen Suchmaschinenseite wurde ein Feld für Google Shopping angelegt, indem die gesuchten Produkte samt Foto und Preis gezeigt werden. Ein Klick, und schon landete der Kunde im Shop.

Alle anderen Preisportale hatten plötzlich das Nachsehen. Keine Fotos und dazu noch der ständige und teure Kampf, bei Suchanfragen möglichst weit oben gelistet zu werden, sind ein Rückstand gegenüber Google, der nicht aufzuholen ist. In der Win-Win-Win-Situation ist plötzlich ein Gewinner zum Verlierer mutiert.

Der zweite Streich folgte zugleich: Natürlich hatten unzählige Online-Shops das Angebot von Google dankend angenommen, ihre Produkte samt Foto auf der Startseite präsentieren zu können – und zwar kostenlos. Google hatte somit sehr schnell einen hohen Marktanteil gegenüber den Preisportalen erreicht. Und im Februar 2013 schnappte die Falle zu. Google beendete die kostenlose Testphase. Jetzt mussten Online-Shops, die ihre Produkte über Google Shopping vertreiben wollten, zahlen.

Google hatte sich mal wieder in einem neuen Markt als unverzichtbarer Spieler etabliert und konnte die anderen Marktteilnehmer jetzt zur Kasse bitten. Und damit landete auch der nächste Gewinner von einem Tag auf den anderen auf der Verliererstraße.

Und der dritte Verlierer steht ebenfalls schon fest: Es wird die Gesellschaft sein. Wenn Google auch bei Preisportalen eine marktbeherrschende Position erreicht hat, woran niemand ernsthafte Zweifel hat, kann das Unternehmen auch hier ohne Probleme höhere Preise durchsetzen, um seinen Profit weiter zu steigern. Der Bürger verliert dabei doppelt. Als Kunde, weil er über höhere Preise die Zeche zahlt. Und als Mitglied der Gesellschaft, weil Google mit seiner gigantischen Marktmacht kleine Start-Ups platt walzt und neu entstandene Arbeitsplätze vernichtet.

Google dominiert den deutschen Werbemarkt

Werben kann man überall. In Zeitungen und Zeitschriften, im Radio oder Fernsehen, auf Plakatwänden, in öffentlichen Gebäuden und Verkehrsmitteln und natürlich im Internet.

Die Branche ist mit knapp einer Million Jobs ein wichtiger Arbeitgeber in Deutschland.

Auch dieses Rennen hat Google mittlerweile klar für sich entschieden. Wie das Branchenmagazin *Werben & Verkaufen*[285] unlängst ausgerechnet hat, erzielte Google im Jahr 2013 über den Verkauf von Werbeflächen allein in Deutschland rund 2,65 Milliarden Euro. Im Vergleich zum gesamten Werbemarkt entfallen damit auf Google 13 Prozent, im Vergleich auf den schnell wachsenden Online-Bereich sogar 65 Prozent. Jeder zehnte Euro, der in Deutschland in Werbung investiert wird, landet also bei Google. Im Online-Bereich sind es sogar zwei von drei Euro.

Blickt man auf die Zahl der Mitarbeiter, sieht das Verhältnis ganz anders aus.

Google hat 43 000 Mitarbeiter – auf der ganzen Welt. In Deutschland, Stand März 2014, sind es gerade mal 750. Das bedeutet, 0,075 Prozent der Beschäftigten in der deutschen Werbebranche erzielen 13 Prozent vom gesamten nationalen Budget. Was dies bedeutet, ist klar: Das Geld fließt aus Deutschland ab.

Da der Online-Bereich aber rasant weiterwächst, wird dieser Trend an Geschwindigkeit sogar noch zunehmen. Der Rest der Branche wird sich also mit einem immer kleineren Teil des Werbekuchens begnügen müssen.

Für Millionen Menschen in Deutschland, deren Jobs an der Werbebranche hängen, und deren Familien, brechen harte Zeiten an.

....

[285] Werben & Verkaufen, »Googles Dominanz erklärt in 14 Charts«, Juni 2014

185

Im deutschen Online-Werbemarkt wurden 2013, so hat es *W & V* errechnet, rund 4,1 Milliarden Euro umgesetzt. Über mehrere Kanäle strömten dabei rund 2,65 Milliarden Euro – also 64,6 Prozent aller Einnahmen – direkt in die Kasse von Google. 59,7 Prozent der Einnahmen aus dem deutschen Online-Werbemarkt entfielen dabei auf den Bereich Suchmaschinenvermarktung (Search), 3,7 Prozent auf Display-Angebote und 1,2 Prozent über die Google-Tochter YouTube auf Video.

Weltweit wird der Online-Werbemarkt auf insgesamt 119,5 Milliarden US-Dollar geschätzt. Auch hier ist Google mit rund 32 Prozent Marktanteil der Hauptprofiteur, deutlich vor Facebook (5,6 Prozent) und Yahoo (2,9 Prozent).

Noch klarer wird das Bild beim Markt der Zukunft, dem schnell wachsenden Mobile-Werbemarkt, der 2013 weltweit mit 17,96 Milliarden US-Dollar beziffert worden ist. Hier ist Googles Vorsprung mit einem Marktanteil von 49,3 Prozent noch deutlicher. Facebook erzielt hier 17,5 Prozent, Twitter 2,4 Prozent.

Googles Hauptprodukt ist die Suchmaschine. Hier hat der Konzern auch in Deutschland eine absolut marktbeherrschende Stellung. 93,6 Prozent aller Klicks, die später auf einer Webseite landen, kamen über Google.

Aber auch im Videobereich hat Google längst das Sagen. YouTube verfügt in Deutschland über einen Marktanteil von 59,7 Prozent. Erst mit großem Abstand folgen MyVideo mit 8,4 Prozent, T-Online Video mit 3,6 Prozent und Vimeo mit 3,1 Prozent.

Noch deutlicher ist Googles Vorsprung bei den Smartphones. 78,4 Prozent aller Smartphones, die auf der Welt verkauft werden, laufen unter dem Betriebssystem Android von Google. Selbst Apple folgt mit dem iPhone und dessen Betriebssystem erst mit riesigem Abstand und erreicht nur 15,6 Prozent. Microsoft, immerhin auch ein High-Tech-Riese, schafft gerade mal 3,2 Prozent.

Nimmt man die Betriebssysteme aller Endgeräte, also Smartphones, PCs und Tablets, als Basis, dann liegt Google mittlerweile auch hier vorne. Google erreicht einen Marktanteil von 38 Prozent und liegt damit knapp vor Microsoft, das einen Marktanteil von 37,6 Prozent hat.

Auch mit seinen Nebenprodukten generiert Google immense Marktanteile. Der E-Mail-Dienst Gmail erzielt in Deutschland 13,9 Prozent, in den USA sogar 42 Prozent, Google Maps kommt in den USA auf 25,9 Prozent, in Deutschland sogar auf 37,5 Prozent, Google Shopping auf 9 Prozent in den USA und auf 3,4 Prozent in Deutschland und Google Analytics weltweit auf 80,8 Prozent.

Google ist mit seinen News- und Videoangeboten auch ein Medienunternehmen und hat es auch in dieser Kategorie in kürzester Zeit geschafft, die Platzhirsche zu verdrängen. Zwar veröffentlicht Google keine Umsatzzahlen für Deutschland, aber Experten gehen davon aus, dass der Jahresumsatz 2013 bei rund 2,65 Milliarden Euro lag. Damit liegt Google vor allen anderen Medienunternehmen auf Platz 1. ProSiebenSat.1 erzielte im gleichen Zeitraum 2,27 Milliarden Euro, RTL 2 Milliarden Euro, Springer 1,63 Milliarden, Gruner + Jahr 998 Millionen und Bauer Media 840 Millionen. Nur zur Erinnerung: Google hat in Deutschland gerade mal 750 Mitarbeiter unter Vertrag, während allein der Springer-Verlag mehr als 12 800 Beschäftigte hat.

Bleibt die Frage, wie Google seine Gewinne versteuert.

Googles Steuertricks: »Das nennt man Kapitalismus«

Für 2011 hat die Google Germany GmbH laut *Handelsblatt*[286] einen Umsatz in Höhe von 190 Millionen Euro gemeldet. Dabei

....

[286] http://www.handelsblatt.com/unternehmen/it-medien/dank-steuertrick-google-schiebt-milliarden-auf-die-bermudas/8921526.html

sei ein Gewinn in Höhe von 16,2 Millionen Euro angefallen. Und das Unternehmen habe 5,3 Millionen Euro an Steuern abgeführt, also rund ein Drittel.

Man halte sich strikt an die jeweiligen Steuergesetze, betont Google immer wieder.

Dennoch bleiben Fragen.

Google erzielt weltweit Umsatzrenditen von über 20 oder gar 30 Prozent. Aber ausgerechnet in Deutschland gelang es angeblich nicht, bei 190 Millionen Euro Umsatz und 16,2 Millionen Euro Gewinn, die 10-Prozent-Hürde zu überspringen?

Nach von Google nicht dementierten Zahlen hat der Internetriese aber schon 2013, zwei Jahre später, in Deutschland einen Umsatz von 2,65 Milliarden Euro erzielt.

Das entspräche einer gigantischen Umsatzsteigerung von über 1000 (!) Prozent. Und ergäbe Steuern, die mindestens im dreistelligen Millionenbereich liegen müssten.

Der Trick ist einfach: Der Wert von Google ist in der Idee begründet, also in Lizenzen. Solche Lizenzen sind aber im Gegensatz zu einer Fabrik, die Produkte herstellt, nicht ortsgebunden. Besonderen Schutz vor hohen Steuern genießt geistiges Eigentum in Irland.

Statt Steuern zu zahlen, schickt Google also lieber Geld auf Reisen. Erst zur Europazentrale nach Irland an die Google Ireland Ltd, von dort in die Niederlande, dann wieder nach Irland, wo sich auch die Google Ireland Holdings befindet. Dieses Tochterunternehmen wird offiziell vom Steuerparadies Bermudas aus kontrolliert, was wiederum bedeutet, dass dieses Google-Geld nur nach dem mit fünf Prozent viel geringeren Steuersatz der Bermudas bemessen wird.

Die *Financial Times*[287], die diese (legale) Steuervermeidungsstrategie im Oktober 2013 öffentlich gemacht hatte, hatte auch gleich einen passenden Namen parat: das bereits erwähnte »Double Irish with a Dutch Sandwich«. Und was für ein Sandwich: Allein im Jahr 2012 soll Google so rund 8,8 Milliarden Euro als in Irland steuergeschützte Lizenzeinnahmen deklariert und so legal verschoben haben.

Ärger gibt es deshalb nicht nur in Deutschland. Großbritannien ist für Google weltweit der zweitwichtigste Markt. Rund zehn Prozent des Umsatzes erzielt Google auf der Insel. 2012 waren das 4,9 Milliarden US-Dollar. Doch an London überwiesen hat Google gerade mal 11,5 Millionen Pfund, also knapp 18,5 Millionen US-Dollar. Bei einer Umsatzrendite von 30 Prozent und einem Steuersatz von 30 Prozent hätte Google aber weitaus mehr Steuern zahlen müssen, nämlich über 400 Millionen US-Dollar, also mehr als das 20-Fache.

Wie das zusammenpasst?

»Double Irish with a Dutch Sandwich« eben. Anfang 2013 gab es deshalb in London eine öffentliche Parlamentsdebatte, die äußerst hitzig verlief. Der Vorsitzenden des Haushaltsausschusses, Margaret Hodge, platzte dabei der Kragen. Sie kehrte das öffentliche Google-Versprechen »Don't be evil« um und bezeichnete den Internetriesen öffentlich als »evil«, als böse. Google sei, so Hodge, »devious, calculating and unethical«, was man mit »verschlagen, selbstsüchtig und unethisch« übersetzen kann.

Google gab sich trotz des Scoops der *Financial Times* und des Zorns der Politiker unbeeindruckt. Man halte sich an die Steuergesetze in allen Ländern, in denen man operativ tätig sei, ließ

....

[287] http://www.ft.com/intl/cms/s/0/89acc832-31cc-11e3-a16d-00144feab7de. html axzz3FpzaK1UZ

Google über seinen Sprecher erklären, der dann noch nachsetzte: »Wenn Politikern diese Gesetze nicht gefallen, haben sie die politische Macht, sie zu ändern.«[288]

Diese Arroganz konnte nur noch einer toppen: Eric Schmidt.

Googles Verwaltungsratschef entgegnete dem Vorwurf der Steuertrickserei gegenüber der Zeitung *The Independent* gleich mit einem Frontalangriff: »Ich bin sehr stolz auf die Struktur, die wir geschaffen haben. Das nennt man Kapitalismus.«[289]

E-Commerce unter Googles Gnaden

2010 nutzten in Deutschland[290] 21,58 Prozent das Internet zum Einkaufen. Nur vier Jahre später, 2014, hatte sich der Prozentsatz mit 39,49 Prozent fast verdoppelt. Im Jahr 2013 lag laut einer Statistik[291] von Deals.com der E-Commerce-Umsatz in Deutschland bei 34,3 Milliarden Euro. Für 2015 wird ein Wachstum um fast 50 Prozent auf 49,8 Milliarden Euro erwartet.

Laut einer Studie[292] des EHI Retail Institute wächst vor allem der mobile Bereich rasant.

»Dem Trend *Alles wird mobil* folgen auch immer mehr Online-Shops. Betrachtet man mobile Websites mit Shopfunktion, liegt die Wachstumsrate bei bemerkenswerten 95,9 Prozent. Der Anteil

....

288 http://www.welt.de/wirtschaft/article120839555/Google-verschiebt-Milliarden-Euro-auf-die-Bermudas.html

289 http://www.spiegel.de/wirtschaft/unternehmen/google-boss-eric-schmidt-ist-sehr-stolz-auf-steuertricks-a-872702.html

290 http://de.statista.com/statistik/daten/studie/183211/umfrage/online-shopping---internetnutzung/

291 http://de.statista.com/statistik/daten/studie/29201/umfrage/umsatz-im-online-handel-in-deutschland-seit-2008/

292 http://www.ehi.org/presse/pressemitteilungen/detailanzeige/article/onlinehandel-wird-erwachsen.html

stieg auf 38,4 Prozent im Vergleich zum Vorjahr mit 19,6 Prozent. Immer mehr Shops bieten auch Apps mit Shopfunktion an. Dabei haben Android-Lösungen (15,9 Prozent) inzwischen fast zu iPhone-Apps (16,7 Prozent) aufgeschlossen.«

Laut der Studie, die das EHI Retail Institute Ende Oktober 2014 veröffentlichte, war Amazon (amazon.de) mit einem Umsatz von 5787 Millionen Euro im Jahr 2013 mit Abstand Deutschlands umsatzstärkster Online-Shop[293]. Auf den weiteren Plätzen folgen Otto (1888 Mio. Euro), Zalando (702 Mio. Euro), Notebooksbilliger.de (498,9 Mio. Euro), Bonprix (410,5 Mio. Euro), Cyberport (404,4 Mio. Euro), Tchibo (400,0 Mio. Euro), Conrad (389,6 Mio. Euro), Alternate (366,9 Mio. Euro) sowie H&M (303,7 Mio. Euro).

Diese zehn Unternehmen generieren über ein Drittel (37,1 Prozent) des gesamten Online-Shop-Umsatzes[294] von rund 30 Milliarden Euro in Deutschland, was wiederum dem Jahresumsatz des DAX-Konzerns Deutsche Lufthansa entspricht.

Die Online-Shop-Branche ist damit zu einer respektablen Größe in der deutschen Wirtschaft aufgestiegen.

Allerdings mit ungewisser Zukunft, denn die Branche hat einen Mitspieler, der nur schwer einzuschätzen ist: Google.

Wer in Deutschland ein Produkt sucht, sucht über Google. Mit einem Marktanteil von weit über 90 Prozent dominiert Google den Suchmaschinenmarkt und hat damit eine strategische Schlüsselstellung inne, deren Bedeutung seit Jahren wächst.

....

[293] Die Angaben der Studie beruhen auf einer Händler-Befragung (EHI) und Statista-Hochrechnungen auf Basis einer Regressionsanalyse sowie Unternehmensangaben aus Geschäftsberichten, Pressemitteilungen und Unternehmenswebsites. Schwerpunkt der Untersuchung waren B2C-Online-Shops. Berücksichtigt wurde der Umsatz mit physischen Gütern. Der Umsatz mit digitalen Gütern wie Apps und Streaming-Dienst von Shops, z.B. apple itunes und musicload, wurde nicht berücksichtigt.

[294] Die Top-100-Shops machen knapp zwei Drittel, und die Top 500 rund 86 Prozent des Gesamtumsatzes aus.

Die Online-Shop-Branche trifft diese Dominanz von Google gleich dreifach.

Erstens, über die organische Suche, zweitens über AdWords und drittens über Google Shopping. Wie bereits gezeigt, kann Google mit seinem eigenen Vergleichsportal Google Shopping jederzeit ein lukratives Marksegment erobern. Voraussetzung dafür ist eine gut gefüllte Kriegskasse.

Und dass Google finanziell bestens dasteht, verdankt das Unternehmen seinen Mitbewerbern, die gar nicht umhinkommen, als immer mehr Geld in AdWords-Anzeigen zu pumpen, um von ihren Kunden weiterhin wahrgenommen zu werden. Da auch unter den Shop-Betreibern ein knallharter Wettbewerb um Marktanteile besteht und AdWords-Anzeigen immer an den Meistbietenden versteigert werden, ist Google immer der lachende Dritte.

Und auch bei der organischen Suche, dem Kern von Google, hängt die gesamte Branche am Tropf des US-Konzerns. Nach welchen Regeln dabei gespielt wird, bestimmt allein Google und ist geheim. Wohl auch deshalb hält sich die Branche mit öffentlicher Kritik an Google zurück.

Einer der wenigen, die dennoch ihrem Ärger öffentlich Luft machten, ist der Berliner Unternehmer Robert M. Maier. Unter dem Titel »Von der Suchmaschine zur Weltmacht: Angst vor Google« berichtete Maier in einem Gastbeitrag in der *Frankfurter Allgemeinen Zeitung* im Frühjahr 2014, welche Auswirkungen es für sein Unternehmen hat, wenn Google den Such-Algorithmus plötzlich ändert. Maier ist Gründer und geschäftsführender Gesellschafter der Visual Meta GmbH in Berlin. Das mittelständische Internet-Unternehmen hat 150 Mitarbeiter und betreibt in sechzehn Ländern Shopping-Portale. Die Firma wurde im Dezember 2008 gegründet und im Dezember 2011 mehrheitlich vom Axel-Springer-Konzern übernommen. Die Visual Meta GmbH ist einer der Beschwerdeführer bei der EU-Kartelluntersuchung gegen Google. Maier in der *FAZ*[295]:

»Wir haben schon mehrfach bei unseren Websites von einem auf den anderen Tag siebzig Prozent weniger Besucher über die organischen Google-Suchergebnisse bekommen. Und die organischen Google-Suchergebnisse sind sehr wichtig für uns. Wir wussten nie, was wir falsch gemacht haben. Es gab keinerlei Mitteilung von Google. Doch was macht man nun als Firma: Stellt man wie geplant die neuen Mitarbeiter ein? Schließt man den neuen Mietvertrag für ein größeres Büro ab? Investiert man in neue Server? Kann man sich die Investitionen in Produktentwicklung noch leisten? All dies bedroht nicht nur mittelständische Firmen wie uns massiv.«

Und in einem anderen Absatz schreibt Maier:

»Googles Stellung ist (...) schon so stark geworden, dass viele Akteure im E-Commerce mehr Angst vor den Regeln Googles (»Google Policy Guidelines«) haben als vor dem Gesetz. Diese Guidelines betreffen vor allem das Online-Marketing bei Google. Der wichtige Unterschied zwischen den Gesetzen und Googles Guidelines: Über Gesetze und deren Einhaltung urteilen unabhängige Gerichte, vor denen man sich verteidigen kann und die ihre Urteile begründen und offenlegen müssen. Über die Einhaltung der Google Guidelines scheint hingegen Google ganz allein zu entscheiden, wie es aussieht, hinter verschlossenen Türen, ohne anderen Website-Betreibern die Chance zu geben, sich zu verteidigen. Was für ein Satz: sich vor Google verteidigen!«

....

295 http://www.faz.net/aktuell/feuilleton/debatten/weltmacht-google-ist-gefahr-fuer-die-gesellschaft-12877120.html

193

Ein weiterer Wirtschaftszweig, der unter dem Quasi-Monopol von Google leidet, ist die Medienbranche. Im Nachgang zu den Terroranschlägen vom 11. September 2001 hatte der US-Konzern Google News einführt.

Der Grund: Aktuelle Suchanfragen wie »World Trade Center« landeten damals auf Webseiten, die das WTC als touristische Sehenswürdigkeit darstellten, und nicht auf den News-Seiten, die über die Terroranschläge permanent berichteten.

Jetzt überwacht Google News die gesamte Berichterstattung und zeigt in der organischen Suche je nach Stichwort einen kurzen Nachrichtenüberblick an. Nach welchen Regeln diese Nachrichten ausgewählt werden, entscheidet allein Google, und zwar geheim, und ohne darüber irgendjemandem Rechenschaft abliefern zu müssen. Google nutzt somit die Ressourcen der Medien nach Gutdünken, ohne dafür einen einzigen Cent zu zahlen. Die betroffenen Medienunternehmen werden dabei vor die Entscheidung gestellt: »Pest oder Cholera?«

Variante 1: Die Medienunternehmen stellen Google weiterhin ihre mit hohem personellen und finanziellen Aufwand erbrachten Inhalte gratis zur Verfügung und hoffen, dass ein Teil der User über Google auf ihren Webseiten landet. Oder gar eine Bezahlschranke akzeptiert und für diese Dienstleistung zahlt.

Variante 2: Die Medienunternehmen untersagen Google die kostenfreie Nutzung, was in der Regel bedeutet, dass die Zugriffszahlen auf den betroffenen Webseiten einbrechen. Ein paar Medien in Deutschland hatten im Herbst 2014 versucht, Google über die Variante 2 dazu zu zwingen, für Inhalte Geld zu zahlen, waren aber sehr schnell und kläglich gescheitert. In Spanien versucht man es jetzt über den Staat, was dazu geführt hat, dass Google seinen Dienst Google News in Portugal derzeit nicht mehr anbietet.

Auch in Deutschland geht der Kampf weiter. Einer, der gegen Google vorgeht, ist Dr. Thomas Höppner. Der Rechtsanwalt in der internationalen Wirtschaftskanzlei Olswang LLP ist spezialisiert auf den Wettbewerb im Bereich Medien und Technologie und gilt als Experte für das Recht der digitalen Gatekeeper.

2009 reichte er für den Bundesverband Deutscher Zeitschriftenverleger (BDZV) und den Verband Deutscher Zeitschriftenverleger (VDZ) die erste Kartellbeschwerde gegen Google in Deutschland überhaupt ein.

Heute vertritt er Mandanten aus verschiedensten Industrien in Rechtsstreitigkeiten gegen Google. Er hat unter anderem maßgeblich dazu beigetragen, dass drei Angebote von Google zur Beendigung des Europäischen Kartellverfahrens von der Kommission als unzureichend abgelehnt wurden.

In diesem Gastbeitrag beschreibt der Rechtsexperte, wie Google Inhalteanbieter um die Früchte ihrer Arbeit bringt und warum es diesen ökonomisch so schwerfällt, sich effektiv dagegen zur Wehr zu setzen:

Je mehr Inhalte Website-Betreiber Google überlassen, desto attraktiver wird die Suchmaschine. Doch je mehr Inhalte auf Google konsumiert werden, desto weniger Traffic verbleibt den Website-Betreibern. Google den Zugriff zu blockieren, ist auch keine Option. Am Ende werden Kartellbehörden oder der Gesetzgeber eingreifen müssen.

Googles Suchergebnisse bestehen aus Überschriften, Textauszügen und Vorschaubildern. Diese übernimmt Google von den Websites, die es im Internet gefunden hat. Die meisten Urheber der in den Suchergebnissen wiedergegebenen Inhalte haben die Fremdverwertung ihrer Werke durch Google nicht beanstandet. Regelmäßig begrüßen sie die Wiedergabe sogar. Sie erwarten, dass Google im Gegenzug ihren Websites zusätzlichen, monetarisierbaren Traffic vermittelt und dieser Vorteil den Nachteil der

Verwertung der Inhalte durch Google kompensiert. Zunehmend wird die Ausgeglichenheit dieses »Deals« jedoch bezweifelt und für die kommerzielle Verwendung von Premium-Inhalten durch die Suchmaschine eine Vergütung gefordert. Am deutlichsten haben dies einige Zeitungs- und Zeitschriftenverlage artikuliert, nicht zuletzt mit ihrer Forderung nach einem gesetzlichen Leistungsschutzrecht für Presseverleger. Die Problematik betrifft aber nicht nur die Presse, sondern alle Anbieter digitaler Inhalte, die einerseits darauf angewiesen sind, im Netz gefunden zu werden, andererseits hierfür aber nicht gleich ihre Inhalte unentgeltlich Google überlassen wollen.

Im ursprünglichen Geschäftsmodell der Suchmaschine war die Interessenlage noch recht ausgeglichen. Jeder bekam, was er wollte. Nutzer suchten Orientierung im WWW. Website-Inhaber wollten Nutzer erreichen. Suchmaschinen lieferten die benötigte Vermittlung zwischen beiden Marktseiten. Sie komplementierten das Angebot der Inhalte-Anbieter und senkten Transaktionskosten. Ihrer Vermittlerposition ist es immanent, dass die Suchmaschine mit den relevantesten Inhalten die meisten Nutzer anzieht und die meisten Suchanfragen wiederum die meisten Inhalte-Anbieter. Ökonomisch betrachtet, liegen insoweit beidseitig positive, plattformübergreifende Netzwerkeffekte vor. Sie führen zu einer Inhalte-Nutzer-Spirale: Je relevantere Inhalte eine Suchmaschine zugänglich macht, desto nützlicher und attraktiver wird sie für Nutzer. Aber je mehr Nutzer eine Suchmaschine hat, desto mehr Website-Betreiber wollen auf ihr (am) präsent(esten) sein und stellen ihr mehr Inhalte zur Verfügung. Gleichzeitig steigt mit der Anzahl der Suchanfragen das Potenzial zur Verbesserung der Suche, da die Maschine mehr Daten darüber gewinnt, was gesucht und was tatsächlich geklickt wird. Die sich selbst verstärkende Inhalte-Nutzer-Spirale begünstigt die Konzentration des Suchmaschinenmarktes, da sie die starken Anbieter schneller wachsen lässt und den kleinen die kritische Nutzermasse nimmt. Dies ist nicht per se negativ. Vielmehr kann wegen der beschriebenen Netzwerkeffekte theoretisch die stärkste Suchmaschine auch den volkswirtschaftlich größten Nutzen stiften, da sie Nutzern die relevantesten Inhalte und Inhalte-Anbietern die interessiertesten Nutzer am effizientesten zugänglich machen kann.

Ein tendenziell gegenläufiges Gewicht zur Monopolisierung des Suchmaschinenmarktes lieferte lange Zeit jedoch die dritte und für das Geschäftsmodell zentrale Marktseite kommerzieller Suchmaschinen, die Werbeseite.

Typischerweise wird Werbung von Nutzern ab einem bestimmten Umfang als störend und ablenkend empfunden. Bei im Übrigen gleicher Qualität und gleichem Preis bevorzugen Nutzer grundsätzlich Medien mit weniger Werbung. Dieser aus traditionellen mehrseitigen Medienmärkten wie TV und Radio gut bekannten Wechselwirkung zwischen Inhalt und Werbung sind in der Marktentstehungsphase auch zahlreiche Suchmaschinen zum Opfer gefallen. Anbieter wie Lycos und AltaVista, aber auch Yahoo, hatten zwar zu ihren Hochzeiten die führende Suchfunktionalität. Ihre zum Teil voreingestellte Bannerwerbung oder für den Nutzer uninteressante oder gar in den vermeintlich neutralen Suchergebnissen versteckte Textwerbung gefiel jedoch Nutzern nicht.

Anders liegt es bei Google. Es kann als Googles größte unternehmerische Leistung angesehen werden, die Werbung in einer Form mit der organischen Suche verknüpft zu haben, die für Werbekunden produktiv ist und von Nutzern nicht als störend, sondern als bereichernd empfunden wird. Der Schlüssel hierfür liegt in der Auswahl und Positionierung der zu Suchergebnissen eingeblendeten Anzeigen. Beides bemisst sich vereinfacht nach der Formel: Klickpreis mal Qualitätsfaktor der Anzeige. Der Klickpreis ist der maximale Preis, der in einer Auktion für die erfolgreiche Einblendung einer Anzeige zu einem bestimmten Suchbegriff geboten wird. Interessanter ist der Qualitätsfaktor, den Google fortlaufend anhand zahlreicher Kriterien jeder Anzeige zumisst. Die drei wichtigsten Kriterien für die Berechnung des Qualitätsfaktors sind die bisherige Durchklickrate der Anzeige, die Relevanz des Anzeigentextes sowie die Qualität der Zielseite, zu der die Anzeige führt. Die Qualität der Zielseite hängt maßgebend davon ab, ob Googles Crawler auf ihr für den Suchbegriff nützlichen Content finden, den es nur auf dieser Website gibt. Ein besonders geringer Qualitätsfaktor kann dazu führen, dass eine Anzeige überhaupt nicht berücksichtigt wird. Bei einem besonders hohen Qualitätsfaktor platziert Google Anzeigen hingegen sogar oberhalb der organischen Suchergebnisse. Anzeigen, die zu informativen Webseiten führen, können also trotz eines geringeren Preisgebots ganz oben auf der Ergebnisseite landen, während Anzeigen für weniger gut optimierte Zielseiten deutlich teurer werden und eine schlechtere Position erhalten.

Googles Auswahlverfahren für Werbeanzeigen hat dazu geführt, dass das Schalten von immer mehr Werbung auf der Plattform nicht dessen Attraktivität für die Nutzer schmälerte, sondern Googles Wachstum weiter beschleunigte. Zur positiven Inhalte-Nutzer-Spirale kommt bei Google nämlich jetzt noch eine positive Anzeigen-Nutzer-Spirale hinzu, was in der gesamten Medienlandschaft nahezu einzigartig ist: Je mehr und je qualitativ höherwertige Anzeigen auf Google zu immer spezielleren Keywords geschaltet werden, desto relevantere Anzeigen kann die Suchmaschine seinen Nutzern auf eine Suchanfrage präsentieren. Nutzer empfinden Werbung auf Google daher auch nicht als störend, sondern als Bereicherung. Dabei sind auf Google mehr Anzeigen als auf jeder anderen Plattform geschaltet. Hiervon profitieren umgekehrt auch die Werbetreibenden. Denn je interessanter die Anzeigen für Nutzer und je positiver ihre Erfahrungen mit einem Anklicken sind (weil die Zielseiten gut sind), desto wahrscheinlicher ist es, dass Nutzer auf eine Anzeige klicken (Click-through-Rate) und der Klick letztlich auch zu einer Transaktion führt (Conversion-Rate). Eine höhere Conversion-Rate, also mehr Umsatz pro bezahltem Klick, steigert die Rendite für Werbekunden. Das erhöht ihre Zahlungsbereitschaft pro Klick und damit Googles Umsatz pro Suche. Darum hat Google heute nicht nur die meisten Nutzer und Werbekunden, sondern ist auch noch am profitabelsten. Der weltweite Umsatz stieg kontinuierlich von 1 Milliarde US-Dollar im Jahr 2003 auf 59,83 Milliarden US-Dollar im Jahr 2013.

Während Googles System der Auswahl der Werbung für die Werbetreibenden und die Internetkunden positive Netzwerkeffekte erzeugt und damit den Nutzen erhöht, bewirkt es für die Nutzergruppe der Website-Betreiber eine negative Rückwirkung. Ihr Vorteil von einer Präsenz auf Google sinkt. Aus zwei Gründen:

Erstens senken die steigenden Ausgaben der Werbewirtschaft für Anzeigen auf Google das für Werbung auf den Websites (und den traditionellen Offline-Medien) der Inhalte-Anbieter verbleibende Werbevolumen. Zwar bilden Offline-Werbung, suchgebundene Online-Werbung und nicht suchgebundene Online-Werbung separate relevante Märkte. Gleichwohl besteht eine enge Wechselwirkung zwischen den verschiedenen Werbemärkten. Sie beruht darauf, dass das Gesamtbudget der Werbewirtschaft fix ist. Anzeigen auf Google sind heute ein »must have« für Werbekunden. Mehrausgaben bei der suchgebundenen Werbung führen daher automatisch zu einer Umschichtung der Werbebudgets weg von anderen Websites und Offline-Medien hin zu Google. Anbieter digitaler Premium-Inhalte, die diese auch durch Offline-Werbung refinanzieren, trifft dies doppelt.

Zweitens gehen mit der steigenden Click-through-Rate für Werbekunden spiegelbildlich sinkende Click-through-Raten für Website-Betreiber einher: Mehr Klicks auf Anzeigen bedeuten weniger Klicks auf organische Suchergebnisse. Gemessen am Gesamtwachstum des Traffics auf Google steigt der durch Google den Website-Betreibern vermittelte Traffic unterproportional. Im Ergebnis bezweckt Googles Qualitätsfaktor für Anzeigen die sukzessive Verdrängung organischer Suchergebnisse von den obersten Ergebnisplätzen durch Anzeigen für vergleichbar relevante Websites. Google gibt Werbekunden einen monetären Anreiz, ihre Websites mit eigenen Informationen aufzurüsten, um organische Suchergebnisse nach unten verschieben zu können, ohne dass Nutzer dies übel nehmen (oder auch nur merken). Anzeigen werden so zunehmend zu echten Substituten organischer Suchergebnisse. Langfristig wird dies zulasten aller Website-Betreiber und letztlich der Nutzer gehen. Website-Betreiber werden zunehmend gezwungen sein, für hinreichenden Traffic »die Seiten zu wechseln« und bei Google Anzeigen zu stetig steigenden Preisen zu schalten. Weil Google die Margen abgreift, leidet die Rentabilität anderer Websites. Damit wird Googles System letztlich zu einem geringeren Angebot an Websites und damit Wohlfahrtsverlusten für Nutzer führen.

Die negativen Rückwirkungen, die Googles Ausgestaltung der Werbung für Website-Betreiber hat, sind nicht der einzige Grund, warum sich über die letzten zehn Jahre das Machtverhältnis zwischen Suchmaschine und Inhalte-Lieferanten drastisch zu deren Lasten verschoben hat. Mindestens ebenso schwer wiegt Googles Entscheidung, selbst digitale Inhalte in eigens dafür geschaffenen Portalen anzubieten und diese in den organischen Suchergebnissen besonders herauszustellen. Googles erklärtes Geschäftsziel liegt im Angebot aller Informationen der Welt. Dafür entwirft Google Straßen-, Karten- und Satellitenbilder; scannt Millionen von Büchern; hostet Fotos und Agenturmeldungen; lässt täglich Videos, TV-Shows und Songs auf seine Seiten laden und entwirft Millionen von Places-Profilen, die Nutzer mit weiteren Bewertungen, Fotos, Angeboten und vielem mehr auffüllen. Kurzum: Google ist längst selbst Inhalte-Anbieter. Mit Google+ betreibt es darüber hinaus auch ein soziales Netzwerk, in das Nutzer weitere Inhalte füttern. Tatsächlich wurde Google durch die Ergänzung aller im Netz verfügbaren Informationen durch eigene Inhalte zur größten und umfassendsten Inhalte-Datenbank der Welt. Dabei ist Google das einzige Unternehmen, das alle verschiedenen Inhalte auf einer Plattform zentrieren kann. Da diese Plattform zugleich für die meisten Internetnutzer die erste Anlaufstelle im Internet ist, kann Google den Erwerb separater Medienträger (Zeitungen, Zeitschriften, Kabel-TV, Videos, Bücher etc.) überflüssig machen. In Zeiten zunehmender Digitalisierung entwickelt sich Google zum ultimativen »Allround-Medium« der Informationsbeschaffung.

Genau dieses Bild vermittelt Google auch seinen Nutzern. Bei ihnen entsteht der Eindruck, sie könnten sich das Aufrufen verschiedener, spezieller Inhalte-Websites sparen, da sie alle Antworten gebündelt auf Google finden. Google hat den effektiven technischen Zugriff auf nahezu alle Informationen aller speziellen Websites und zusätzlich noch einige eigene Inhalte, die man nur auf Google findet, da Dritten der Zugriff versperrt wird. Für Anbieter unvollständiger Datenbanken ist es aber kaum möglich, mit dem Anbieter einer umfassenden Datenbank zu konkurrieren. Solange Google weiterhin kostenlos auf alle Inhalte anderer Websites zugreifen kann, diese aber nicht auf Googles, wird die Suchmaschine den Wettbewerb um die Aufmerksamkeit der Nutzer und damit auch der Werbekunden (und/oder zahlungsbereiten Website-Betreiber) in jedem Inhalte-Segment gewinnen, in dem es tätig werden will.

Mit dem Angebot eigener Inhalte hat Google seine Rolle als neutraler Vermittler zwischen Nutzern und Website-Betreibern verlassen. Google komplementiert nicht mehr lediglich das Angebot von Inhalte-Anbieter um eine Suchfunktion, die alle Nutzer an die für sie relevanteste Website weiterleitet. Vielmehr ist die Plattform heute geradezu darauf gemünzt, dass Nutzer möglichst nicht auf externe Webseiten klicken, sondern auf Anzeigen oder Googles eigene Seiten. Dafür platziert Google auf Ergebnisseiten mindestens doppelt so viele Links zu eigenen Webseiten wie zu externen Webseiten. Wie die Europäische Kommission in ihrem Wettbewerbsverfahren herausgefunden hat, werden die eigenen Seiten zudem systematisch prominenter angezeigt als die Seiten von Wettbewerbern, selbst wenn diese für die Suchanfrage relevanter sind. Bei vielen Suchen ist die erste Ergebnisseite geradezu gefüllt mit Links zu Googles eigenen Portalen und Inhalten oder »direkten Antworten«, die Google aus dem Netz zieht und direkt auf der Ergebnisseite gibt. Nutzer klicken lediglich von einer Google-Webseite zur nächsten. Dadurch entsteht zunehmend eine Art virtuell abgegrenztes »Google-Internet«, in das zwar alle externen Informationen gezogen, aus dem aber immer weniger Nutzer entlassen werden. Für Inhalte-Anbieter bedeutet dies immer weniger durchgeleiteten Traffic. Denn in dem Umfang, in dem Nutzer bereits im »Google-Internet« alle sie interessierenden Informationen erhalten, klicken sie nicht mehr auf externe Websites durch. Nutzer müssen externe Websites nur noch für Details aufrufen, die nicht bereits auf Google einsehbar sind. Dieser Traffic macht aber nur einen immer kleiner werdenden Anteil des monetarisierbaren Gesamt-Informationsbedarfs der Nutzer aus. Website-Betreiber erhalten über Google also nur noch ein Stück des durch Google zuvor erheblich verkleinerten »Traffic-Kuchens«.

Unter Wettbewerbsbedingungen würde ein Rückgang des Nutzens einer Plattform für eine Nutzergruppe wie hier für die Website-Betreiber zu deren Verlassen der Plattform führen, wenn ihr Nutzenverlust nicht anderweitig kompensiert wird. Website-Betreiber könnten sich Googles Plattform dadurch entziehen, dass sie ihre Inhalte über den robot.txt Befehl für Googles Crawler sperren. In der Realität stellt dies mittlerweile für die meisten Betreiber jedoch nur eine rein theoretische Option dar, da ein Opt-Out aus Google eine Website praktisch unsichtbar und damit bedeutungslos macht. Mit einem Marktanteil von über 90 Prozent ist Google nun einmal der Standard-Wegweiser im Internet. Nutzer vertrauen der Suchmaschine so sehr, dass sie bei unbefriedigenden Suchergebnissen ihre Anfrage ändern oder auf irgendwelche Ergebnisse klicken, statt woanders zu suchen. Infolge der Konzentration des Verkehrs auf die Suchmaschine kann selbst nach Abzug der Klicks auf Anzeigen und auf Googles eigene Webseiten keine andere Plattform auch nur annähernd so viel Traffic verteilen wie Google. Die Suchmaschine ist der Flaschenhals zwischen Inhalte-Lieferanten und Nutzern, ähnlich dem Stromnetz für Stromlieferanten. Der Erfolg einer Website in Deutschland steht und fällt mit seinem Ranking auf Google. Wer nicht auf den ersten beiden Ergebnisseiten landet, existiert im Internet faktisch nicht. Darum kann sich keine Website eine Verschlechterung ihres Google-Rankings leisten. Dies wäre aber das Ergebnis einer Sperre von Inhalten mittels robot.txt, da Googles Algorithmus Websites auch nach den dort gefundenen Inhalten würdigt. Findet Google wegen einer Sperre keine Inhalte, erhält die Website ein schlechteres Ranking. Das führt zu weniger Traffic, da Nutzer auf höher platzierte Ergebnisse klicken. Zudem »bestraft« Googles qualitätsbasierte Auswahl von Werbeanzeigen Websites, die ihre Inhalte sperren. Sie müssen für Anzeigen einen höheren Klickpreis zahlen, da ihr Qualitätsfaktor sinkt, wenn Google keine Inhalte auf den Zielseiten der Anzeigen findet. Die meisten Website-Betreiber würden durch eine Sperre ihrer Inhalte also noch mehr Traffic verlieren, als Google ihnen durch sein Marktverhalten entzieht.

Wegen ihrer Abhängigkeit von Google können sich Inhalte-Anbieter mittlerweile nicht mehr aus eigener Kraft gegen die schleichende Entwertung ihrer Inhalte durch Google wehren. Sie sind faktisch in Googles Ökosystem gefangen, das ihnen Margen entzieht. Und je mehr sie sich auch bemühen, das System für sich fruchtbar zu machen, desto mehr feuern sie es doch nur zum eigenen Nachteil an. Denn Googles einziger Ratschlag für ein besseres Ranking und mehr Traffic ist, höherwertige Inhalte ins Netz zu stellen und deren Verwertung durch Google zu erleichtern. Doch dies nützt langfristig allein Google. Denn die Optimierung einer Website verbessert lediglich deren Ranking im Verhältnis zu gleichartigen externen Websites, nicht aber die Position gegenüber Google. Rüsten die anderen externen Websites nach, bringt Googles Ratschlag keinen Vorteil mehr. Im Gegenteil. Er stärkt Google dabei, Nutzer auf dem eigenen Portal zu halten. Denn je mehr Inhalte Google unentgeltlich zugänglich gemacht werden, desto mehr Material hat die Suchmaschine, um das Informationsbedürfnis der Nutzer selbst zu befriedigen und Klicks auf externe Websites entbehrlich zu machen.

Googles Weigerung, die den Inhalte-Anbietern zunehmend entstehenden Nachteile auszugleichen, stellt staatliche Institutionen vor eine schwierige ordnungspolitische Aufgabe. Sie müssen für eine angemessene Beteiligung der Inhalte-Anbieter an den Früchten ihrer Arbeit sorgen, dürfen aber nicht die mit Googles Wachstum für Nutzer und Werbekunden einhergehenden positiven Effekte gefährden. Nahe liegt, Anbieter von Premium-Inhalten an den Nutzengewinnen zu beteiligen, die Googles Wachstum erzeugt hat und die sich in stetig steigenden Werbeeinnahmen für Google manifestieren. Ein Leistungsschutzrecht für Premium-

Inhalte, wie es die Presseverlage erzielt haben, geht insoweit durchaus in die richtige Richtung, auch wenn das deutsche Gesetz handwerklich schlecht gemacht und damit im Ergebnis bislang ein zahnloser Tiger war. Urheberrechtliche Ansprüche werden allerdings nur flankiert durch eine enge kartellbehördliche Überwachung tragen, da Google seine Marktmacht dazu ausnutzen kann, Inhalte-Anbieter zu einem Verzicht auf ihre Rechte zu zwingen. Insbesondere kann Google stets damit drohen, Inhalte-Anbieter komplett aus der Google-Suche zu entfernen (oder schlechter zu ranken) und die damit unsichtbar zu machen, die ihre urheberrechtlichen Ansprüche gegen irgendeine Nutzungshandlung von Google geltend machen. So hatte Google im Juli 2011 auf eine erfolgreiche Urheberrechtsklage belgischer Zeitungsverleger und im August 2013 auf das deutsche Leistungsschutzrecht reagiert. Kartellbehörden werden auch entscheiden müssen, ob Googles Lieferung »direkter Antworten«, statt reiner Links, mit dem Verbot einer Behinderung und Ausbeutung von Website-Betreibern vereinbar ist. Scheitern die bestehenden kartellrechtlichen Instrumente und insbesondere die Bemühungen der Europäischen Kommission im laufenden Wettbewerbsverfahren gegen Google, wird bei fortschreitenden Konflikten eine Regulierung von Suchmaschinen unausweichlich werden. Angesichts der Dynamik von Internetmärkten wäre dies jedoch sicherlich der ordnungspolitisch schwierigste Schritt.

Contaxe – von Google in die Insolvenz getrieben?

Im Juli 2007 ging das Schweizer Unternehmen Contaxe mit der Geschäftsidee an den Start, Online-Werbung zielgruppengerecht auf Webseiten an Werbetreibende zu versteigern. Sechs Jahre später hatte Contaxe nach eigenen Angaben 22 000 Geschäftspartner in Deutschland, Österreich und der Schweiz.

Doch mittlerweile ist Contaxe insolvent und macht dafür Google verantwortlich.

So soll Google seine Marktmacht dazu benutzt haben, dass Werbung, die über Contaxe geschaltet worden war, über sogenannte AdBlocker von den Bildschirmen verbannt wurde. Contaxe erstattete deshalb zwei Kartellanzeigen gegen Google bei der EU-Kommission in Brüssel und prangerte in einer öffentlichen Stellungnahme die Geschäftspraxis des Internetriesen an:

»Die Liste der wettbewerbs- und damit rechtswidrigen Geschäftsmethoden von Google, die direkt oder auch indirekt Auswirkungen auf die Geschäftätigkeit von Contaxe hatte, scheint schier unendlich. Neben der Verknüpfung von mehr als 100 Google-Diensten mit seiner marktbeherrschenden Suchmaschine, Quersubventionierung und Bündelung von Diensten, Umleitung und Kontrolle von Internet-Traffic mittels Aufbau zusätzlicher infrastruktureller Dienste, wie u. a. Android, Google Chrome und Google DNS, direkter Manipulation von Suchergebnissen bei »Money-Keywords« zugunsten eigener Dienste und bevorzugten Kooperationspartnern und Kunden, Reglementierung von Websitebetreibern bei der Refinanzierung von Websites mit anderen Werbeprogrammen, Erzwingung von Google-Konto-Eröffnungen zur leichteren Erfassung personenbezogener Daten, Verknüpfung seiner Suchmaschinenwerbung auf einer Plattform mit Werbung auf Websites im Google-Display-Netzwerk, sowie mit Werbung auf mobilen Geräten, Bindung und Kontrolle von Mobile-Werbung durch den zwingenden Einsatz des Google-Betriebssystems Android, Google Play, Maps, wie auch anderer Google-Dienste auf Smartphones, Benachteiligung von Websites mit Contaxe Werbung, Ausgrenzung von Wettbewerbern durch Kooperationen mit ausgewählten Wettbewerbern auf hauseigenen Technologieplattformen, haben wir den Kartellämtern noch viele andere Beschwerdepunkte vorgelegt. Besonders schäbig jedoch ist die Tatsache, dass Google das fragwürdige

Geschäftsmodells Adblock Plus in erheblicher Weise, mit zweistelligen Millionenbeträgen, mitfinanziert hat. Damit wurde über
Jahre hinweg Contaxe Online-Werbung auf Webseiten auf
mindestens 15 Mio. Computern in Deutschland, Österreich und
der Schweiz blockiert, während Google-Werbung eingeblendet
wurde.«

Bislang verhallten diese Vorwürfe in Brüssel ungehört, klagte
Contaxe-Chef Matthias Hofmann öffentlich: »Wir gehen davon
aus, dass die EU-Kommission über die Tatsache marktmiss-
bräuchlichen Verhaltens durch Google seit Langem gut informiert ist. Wieso sie dennoch das vor allem für die klein- und
mittelständigen Unternehmen Europas existenziell wichtige Wettbewerbsverfahren gegen Google bereits über dreieinhalb Jahren
hinauszögert, ist unbegreiflich.«[296]

Wen Googles als Nächstes angreift

In seinem Geschäftsbericht erklärt Google, das Unternehmen
befinde sich in mehreren Branchen in einem starken Wettbewerb.
Ziel sei es, neue Kunden zu gewinnen und Stammkunden zu halten. Zu den Konkurrenten zählt Google alternative Suchmaschinen, Fach-Suchmaschinen, E-Commerce-Webseiten, soziale
Netzwerke, traditionelle Medienunternehmen, Mobilgerätehers-
steller und Anbieter von Online-Produkten und Online-Dienst-
leistungen. So heißt es im Google-Geschäftsbericht:
    »Unser Geschäft ist durch raschen Wandel und konvergierende
sowie neue und bahnbrechende Technologien gekennzeichnet. In
jedem Bereich unseres Geschäfts stehen wir gewaltiger Konkur-

....

[296] http://contaxe.com/

renz gegenüber, insbesondere durch Unternehmen, die die Menschen über das Web mit Informationen oder mit relevanter Werbung versorgen. Wir stehen im Wettbewerb mit:

► Suchmaschinen wie Yahoo und Microsofts Bing.
► Fach-Suchmaschinen und E-Commerce-Webseiten wie Kayak (Reise), Monster.com (Stellenanzeigen), WebMD (Gesundheit) sowie Amazon.com und eBay (E-Commerce). Einige Nutzer werden direkt zu solchen Webseiten navigieren, anstatt über Google zu gehen.
► Sozialen Netzwerken wie Facebook und Twitter. Einige Nutzer werden bei der Suche nach Produkten oder Dienstleistungen mehr diesen sozialen Netwerken vertrauen, anstatt diese Information über eine Suchmaschine zu generieren.
► Anderen Formen an Werbemöglichkeiten, wie im Fernsehen und Radio, in Zeitungen und Zeitschriften, auf Plakaten oder in den Gelben Seiten. Unsere Werbekunden inserieren in der Regel in mehreren Medien, und dies sowohl online als auch offline.
► Mobilen Anwendungen auf dem iPhone oder auf Android-Geräten, die es Anwendern ermöglichen, direkt, und ohne eine Suchmaschine zu benutzen, auf Informationen zuzugreifen, die ein Verlag veröffentlicht.
► Anbietern von Online-Produkten und Dienstleistungen. Eine Reihe unserer Online-Produkte und Dienstleistungen, einschließlich Google Mail, YouTube und Google Docs, stehen in direktem Wettbewerb mit neuen oder etablierten Unternehmen, die Kommunikation, Information oder Unterhaltung anbieten.«

Google wäre aber nicht Google, wäre das Unternehmen nicht längst bestens aufgestellt: mit Google Shopping und Google Base.

Google Shopping funktioniert wie ein Vergleichsportal, dem Online-Shops ihre Produkte samt Preise melden und die dann dem Vergleichsportal für jeden vermittelten Klick auf ihre Seite einen bestimmten Betrag zahlen. Mit Google Shopping ist Google (wie bereits erläutert) gerade dabei, eine ganze Branche auf den Kopf zu stellen und dieses einträgliche Geschäft selbst zu machen.

Wenn ein Anwender früher, in den Kindertagen von Google, nach einem Produkt suchte, zählte nur die Relevanz der jeweiligen Webseiten, die Google dann auflistete. Später wurde diese organische Suche durch AdWords ergänzt. Unternehmen ersteigern Anzeigenflächen oberhalb und rechts der organischen Suchergebnisse und zahlen per Klick einen bestimmten Betrag an Google. Für Google ist das das hinlänglich bekannte Milliardengeschäft. Rund 75 Prozent aller Erlöse, die Google über Anzeigen erzielt, sind Einnahmen über AdWords.

Mit Google Shopping geht Google noch einen Schritt weiter. Während die von der Konkurrenz bezahlten AdWords-Werbebuchungen rein textbasiert sind, zeigt Google direkt neben der organischen Suche die Produkte der Online-Shops in Text und Bild.

Wie üblich setzte Google dabei seine erfolgreiche Drei-Schritt-Strategie um. Nachdem die Vergleichsportale den Markt erfolgreich entwickelt und die Verbraucher das System verstanden hatten, folgte Schritt zwei: Google bot allen Shops an, ihre Produkte kostenlos über Google Shopping anzubieten. Innerhalb kürzester Zeit generierte Google in den entsprechenden Bereichen respektable Marktanteile. Zeit für Schritt Nummer drei: Im Februar 2013 beendete Google die kostenlose »Testphase« und kassiert seither von den Online-Shops klick-basierte Vermittlungsprovisionen.

Mit Google Base hat Google den nächsten Trumpf in der Hand. Das noch relativ unbekannte Google-Produkt ist eine Plattform, über die Anwender beliebige Waren oder Dienstleistungen handeln können. Google Base ist also für eBay und alle Immobilien-, Auto- und Stellenportale sowie sonstige Börsen ein mögliches Damoklesschwert.

Welche Auswirkungen dies haben kann, zeigt allein der Blick auf den Axel Springer Verlag, der sich zu Deutschlands führendem Digital-Verlag gewandelt hat. 2013 hat Springer rund 70 Prozent seiner Werbeerlöse digital erzielt. Springers Erfolg oder Misserfolg hängt also maßgeblich davon ab, wie sich das digitale Geschäft weiterentwickelt und was der große Monopolist Google zulässt.

Springer betreibt eine Vielzahl von Portalen, wie immonet.de (Immobilien Deutschland), immoweb.be (Immobilien Belgien), LaCentrale.fr (Auto Frankreich), meinestadt.de (Lokale Wirtschaft), SeLoger.com (Immobilien Frankreich), StepStone (Online-Stellenbörsen in Europa), totaljobs.com (Stellenbörse), yad2 (Immobilien-, Auto- und Kleinanzeigen Israel) und Yourcareergroup (internationale Stellenbörse für Hotellerie, Gastronomie und Tourismus).

Ebay, Amazon, Springer und viele andere Anbieter haben also mehrere Märkte erfolgreich entwickelt. Jetzt braucht Google nur noch Schritt 2 und 3 seiner Strategie anwenden, um auch hier ein Erdbeben auszulösen: über Google Base alle diese Dienstleistungen zunächst kostenlos anbieten und mit Schützenhilfe anderer Google Produkte, wie der Google Suche, schnell Marktanteile gewinnen. Und dann, wenn man sich im jeweiligen Markt etabliert hat, Google Base auf ein kostenpflichtiges Angebot umstellen und kräftig Kasse machen.

Hinzu kommt, dass Google mit seinem Produkt Checkout bereits ein eigenes Bezahlsystem für das Internet entwickelt hat und damit in direkte Konkurrenz zu der Ebay-Tochter Paypal getreten ist. Wenn sich Google mit Checkout durchsetzt, hat das Unternehmen eine weitere Schlüsselstellung eingenommen, an der die Konkurrenz nicht mehr vorbeikommt.

Google agiert wie ein erfolgreicher Monopoly-Spieler. Wenn man die meisten Straßenzüge besitzt, sollte man schnell Häuser und Hotels bauen, um so noch mächtiger und unangreifbarer zu werden. Ab einem gewissen Punkt wird es dann für jeden anderen Mitspieler unmöglich, das Blatt noch einmal zu wenden.

7. Google und die NSA

»Das Ausspionieren gibt es schon seit Jahren,
die Überwachung gibt es schon seit Jahren, und
so weiter, ich werde darüber kein Urteil fällen,
das ist die Natur unserer Gesellschaft.«
ERIC SCHMIDT, GOOGLE

Am 5. Juni 2013 begann Edward Snowden, ehemaliger Mitarbeiter des amerikanischen Geheimdienstes National Security Agency (NSA), die Welt darüber aufzuklären, wie die NSA, das britische Government Communications Headquarters (GCHQ) und andere westliche Geheimdienste in einem gigantischen Umfang die internationale Kommunikation systematisch abhörten und damit Unternehmen, aber auch Privatpersonen ausspionierten. Einzelheiten dieses totalen Überwachungssystems enthüllen streng geheime Dokumente, die der Whistleblower an sich gebracht und an Medien weitergegeben hatte.

Im Mittelpunkt steht dabei PRISM, das Überwachungsprogramm der NSA. Wie Dokumente belegen, die der britischen Zeitung »The Guardian« zugespielt wurden, konnten die Analysten der NSA über PRISM jede Zielperson individuell auswählen und dann deren Kommunikation direkt von den Servern mitschneiden. Zugriff hatte die NSA damit auf E-Mails, Text-, Audio- und Video-Chats, Videos, Fotos und andere Daten.

Von Anfang an gab es den Verdacht, dass solch eine perfekte Überwachung ohne die Unterstützung durch die großen Internetkonzerne technisch gar nicht möglich sei, was Marktführer Google entschieden bestritt.

»Google hat nie mit der NSA[297] zusammengearbeitet. Tatsächlich haben wir hart gegen das, was sie getan hat, gekämpft. Wir haben alle unsere Daten genommen und sie vollständig verschlüsselt, damit niemand an sie herankommt, besonders nicht die Regierung«, beteuerte Eric Schmidt[298] Mitte September 2014 in einem TV-Interview[299] mit dem amerikanischen Sender ABC.

Wirklich?

WikiLeaks-Gründer Julian Assange[300] hatte Google zuvor in einem BBC-Interview genau das Gegenteil vorgeworfen:

»Google's[301] Geschäftsmodell ist Spionage. Google macht 80 Prozent seines Umsatzes damit, Daten über Menschen zu sammeln, sie zusammenzufassen, sie zu speichern, sie zu katalogisieren und daraus Profile zu erstellen, um die Interessen und das Verhalten dieser Menschen vorherzusagen und diese Profile dann hauptsächlich an Werbekunden zu verkaufen, aber auch an andere. Das Ergebnis ist, dass die Arbeitsweise von Google praktisch identisch ist mit der von NSA oder GCHQ[302].«

In einem anderen TV-Interview mit Sky News warf Assange[303] Google vor, »auf institutioneller Ebene tief involviert in die ame-

....

[297] National Security Agency, größter Auslandsgeheimdienst der USA
[298] http://www.cnet.com/news/googles-schmidt-says-assange-detainment-is-luxury-lodgings/
[299] https://www.youtube.com/watch?v=EejoN7Z-OZE
[300] http://rt.com/news/188896-assange-google-nsa-spying/
[301] »Google's business model is the spy. It makes more than 80 percent of its money by collecting information about people, pooling it together, storing it, indexing it, building profiles of people to predict their interests and behavior, and then selling those profiles principally to advertisers, but also others. So the result is that Google, in terms of how it works, its actual practice, is almost identical to the National Security Agency or GCHQ.«
[302] Government Communications Headquarters, britischer Nachrichtendienst
[303] »They are formally listed as part of the defense industrial base since 2009. They have been engaged with the PRISM system, where nearly all information collected by Google is available to the NSA. At the institutional level, Google is deeply involved in US foreign policy.«

rikanische Außenpolitik zu sein«, und erklärte, dass Google »mindestens seit 2002 für die NSA« arbeite.

Seit 2009 sei Google formal als Teil der amerikanischen Rüstungsindustrie gelistet. Und Google arbeite auch am Überwachungssystem PRISM mit. Damit könne die NSA praktisch auf alle Daten zurückgreifen, die Google gesammelt habe.

Google, so Assange im BBC-Interview, sei alles andere als ein nettes Unternehmen, das den Bürgern mit seinen Produkten das Leben erleichtere:

»Google[304] täuscht die Menschen, indem es ihnen vorgegaukelt, eine verspielte, menschliche Organisation zu sein und kein großes, böses US-Unternehmen. Aber genau das ist es geworden. Google ist die wohl einflussreichste kommerzielle Organisation der Welt. Google hat sich in jedes Land der Erde ausgebreitet. Jede einzelne Person, die Zugang zum Internet hat, ist davon betroffen.«

»Assange ist paranoid. Google hat nie mit der NSA zusammengearbeitet«, entgegnete Eric Schmidt diesen Vorwürfen im ABC-Interview.

An dieser Behauptung von Eric Schmidt darf gezweifelt werden. E-Mails zwischen Google und der NSA, die der TV-Sender Al Jazeera[305] im Mai 2014 veröffentlichte, belegen genau das Gegenteil.

So verschickte Keith Alexander, der Chef der NSA, am Freitag, 23. Dezember 2011, eine E-Mail[306] mit der Betreffzeile »ESF Exe-

....

[304] »Google has tricked people into believing that it is ›a playful, humane organization‹ and not a ›big, bad US corporation‹. But in fact it has become just that ... it is now arguably the most influential commercial organization. Google has now spread to every country, every single person, who has access to the internet.«
[305] http://america.aljazeera.com/articles/2014/5/6/nsa-chief-google.html
[306] http://www.documentcloud.org/documents/1154294-nsa-google.html document/p2

cutive Steering Group«. Diese E-Mail ging, wie der weitere Inhalt ebenfalls belegt, an ein oberstes Mitglied des Lenkungsausschusses, der das Internet-Sicherheits-Projekt »Enduring Security Framework« steuert. Empfänger dieser E-Mail war Google-Gründer Sergey Brin.

In der E-Mail bedankte sich der NSA-Chef für die Unterstützung beim ESF-Projekt durch ranghohe Google-Manager[307] und unterstreicht dabei seh deutlich, was Google für die NSA ist: ein wichtiger Part der amerikanischen Verteidigungsindustrie.

»Sergey,

vielen Dank für die Teilnahme eures Teams beim Enduring Security Framework (ESF). Meiner Meinung nach ist die Arbeit des ESF von großer Wichtigkeit im Kampf gegen die Bedrohung im Cyberspace. Ich schätze es sehr, wie sich Vint Cerf, Eric Grosse und Adrian Ludwig während des vergangenen Jahres in dieses Projekt eingebracht haben.«

Vint Cerf, Eric Grosse und Adrian Ludwig – alles Schwergewichte, die Google in das Projektteam geschickt hatte:

Vint Cerf ist einer der Väter des Internets. Nach Abschluss seines Studiums war Cerf bis 1976 Assistenzprofessor für Elektrotechnik und Informatik in Stanford und entwickelte das Transmission Control Protocol (TCP) und das Internet Protocol (IP) und im September 1973 eine erste Version von TCP/IP.

Seit Oktober 2005 ist er als Vice President und Chief Internet Evangelist für Google tätig. In dieser Rolle soll er neue Technologien zur Verbesserung der Google-Dienste ausfindig machen und ein Aushängeschild für das Unternehmen darstellen. Außerdem

....

[307] »Sergey,

Thank you for your team's participation in the Enduring Security Framework (ESF). I see ESF's work as critical to the nation's progress against the threat in cyberspace and really appreciate Vint Cerf, Eric Grosse and Adrian Ludwig's contributions to these efforts during the past year.«

arbeitet Cerf als Gastwissenschaftler für die NASA. Für Aufsehen hatte Cerf im November 2013 gesorgt, als er auf einer Internet-Tagung[308] erklärte, Privatsphäre sei eine »Anomalie«.

Eric Grosse hat in Stanford studiert und verantwortet seit April 2007 als Vice President den Bereich »Security Engineering«. Er ist damit dafür zuständig, Googles Daten zu schützen.

Adrian Ludwig ist seit Mai 2011 bei Google und arbeitet dort im Bereich »Android Security«. Er studierte am elitären Williams College Mathematik. Und bevor er anschließend an der University of California in Berkeley seinen Master of Business Administration absolvierte, war Ludwig fast sieben Jahre als technischer Leiter im US-Verteidigungsministerium beschäftigt.

In der gleichen E-Mail erinnert NSA-Chef Keith Alexander Sergey Brin auch an das nächste Treffen des Lenkungsausschusses, das für den 19. Januar 2012 geplant sei[309]:

»Wir werden dort die ESF-Ziele für 2012 besprechen. Wir werden dort auch über einige Bedrohungen sprechen. Und darüber, wie wir diese Bedrohungen entschärfen. Ich freue mich auf dich und auf deine Teilnahme an der Diskussion. Dein internes Wissen als führendes Mitglied der Verteidigungsindustrie ist von hohem Wert, um sicherzustellen, dass die ESF-Anstrengen einen messbaren Erfolg haben werden.

Schöne Feiertage und beste Grüße   Keith«

....

[308] http://www.businessinsider.com/google-vinton-cerf-declares-an-end-to-privacy-2013-11
[309] »We will be discussing ESF's goals and specific targets for 2012. We will also discuss some of the threats we see and what we are doing to mitigate those threats.
I look forward to seeing you and to your participation in the discussions. Your insights, as a key member of the Defense Industrial Base, are valuable to ensure that ESF's efforts have a measurable impact.
Happy Holidays and best wishes,
Best,
Keith«

»Google hat nie mit der NSA zusammengearbeitet«, hatte Eric Schmidt noch Mitte September 2014 öffentlich im Fernsehen erklärt. In der E-Mail, die NSA-Chef Keith Alexander am 28. Juni 2012 an Eric Schmidt geschickt hatte, um ihn für ein geheimes Treffen an einem »sicheren Ort« am 8. August 2012 einzuladen, steht erneut genau das Gegenteil[310]:

»Eric,

schön, dass wir uns neulich nach der Sitzung getroffen haben. Vor drei Jahren haben die stellvertretenden Minister des Verteidigungsministeriums und des Ministeriums für Heimatsicherheit sowie 18 amerikanische Vorstandsvorsitzende das Projekt Enduring Security Framework gestartet, um Aktivitäten der Regierung und der Wirtschaft in Bezug auf wichtige und in der Regel geheime Sicherheitsfragen zu koordinieren. Eine kleine Gruppe von Vorstandsvorsitzenden laden wir zu solch einem Treffen am 8. August ins Silicon Valley ein. Angesichts der Bedeutung von Google in der Branche möchte ich Sie dazu einladen. Googles Beteiligung an Weiterentwicklung, Technik und Umsetzung solcher Lösung ist von entscheidender Bedeutung. (Sergey Brin hat an mehreren dieser Treffen teilgenommen, kann aber dieses Mal aufgrund von Terminkollisionen nicht kommen).«

Eric Schmidt antwortete postwendend noch am gleichen Tag (»General Keith ... so great to see you ...!«), musste aber ebenfalls eine Teilnahme aus Termingründen absagen.

....

[310] »Eric
It was good seeing you recently after the meeting earlier this month.
About three years ago, the Deputy Secretaries of DoD and DHS and 18 US CEOs launched an effort called the Enduring Security Framework (ESF) to coordinate government/industry actions on important (generally classified) security issues. ... We are convening a small group of CEO's for such a discussion in Silicon Valley on August 8th and I would like to invite you to attend given Google's prominence in the industry. Google's participation in refinement, engineering and deployment of the solutions will be essential (Sergey Brin has attended previous sessions but cannot make this meeting for scheduling purposes).«

Erstmals hatte die britische Zeitung *The Guardian* im August 2013[311] klare Beweise für die Verstrickung von Google in die Datenspionage des US-Geheimdienstes NSA vorgelegt.

Das Blatt berief sich dabei auf NSA-Dokumente, die ihnen der frühere US-Geheimdienstmitarbeiter Edward Snowden zugespielt hatte und die die Beteiligung von Google und anderen US-Unternehmen am Spionageprogramm PRISM untermauern.

Die Firmen hätten demnach Millionen US-Dollar für ihre Kooperation bekommen.

Eines der Dokumente ist ein als geheim eingestufter interner Newsletter der NSA vom Dezember 2012, in dem über Änderungen bei der Zusammenarbeit berichtet wird. Wörtlich heißt es dort[312]:

»Alle PRISM-Provider, mit Ausnahme von Google und Yahoo, wurden erfolgreich auf die neue Zertifizierung umgestellt. Wir erwarten, dass Yahoo und Google die Umstellung bis zum 6. Oktober beenden.«

Während Yahoo nach dieser Enthüllung einräumte, am PRISM-Programm beteiligt gewesen zu sein, bestritt Google weiterhin jede Zusammenarbeit mit der NSA:

»Wir haben uns nicht an PRISM oder einem anderen Überwachungsprogramm der Regierung beteiligt.«[313]

Im Gegenteil: Eric Schmidt ging auf Angriff über und kritisierte im November 2013 in einem Interview mit dem *Wall Street Journal*[314] die amerikanischen Sicherheitsbehörden.

....

311 http://www.theguardian.com/world/2013/aug/23/nsa-prism-costs-tech-companies-paid

312 »All PRISM providers, except Yahoo and Google, were successfully transitioned to the new Certifications. We expect Yahoo and Google to complete transitioning by Friday 6 Oct.«

313 http://www.welt.de/politik/ausland/article119345422/NSA-zahlte-Google-offenbar-Millionen-fuer-Daten.html

314 http://online.wsj.com/news/articles/SB10001424052702304391204579177104151435042

Anlass war ein Bericht der *Washington Post* gewesen, dass sich die NSA Zugang zu den Daten von Hunderten Millionen Nutzerkonten von Google und Yahoo verschafft haben sollte. Dazu sollte die NSA sich in die Leitungen der Rechenzentren eingeklickt haben, um die Botschaften dort in unverschlüsselter Form anzuzapfen, was NSA-Chef Keith Alexander allerdings umgehend dementierte. Eric Schmidt nutzte dennoch die Möglichkeit, öffentlich auf Distanz zur NSA zu gehen.

»Wenn es wahr ist, dass die NSA sich zwischen Googles Datenzentren geschaltet hat, wäre das wirklich haarsträubend«, sagte Schmidt dem *Wall Street Journal* und meinte, es sei »nicht in Ordnung«, zu welchen Schritten der Dienst bereit gewesen sei, um seine Aufgabe zu erfüllen. »Das ist einfach schlechte Publicity und vielleicht illegal.«

Und es ist vor allem schlecht fürs Geschäft.

»Am Ende machen wir das Internet kaputt«, warnte Schmidt schlagzeilenträchtig bei einem Branchengespräch im Oktober 2014 mit dem US-Senator Ron Wyden und sorgte sich damit wohl vor allem um Google.

In der amerikanischen IT-Industrie wachse laut Schmidt demnach die Befürchtung, dass im Ausland der Eindruck entstehe, US-Unternehmen könnten sich nicht gegen die Praktiken der NSA wehren. Folge: Ausländische Kunden könnten sich zurückziehen, was wiederum in den USA Arbeitsplätze kosten würde.

Gerade vor den Reaktionen der Europäer hat Schmidt dabei Angst.

»Wir sind sehr besorgt, dass dort eine Massenbewegung nach dem Motto ›Kauft europäisch‹ gegen amerikanische Internetprodukte entstehen könnte.«

8. Wie man sich als Bürger schützt

>»Wir wissen, wo du bist. Wir wissen, wo du
>warst. Wir wissen mehr oder weniger, was du
>gerade denkst ...«
>
>ERIC SCHMIDT, GOOGLE

»Ich bin ein normaler Bürger, der nichts zu verbergen hat. Warum sollte sich Google für mich interessieren?«, lautet die Standardantwort, wenn Menschen auf der Straße gefragt werden, ob sie bereit wären, gegen etwas Mühe ihre persönlichen Daten besser zu schützen.

Gegen diese laxe Haltung gibt es eine Reihe von Argumenten.

In der Kommunikation mit einer Suchmaschine offenbaren Menschen auch ihr Innerstes. Die Google-Suche wird auch gefragt, wenn es um Krankheit, Scheidung, sexuelle Orientierung oder finanzielle und berufliche Probleme geht. All dies wird bei Google gespeichert.

Google erstellt aus diesen intimen Suchanfragen persönliche Profile. Dies führt wiederum zu zwei Konsequenzen.

Zum einen werden die Antworten bei Suchanfragen entsprechend angepasst. Der User bekommt in Zukunft immer mehr ähnliche Antworten serviert, und es wird ihm dadurch immer schwerer gemacht, über den Tellerrand hinauszuschauen.

Zum anderen werden die User mit entsprechender Werbung überschwemmt. Gerade wenn ein Computer von mehreren Personen innerhalb der Familie oder der Firma genutzt wird, kann dies schnell kompromittierend werden, zum Beispiel, wenn plötzlich Werbung für Potenzmittel, Babyausstattungen oder Scheidungsanwälte aufpoppt.

Apropos, wenn Sie sich über nervige Werbung ärgern, gibt es nur eines: anklicken. In der Regel zahlen Werbekunden an den Anbieter einen bestimmten Betrag pro Klick. Ob es fair ist, den Werbekunden so zu schädigen, muss jeder für sich selbst entscheiden, aber bei dem einen oder anderen mag die Genugtuung überwiegen.

Wem seine Privatsphäre dennoch egal ist, der wird spätestens beim nächsten Punkt nachdenklich: Google-Nutzer müssen unter Umständen für das gleiche Produkt höhere Preise zahlen, warnt Gabriel Weinberg[315], der Gründer der alternativen Suchmaschine DuckDuckGo, in einem Interview mit der britischen Tageszeitung *The Guardian*. Über die persönlichen Profile kann Google nämlich einschätzen, wie sich die finanzielle Situation des jeweiligen Users darstellt und wie wichtig ihm ein bestimmtes Produkt ist, und dieses Wissen an Unternehmen verkaufen.

Beispiel: Ein Manager, der überraschend in der nächsten Woche zu einem Meeting nach Übersee fliegen muss, wird für das Ticket fast jeden Preis zahlen. Dito für das Hotel. Zahlt ja die Firma. Dagegen wird eine Familie, die einen Last-Minute-Urlaub plant, sehr preissensibel sein und nur dann reisen, wenn sie ein passendes Angebot bekommt.

Solch ein intimes Wissen kann also der Reiseveranstalter nutzen, um seine Profite zu erhöhen, indem es auf den Kunden individuell abgestimmt den möglichst maximalen Preis aufruft. Und für Google ist es nicht schwer, diese Kundengruppen auseinanderzuhalten. Zum Beispiel über die Analyse der Suchanfragen, über den Zugriff auf den Kalender oder über das Mitlesen von E-Mails über ein Google-Mail-Konto.

···············

[315] http://www.theguardian.com/technology/2014/apr/04/duckduckgo-gabriel-weinberg-secure-searches

Auf die Frage, ob dieses Tracking wirklich bereits dazu benutzt wird, bei Menschen, die man als Besserverdienende oder Spesenritter identifiziert hat, überhöhte Preise durchzusetzen, oder ob es sich um ein Worst-Case-Szenario handelt, hat Suchmaschinen-Experte Gabriel Weinberg eine klare Antwort[316]:

»Es ist real, es passiert bereits, und es wird zunehmen. Meine klare Meinung ist: Wenn Unternehmen an Informationen kommen, mit denen sie ihren Profit steigern können, werden sie das tun. Und zwar so lange, bis es verboten wird. Ich bin mir absolut sicher, dass es gemacht wird, aber die Menschen glauben noch nicht, dass es das bereits gibt.«

Also: Big Brother is watching you. Jeder Klick, jede Eingabe auf einem der vielen Google-Produkte wird von Google registriert, analysiert und gespeichert.

Doch damit nicht genug: Auch wer außerhalb der Google-Welt durchs World Wide Web surft, entkommt der Google-Überwachung nicht automatisch.

Ein Tipp der Datenschützer lautet deshalb immer wieder: »Schreiben Sie in einer E-Mail nichts, was nicht auf einer Postkarte stehen könnte.« Nur: Im Alltag ist dieser Ratschlag nicht umsetzbar.

Sowohl im beruflichen als auch im privaten Bereich werden aktuelle Informationen in der Regel über E-Mails ausgetauscht. Da normale Bürger oder Unternehmen kaum in der Lage sind, hochkomplexe Verschlüsselungsverfahren einzusetzen, können deren E-Mails sowohl von Geheimdiensten als auch von Krimi-

---

....

[316] The Guardian: »You've said before that tracking might be used to charge people more if their profiles reveal they have a lot of money. Is that something you can really see happening, or is it a worst-case scenario?«
Gabriel Weinberg: »It's real, and it already is happening, and will be increased. My general view is that if information is out there that can lead companies to improve their profits, then they will do so unless it's regulated against. So I definitely think it's out there, I think people just don't know that it exists yet.«

nellen mit relativ geringem Aufwand abgefangen und gelesen werden. Das heißt: Hundertprozentigen Schutz gibt es nicht, aber jeder User kann das Risiko zumindest minimieren.

Wichtigster Tipp: Sorgen Sie dafür, dass nicht alle Ihre Daten bei einem Internet-Unternehmen zusammenlaufen. Wer zum Beispiel regelmäßig mit Google sucht, sollte nicht auch noch ein Google-Mail-Konto haben, die Daten seines Android-Handys per Cloud auf den Servern von Google sichern und private Informationen über das soziale Netzwerk Google+ austauschen. Hilfreich ist es auch, sich mehrere E-Mail-Konten bei verschiedenen Anbietern zuzulegen, darunter, so weit möglich, anonyme.

Außerdem sollten Sie generell sehr sparsam mit der Preisgabe von persönlichen Daten sein, wie Wohnort, Alter, Familienstand und dergleichen. Was in der Theorie einfach klingt, ist in der Praxis aber oft nicht so leicht umsetzbar: In vielen Fällen werden diese Daten nämlich bei der Anmeldung auf einer Webseite oder bei der Bestellung eines Produktes Punkt für Punkt abgefragt, und ein Überspringen ist nicht möglich.

Nur: Während man bei der Buchung eines Flugtickets schon aus eigenem Interesse seine korrekten Daten angeben sollte, ist das in vielen Fällen nicht nötig. Und wenn Sie dies nicht in betrügerischer Absicht tun, auch legal.

Wenn Sie also mit unterschiedlichen Namen, Berufen, Geburtsdaten und Wohnorten aufwarten und Fragen nach persönlichen Einstellungen und Vorlieben immer anders beantworten, machen Sie es den Datenschnüfflern etwas schwerer, ein einheitliches und zutreffendes Profil zu erstellen.

Ein weiterer wichtiger Schritt zu mehr Privatsphäre ist es, nicht ausschließlich über Google zu suchen, sondern auch andere Suchmaschinen zu nutzen, wie Bing, Yahoo, Qwant, DuckDuckGo oder Ixquick, wobei die beiden Letztgenannten damit werben, generell nicht zu tracken, also keine Anfragen zu speichern.

Auch für Google Street View gibt es mit OpenStreetMap eine Alternative. Ebenso für den Cloud-Speicherdienst Google Drive mit Dropbox, SparkleShare und anderen Angeboten.

Egal, ob E-Mail-Konto, Handy-Betriebssystem oder Cloud, jede dieser Alternativen hat Vor- und Nachteile und bietet keinen hundertprozentigen Schutz vor Ausspähung. Aber alle Alternativen haben einen entscheidende Vorteil gegenüber dem jeweiligen Google-Angebot: Nicht alle Daten liegen nur bei einer einzigen Firma.

Wenn Sie im Internet surfen, übermittelt Ihr Rechner der jeweiligen Webseite automatisch zahlreiche Daten, wie Ihre IP-Adresse – also sozusagen Ihr Nummernschild im World Wide Web –, Ihren Standort, Ihr Betriebssystem und Ihre Browser-Version. Außerdem erfährt Ihr Gegenüber, über welche anderen Webseiten Sie auf diese Webseite gestoßen sind.

Verhindern können Sie dies, indem Sie eine Software wie TOR (»The Onion Router«) installieren. Dieses Programm verschleiert die IP-Adresse Ihres Rechners und sorgt dafür, dass Sie sich anonym durch das Internet bewegen können. Nachteil: Sie surfen langsamer.

Für jene, die nur ab und zu einmal anonym surfen wollen, gibt es sogenannte Web-Proxies, wie Vtunnel. Dabei wird keine Software installiert, sondern nur die Webseite angegeben, die man besuchen möchte. Nachteil auch hier: Das Surfen wird erheblich langsamer.

Wem dies zu aufwendig ist, der sollte zumindest verhindern, dass die beim Surfen besuchten Webseiten sogenannte Cookies auf dem eigenen Rechner installieren. Diese Dateien speichern Informationen, zum Beispiel, welche Seiten man wann besucht hat. Über die Einstellungen des Browsers kann man regeln, dass Cookies künftig blockiert werden. Allerdings geht dies zulasten der Bequemlichkeit. So wird dem User bei einer erneuten Web-Sitzung nicht mehr per Cookie mitgeteilt, welche Produkte er sich zum Beispiel bei Amazon bereits angesehen hat.

Wer das deshalb nicht möchte, sollte zumindest manuell alle Cookies von Zeit zu Zeit löschen.

Big Data: Nummer 4417749 identifiziert

Wie wenig anonym Suchanfragen sind, hat AOL im Jahr 2006 ungewollt der ganzen Welt gezeigt. Das Unternehmen, an dem Google beteiligt ist, veröffentlichte am 4. August 20 Millionen Suchanfragen von über 650 000 Nutzern, die über einen Zeitraum von drei Monaten, zwischen dem 1. März und dem 31. Mai 2006, aufgezeichnet worden waren. Alle Datensätze waren sorgfältig anonymisiert worden; persönliche Daten wie der Nutzername und die IP-Adresse waren durch Zahlen ersetzt worden.

Ursprünglich für Forschungszwecke gedacht, entwickelte sich die AOL-Veröffentlichung dennoch zu einem gigantischen öffentlichen Datenskandal und brachte AOL einen Eintrag in der Negativ-Hitliste[317] der »101 dümmsten Momente in der Wirtschaft« ein.

Obwohl das Unternehmen die anonymen Suchanfragen bereits drei Tage später, am 7. August, löschte, gelang es Journalisten und Bloggern mehrfach, die Identitäten von Personen allein über deren anonyme Suchanfragen zu ermitteln.

Berühmt wurde vor allem der Fall der AOL-Nutzerin 4417749, die von Reportern der *New York Times*[318] innerhalb von Stunden

---

[317] http://money.cnn.com/galleries/2007/biz2/0701/gallery.101dumbest_2007/57.html

[318] http://www.nytimes.com/2006/08/09/technology/09aol.html?pagewanted=1&_r=1

als Thelma Arnold, eine 62-jährige Witwe, wohnhaft in Lilburn im Bundesstaat Georgia, identifiziert wurde.

Die Reporter hatten dazu mehrere Hundert Suchanfragen, die Thelma Arnold in den vergangenen drei Monaten gestellt hatte, ausgewertet, Schnittmengen gebildet und anschließend mit dem Telefonbuch abgeglichen.

Zu den Anfragen, die Thelma Arnold stellte, gehörten zahlreiche Gesundheitsfragen, wie »taube Finger«, »Tremor«, »Nikotin«, »manisch-depressiv«, aber auch Lebenshilfen, wie »60 Jahre Single Männer«, »Hunde, die auf alles urinieren«, »Landschaftsgärtner in Lilburn« oder »Wo ist das Leben am sichersten?«.

Der Fall zeige, so die *New York Times*, wie viele private Details Menschen ungewollt von sich preisgeben, wenn sie die vermeintlich anonymen Suchmaschinen nutzen.

»Mein Gott, da wird mein ganzes Privatleben enthüllt. Ich hatte nicht gewusst, dass mir praktisch jemand über die Schulter schaut«, empörte sich dann auch Thelma Arnold im Interview mit der Zeitung.

Deutlich machte der Fall aber auch, wie schnell aus den Suchanfragen ein völlig falsches Persönlichkeitsprofil entstehen kann. Die 62-Jährige ist nämlich alles andere als »manisch-depressiv« und raucht auch nicht.

Die Wahrheit ist: Sie hat eine Reihe von Freunden, denen sie gerne mit Rat und Tat beiseitestehen möchte. Thelma Arnolds Fazit: »Jeder Mensch hat ein Recht auf Privatsphäre. Und niemand hätte dies über mich herausfinden dürfen.«

Ein Einzelfall? Mitnichten. Nur zwei Monate später stellte Netflix 100 Millionen Daten ausgeliehener Filme von fast einer halben Million Kunden anonymisiert Forschergruppen zur Verfügung, um das firmeneigene Filmempfehlungssystem zu verbessern. Wieder war es kein Problem, über die Megadaten die einzelnen Personen zu ermitteln. Besonders tragisch war der Fall für eine Mutter aus dem konservativen Mittleren Westen, von der bekannt wurde, dass sie lesbisch war.

Forscher an der University of Texas in Austin konnten zeigen, dass sie einen Netflix-Kunden in 84 Prozent der Fälle schon anhand seiner Bewertungen von sechs weniger geläufigen Filmen eindeutig identifizieren können. Ist auch das Datum der Bewertungen bekannt, kann der Kunde mit 99-prozentiger Wahrscheinlichkeit unter fast 500 000 Kunden in der Datenbank ermittelt werden.

9. Ausblick: Was ist zu tun?

> »Washington ist eine amtierende
> Protektionsmaschinerie ... Die Gesetze werden
> von Lobbyisten geschrieben.«
>
> ERIC SCHMIDT, GOOGLE

Google ist überall. Google beeinflusst unser gesamtes Leben. Google dringt in unsere Privatsphäre ein, Google definiert die Spielregeln der Wirtschaft, Google beeinflusst die Wissenschaft, und Google bestimmt mit über die politische Agenda. Google ist mächtig, übermächtig. Noch nie in der Menschheitsgeschichte hat eine einzelne Institution so viel Einfluss gehabt – und dies praktisch ohne jede Kontrolle.

Jeder demokratische Staat hat ein unverrückbares Fundament: das Primat der Politik. Als Spiegelbild der Gesellschaft entscheidet das frei gewählte Parlament über die Regeln des Zusammenlebens und erlässt Gesetze, an die sich alle Menschen halten müssen, die sich innerhalb der jeweiligen Grenzen aufhalten.

Doch das Internet hat unsere Welt grenzenlos gemacht. Mit positiven, aber auch negativen Folgen. So kann Google ungehindert in einer Vielzahl von Geschäftsbereichen als Monopolist auftreten und ganzen Branchen seine eigenen und rein von eigenen wirtschaftlichen Interessen geprägten Regeln oktroyieren.

Gesetzliche Schranken bei Monopolmissbrauch? Schutz für Mitbewerber? Fehlanzeige. Googles Supermacht ist grenzenlos.

Dass die Politik handeln muss, ist offensichtlich. Nur wie? Google ist ein grenzenloser, multinationaler Konzern, der sich den national geltenden Regeln und Kontrollen weitestgehend entzogen hat. Und ein weltweit geltendes »Internet-Regulierungsgesetz« über die Vereinten Nationen oder eine andere multinationale Organisation ist eine Utopie, zu groß sind die Interessen der USA, ihre Vorzeige-Industrie samt Google zu schützen.

Auch das deutsche Kartellrecht greift nicht, da es nicht darauf abzielt, Meinungsvielfalt zu sichern und damit Vielfaltsdefizite zu beheben. Außerdem sind Monopole nach deutschem Recht nicht untersagt. Verboten ist es nur, eine monopolistische Stellung auszunutzen.

Was also tun? Auf der Suche nach einer möglichen Lösung lohnt ein Blick auf ein anderes Massenmedium, auf den Rundfunk.

In Deutschland gibt es seit Jahrzehnten strengste Standards, die per Gesetz und ständiger Rechtsprechung des Bundesverfassungsgerichts Vielfalt im Rundfunkbereich garantieren und verhindern, dass einzelne Unternehmen Monopole aufbauen können. Warum? Weil die Politik weiß, welche Wirkung Massenmedien haben. Und wie fundamental wichtig eine freie und nicht manipulierbare Berichterstattung für eine demokratische Willensbildung ist. Hinzu kommen noch wichtige Aspekte wie der Jugendschutz oder das Verbot von Schleichwerbung.

Nachrichten, das ist heute oft Google. Und Fernsehen nicht selten YouTube.

In einem Gutachten hat Prof. Dr. Dieter Dörr[319] (Inhaber des Lehrstuhls für Öffentliches Recht, Völker- und Europarecht, Medienrecht der Johannes Gutenberg-Universität Mainz und Direktor des Mainzer Medieninstituts) deshalb herausgearbeitet, warum das deutsche Rundfunkrecht auch auf das Internet ausgedehnt werden müsste – und zwar unabhängig davon, ob

....

[319] Prof. Dr. Dieter Dörr und Wiss. Mit. Alexander Natt haben den Beitrag unter dem Titel »Suchmaschinen und Meinungsvielfalt – Ein Beitrag zum Einfluss von Suchmaschinen auf die demokratische Willensbildung« im Herbst 2014 in der Zeitschrift für Urheber- und Medienrecht (ZUM) veröffentlicht.

man das Internet als »Fernsehen« betrachtet oder nicht. Prof. Dörr beruft sich in seiner Argumentation vor allem auf das Grundgesetz.

»Dem grundrechtlichen Schutz der Berufsfreiheit nach Art. 12 Abs. 1 GG und der allgemeinen Handlungsfreiheit der Suchmaschinenanbieter stehen dabei sowohl die Informationsfreiheit der Konsumenten als auch die objektiv-rechtliche Gewährleistungspflicht des Staates, einen freien Austausch der Meinungen zu sichern, gegenüber[320]. Das Internet stellt als Massenkommunikationsmittel im Sinne des Art. 5 Abs. 1 Satz 2 GG ein »Grundrechtsverwirklichungsnetz«[321] dar. Dies kann den Staat zur gesetzgeberischen Ausgestaltung verpflichten. Dabei muss sich der Blick vor allem auf die Dogmatik des BVerfG[322] zur Rundfunkordnung richten. Bestätigen sich über diese Analyse die Parallelen zwischen der Sachlage, die zur Ausarbeitung der Rundfunkordnung geführt hat, und der Ausgangslage von Suchmaschinen als meinungsmächtige Einrichtungen, dann erhöht sich der Regelungsdruck auf den Gesetzgeber zusätzlich. Auch das Recht der Nutzer, sich umfassend und frei informieren zu können, ist Teil des verfassungsrechtlichen Auftrags der Meinungsvielfaltsicherung[323]. Nach ständiger und nicht unumstrittener[324] Rechtsprechung des BVerfG handelt es sich bei der Rundfunkfreiheit um eine ›dienende Freiheit‹ und damit um ein in erster Linie drittnütziges Freiheitsrecht, das der freien, individuellen und öffentlichen Mei-

---

[320] Vgl. zu dieser Diskussion Hain, K&R 2012, 98, 102 m.w.N.
[321] Kloepfer, AfP 2010, 120, 122.
[322] Bundesverfassungsgericht
[323] So BVerfGE 65, 1 42 ff.; auch Meckel, Vielfalt im digitalen Medienensemble. Medienpolitische Herausforderungen und Ansätze, 2012, S. 15
[324] Siehe hierzu Gersdorf, Grundzüge des Rundfunkrechts, 2003, Rn. 69 und Ricker/Schiwy, Rundfunkverfassungsrecht, 1997, B. Rn. 130 ff., jeweils m. w. N.; Fink, Wem dient die Rundfunkfreiheit?, DÖV 1992, 805, 806 ff.

nungsbildung dient.[325] Im Zuge dieser Deutung tritt die objektive Seite des Grundrechts in den Vordergrund vor die klassisch grundrechtliche Lesart als verbürgtes Freiheitsrecht des Einzelnen und Abwehrrecht gegen den Staat. Zwar werden durch Art. 5 Abs. 1 Satz 2 GG subjektive Rechte vermittelt, allerdings sind diese auf die objektive Seite des Grundrechts und damit funktionsbezogen ausgerichtet[326]. Die Sonderdogmatik des Rundfunks findet ihre Legitimation in dem hervorstechenden Wert des Rundfunks für den freiheitlichen demokratischen Rechtsstaat, der einen gewichtigen Beitrag zum öffentlichen Meinungsbildungsprozess leistet, und dieser Prozess letztendlich die Grundvoraussetzung für eine funktionsfähige Demokratie darstellt[327]. Die Rundfunkfreiheit ›bildet unter den Bedingungen der modernen Massenkommunikation eine notwendige Ergänzung und Verstärkung‹[328] des Prozesses freier Meinungsbildung. Dem Rundfunk kommt dabei wegen seiner besonderen ›Breitenwirkung, Aktualität und Suggestivkraft‹[329] eine übergeordnete Aufgabe zu, sodass nach Maßgabe des BVerfG eine positive Ordnung notwendig ist. Diese soll sicherstellen, ›dass die Vielfalt der bestehenden Meinungen [im Rundfunk] in möglichster Breite und Vollständigkeit Ausdruck findet und dass auf diese Weise umfassende Information

....

[325] Siehe hierzu Dörr/Schwartmann, Medienrecht, 5. Aufl. 2014, Rn. 169, 171 ff.; Degenhart, in: Bonner Kommentar, GG, Art. 5 Abs. 1 und 2, Rn. 623; zum dienenden Charakter der Rundfunkfreiheit grundlegend Burmeister, Medienmarkt und Menschenwürde, in: EMR (Hrsg.), EMR-Dialog, 1992, S. 38, 55 ff.; *Stock, Medienfreiheit als Funktionsgrundrecht*, 1985, S. 325 ff.; kritisch zu dieser Konzeption Hain, Rundfunkfreiheit als »dienende Freiheit« – ein Relikt?, in: Bitburger Gespräche 48, Jahrbuch 2007/1, 2007, S. 21, 22 ff.; Fink, Wem dient die Rundfunkfreiheit?, DÖV 1992, S. 805, 806 ff.
[326] Siehe hierzu Gersdorf, Grundzüge des Rundfunkrechts, 2003, Rn. 68; grundlegend Stock, Medienfreiheit als Funktionsgrundrecht, 1985, S. 325 ff.
[327] Vgl. hierzu Dörr/Schiedermair, Ein kohärentes Konzentrationsrecht für die Medienlandschaft in Deutschland, 2007, S. 14
[328] BVerfGE 57, 295, 320
[329] BVerfGE 90, 60, 87

geboten wird‹[330]. Aus dieser Rechtsprechung folgt die Aufgabe der Massenmedien, zu einer umfassenden Meinungsbildung beizutragen. Ziel muss es sein, die öffentliche Meinung auch mit Meinungsinhalten zu konfrontieren, die vielleicht noch nicht im Zentrum des gesellschaftlichen Fokus stehen. In Anbetracht der Revolution auf dem Markt der Medien durch das Internetzeitalter und der Bedeutung von Suchmaschinen für die Nutzung dieser Quelle zur Meinungsbildung drängt sich die inhaltliche Vergleichbarkeit auf.«

Artikel 5 des Grundgesetzes garantiert, wie geschildert, nicht nur das Recht auf freie Meinungsäußerung, sondern auch auf einen freien Zugang zu den Medien. Laut Prof. Dörr kann aber diese Garantie, dass jeder das Recht hat, »sich aus allgemein zugänglichen Quellen ungehindert zu unterrichten«, faktisch über ein Suchmaschinenmonopol eingeschränkt sein.

»Vor dem Hintergrund der (...) Realitäten der Suchmaschinennutzung und -struktur erscheint es mehr als fraglich, ob die Suchmaschinennutzer tatsächlich von der theoretisch möglichen Spannbreite an Informationsquellen im Internet Gebrauch machen können. Dass dies ohne besondere Hindernisse möglich sein muss, entspricht aber der verfassungsrechtlichen Gewährleistung einer freien und öffentlichen Meinungsbildung gemäß Art. 5 Abs. 1 GG. ... Durch die Programmierung der Such-Algorithmen und die Einrichtung der ›Auto-Complete‹-Funktion, sowie die Wahl der Kriterien zur Personalisierung der Suche gestaltet gerade ›Google‹ Suchergebnisse mittlerweile aktiv und entscheidet zumindest abstrakt-generell, was für den Nutzer relevant ist. Es besteht die begründete Gefahr, dass der Nutzer nicht mehr ›findet, was er sucht‹, sondern, dass er das findet, was

....

[330] BVerfGE 57, 295, 320

Google möchte, das gefunden wird. Hierdurch können den Such-maschinennutzern Informationen und Meinungen weitgehend unbemerkt vorenthalten werden. Der Eindruck der Suchmaschi-nennutzer, dass die Suchmaschine und ihre Suchergebnisse neut-ral, unabhängig und authentisch seien, entspricht demnach nicht der Realität.«

Den Fokus des Rundfunkrechts auf TV und Radio hatte das Bundesverfassungsgericht stets damit begründet, dass diesem eine besondere »Breitenwirkung, Aktualität und Suggestivkraft« zukommt[331]. Die zunehmende Konvergenz der Medien führt aber dazu, so Prof. Dörr, »dass neben das Fernsehen in großer Zahl weitere mediale Angebote treten, deren Bedeutung sich dem Fernsehen mehr und mehr annähert. Zudem sind die Unter-schiede zwischen dem Fernsehen als einer Form des einfachge-setzlichen Rundfunks und Online-Angeboten bei Weitem nicht mehr so ausgeprägt wie früher. Bei einzelnen Abrufangeboten besteht, abgesehen von der Linearität, überhaupt kein Unter-schied mehr.«

Prof. Dörr formuliert deshalb in seinem Gutachten eine klare For-derung an die Politik:

»Deshalb ist es notwendig, ein Medien übergreifendes Viel-faltsicherungsrecht zu schaffen, zumal das BVerfG stets betont hat, dass vorherrschende Meinungsmacht vor allem auch durch das Zusammenwirken verschiedener Massenmedien entstehen kann[332]. Ein solches Modell hätte zudem den Vorteil, dass es die Unzulänglichkeiten von sektorspezifischen Regulierungen ver-meidet, weil es die Realitäten cross-medialer Wirkungsformen aufnimmt. Hinzu kommt, dass auch der zunehmende Einfluss von Inhaltevermittlern Berücksichtigung finden kann. Ein sol-

....

[331] BVerfGE 90, 60, 87
[332] BVerfGE 73, 118, 175

ches umfassendes Meinungsvielfaltsicherungsrecht darf nicht ausschließlich oder vorrangig gesetzlich vorgegebenen Aufgreifschwellen folgen, sondern muss konsequent an den Merkmalen ›Breitenwirkung, Aktualität und Suggestivkraft‹ ausgerichtet sein, um der Dynamik einer sich ständig verändernden Medienwelt Rechnung tragen zu können. Zuschaueranteile oder Ähnliches können hier allenfalls Indizwirkung haben. Vorherrschende Meinungsmacht liegt nach den Vorgaben des BVerfG vor, wenn Einzelne die Möglichkeit erlangen, in hohem Maße ungleichgewichtigen Einfluss auf die Bildung der öffentlichen Meinung auszuüben[333]. Es ist sachgerecht, diese Kriterien in eine einfachgesetzliche Definition zu überführen. Die Gewichtung der einzelnen Angebote hat anschließend nach Maßgabe der ›Breitenwirkung, Aktualität und Suggestivkraft‹ zu erfolgen. Auf dieser Grundlage ist dann festzustellen, ob ein Anbieter mit der Gesamtheit seiner Angebote über einen dementsprechenden Einfluss verfügt. Mit der konkreten Anwendung der gesetzlichen Vorgaben sollte ein unabhängiges Expertengremium betraut werden, dem ein Beurteilungsspielraum zuzugestehen ist.«

Dass die Implementierung eines Medien übergreifenden Vielfaltsicherungsrechts nicht einfach wird, das weiß auch Prof. Dörr. Doch aus dem Grundgesetz ergibt sich eine klare Verpflichtung an die Politik, endlich zu handeln. Prof. Dörr: »Diese Schwierigkeit, geeignete Regulierungsinstrumente zu finden, entbindet den Gesetzgeber gleichwohl nicht von seinem verfassungsrechtlichen Handlungsauftrag.«

Höchste Zeit also, dass die Politik endlich ihre Verantwortung wahrnimmt und Spielregeln für ein faires Miteinander im Internet festlegt. Doch die Politik kann immer nur den Rahmen abste-

---

[333] BVerfGE 73, 118, 160

cken. Es liegt auch an jedem einzelnen Bürger, durch sein Verhalten ein Monopol zu verhindern oder zu überwinden. Das kostet Mühe und ist unbequem, aber so viel sollte uns unsere Freiheit wert sein.

10. Anhang

Das ABC der Google-Geschäftsfelder

Bereits heute ist Google weitaus mehr als eine Suchmaschine. Durch eine Vielzahl von Aufkäufen und Weiterentwicklungen hat Google eine kaum mehr zu überblickende Zahl an Geschäftsfeldern und Produkten.

Blogger: Ein Hosting-Service für Blogs, der von Pyra Labs 1999 entwickelt und von Google 2003 gekauft wurde. Mit Blogger ist es sehr einfach, Anzeigen über Google AdSense zu integrieren. Google vergrößert damit seine Möglichkeiten, über Blogs Anzeigen zu veröffentlichen.

Google 3-D-Galerie: Eine Funktion von SketchUp, mit der User 3-D-Modelle suchen, teilen und speichern können. Des Weiteren ist 3-D-Galerie die primäre Schnittstelle, um zum Beispiel Modelle von realen Gebäuden in Google Earth zu veröffentlichen.

Google AdSense: Webseiten-Betreiber können über Google Anzeigen verkaufen, die zum Inhalt der Seite passen, und damit Einnahmen erzielen. Dieser Service wurde 2003 gestartet und wird mittlerweile von zwei Millionen Webseiten-Betreibern genutzt. Google hat damit die Möglichkeit, Werbung unterzubringen, massiv ausgebaut. Kritiker raten jedoch Webseiten-Betreibern, diesen Service nicht zu nutzen. Die Gründe reichen von intransparenter Abrechnung, über Datenschutzfragen bis hin zu ungerechtfertigten Kündigungen durch Google wegen angeblicher Manipulationen.

So schreibt der Blog-Experte Karl-Heinz Wenzlaff in seinem Beitrag »Finger weg von Google AdSense«[334]: »Das Verfahren von Google AdSense ist durch ein ständiges Misstrauen zwischen dem Vermittler der Werbeleistung (Google) und den Leistungserbringern (Ihnen als Betreiber der Website bzw. des Business Blogs) gekennzeichnet. Im schlimmsten Fall werden Sie als Lieferant kriminalisiert, indem Google Ihnen Betrug unterstellt. Es sind genug andere da, die Ihnen nachfolgen möchten. Insofern hat Google keinen Mangel an neuen AdSense-Partnern.«

Google AdWords: Zunächst war Google werbefrei, um als schnellste Suchmaschine der Welt zügig Marktanteile zu generieren. Im Jahr 2000 hatte Google dann sein Ziel erreicht und konnte, auch dank immer besser werdender Übertragungskapazitäten, AdWords starten. Heute ist AdWords die wichtigste Cashcow für Google. 89 Prozent seines Umsatzes erzielt Google mit Werbung, und rund 75 Prozent davon gehen auf die Rechnung von Google AdWords.

Das Prinzip ist einfach, aber für Google genial: Der AdWords-Kunde bietet in einer computerbasierten Auktion um bestimmte Stichwörter, gibt Budget und Zeitrahmen vor und kann die Zielgruppe auch noch eingrenzen, zum Beispiel regional. Gibt dann ein User diese Stichworte in der Suche ein, erscheint oberhalb oder rechts von den Ergebnissen der organischen Suche der Link des AdWords-Kunden. Der wiederum muss nur dann zahlen, wenn der User auf den Link klickt. Ist das Budget des Werbekunden ausgeschöpft, oder bietet ein anderer Werbekunde mehr Geld, erscheint der Link nicht mehr.

....

[334] http://www.blogtrainer.de/2009/04/23/99-blog-tipps-finger-weg-von-google-adsense-2

Aber dieses System ist anfällig für Missbrauch. Während Google von einem »kleinen Problem« spricht und behauptet, mittlerweile technische Gegenmaßnahmen ergriffen zu haben, hat das Marketingunternehmen Outsell[335] bereits im Jahr 2009 eine Studie veröffentlicht, wonach es sich bei 14,6 Prozent aller Klicks um Betrug handle, der werbenden Wirtschaft also ein Gesamtschaden in Milliardenhöhe entstehe.

Bereits 2005 hatte deshalb ein Online-Händler unter anderem Google auf Schadensersatz verklagt. Wie üblich, einigte sich das Unternehmen außergerichtlich und zahlte im Rahmen eines gerichtlichen Vergleichs[336] 90 Millionen US-Dollar zurück.

Während es bei Werbung auf Webseiten häufig die Webseiten-Betreiber selbst sind, die die Anzeigen anklicken, um so ihre Einnahmen zu erhöhen, funktioniert die Betrugsmasche bei AdWords genau andersherum. Hier sind es häufig Konkurrenten, die die Anzeigen der Mitbewerber anklicken, um so deren Marketingausgaben nach oben zu treiben oder deren AdWords-Kampagne schneller zu beenden.

Perfide ist es auch, wenn ein potentes Unternehmen seine Stärke gegenüber einem schwächeren Konkurrenten ausspielt und dessen Suchbegriffe ersteigert. User, die nach der kleineren Firma suchen, werden dann über AdWords automatisch auf das dominantere Unternehmen geleitet. Die kleinere Firma könnte zwar versuchen, bei der AdWords-Versteigerung die stärkere Firma wieder zu überbieten, müsste dann aber weitaus mehr Geld zahlen.

Google Alerts: Über Google Alerts kann man sich per E-Mail informieren lassen, wenn es neue Online-Nachrichtenbeiträge

....

[335] http://www.businessweek.com/stories/2006-07-06/counting-up-click-frauds-toll
[336] http://www.heise.de/newsticker/meldung/Grosse-Allianz-gegen-Klickbetrug-148346.html

zu Themen gibt, die man vorher festgelegt hat. Google bekommt dadurch einen sehr detaillierten Einblick in die Interessen und Vorlieben der Google-Alerts-Nutzer. Und: Dieser Dienst ist zwar derzeit kostenlos, aber Google hat jederzeit die Möglichkeit, dies zu ändern und Google Alerts kostenpflichtig zu machen.

Google Analytics: Mithilfe von Google Analytics können Webseiten-Betreiber den Traffic auf ihrer Site analysieren. So liefert das Tool Daten zur Anzahl der Besucher oder über den Weg, den die Besucher auf den jeweiligen Sites einschlagen. Allerdings: Diese Daten hat dann auch Google. So heißt es in den Nutzungsbedingungen[337] unmissverständlich:

»Sie erklären sich damit einverstanden, dass Google oder seine verbundenen Unternehmen Informationen über Ihre Benutzung des Service (einschließlich und ohne Einschränkung auch von Kundendaten) speichert und für die Zwecke der Bereitstellung des Webanalyse- und Trackingdienstes nutzt.«

Soll heißen: Wer als Unternehmen Google Analytics nutzt, liefert automatisch die Daten seiner Kunden an Google weiter.

Und für den User heißt das: Google muss gar nicht explizit in Erscheinung treten, um an all die Daten zu kommen, da User in der Regel nicht wissen, ob auf der Webseite, die sie gerade besuchen, Google Analytics eingesetzt wird oder nicht. Im Hintergrund loggt Google Analytics sogar die IP-Adressen der Surfer, was nach deutschem Recht eindeutig personenbezogene Daten sind, die erst nach Zustimmung des Betroffenen gespeichert werden dürfen. Da aber Google die Seiten nicht selbst betreibt, ist der Konzern fein raus und kann die Verantwortung auf den jeweiligen Webmaster abschieben. Lapidar empfiehlt Google deshalb allen Webmastern, in den Datenschutzerklärungen auf

....

[337] http://www.google.de/analytics/terms/de.html

die Verwendung von Google Analytics hinzuweisen. Nur: Um das Kleingedruckte zu lesen, muss der User zunächst auf die betreffende Seite gehen – und ist damit bereits gespeichert.

Dennoch ist Google Analytics weit verbreitet. Der Grund: Während andere Analyseprogramme viel Geld kosten, eilt Google Analytics der Ruf voraus, gratis zu sein – was nicht in jedem Fall stimmt und was sich jederzeit ändern kann. So heißt es in den Nutzungsbedingungen[338]:

»Vorbehaltlich einer Änderung der Bedingungen nach Klausel 14 wird der Service unentgeltlich für bis zu zehn Millionen Hits monatlich pro Account erbracht. Google ist berechtigt, die Entgelte und Zahlungsbedingungen für den Service von Zeit zu Zeit zu ändern, einschließlich der Einführung zusätzlicher Entgelte für geografische Daten, für die Einführung von Kosten-Daten aus Suchmaschinen oder anderer Entgelte, die Dritte von Google oder seinen verbundenen Unternehmen für die Aufnahme von Daten in den Service beanspruchen ...«

Google Appliance: Mit der Google Appliance vermietet Google seine Suchtechnologie an Firmen, die damit ihren gesamten Datenbestand durchsuchen können.

Google Apps: Seit 2006 bietet Google ein Office-Paket als Cloud-Lösung an. Zunächst war dieser Service, der unter anderem E-Mail, Kalender, Instant Messaging oder Dokumentenaustausch ermöglicht, kostenlos. Im Dezember 2012 kündigte Google dann an, die kostenlose Variante von Google Apps einzustellen und nur noch die Varianten »Google Apps for Business« für Unternehmen, »Google Apps for Government« für die Verwaltung sowie »Google Apps for Education« im Bildungsbereich

....

[338] http://www.google.com/analytics/terms/de.html

anzubieten. Nach Angaben von Google[339] nutzten 2012 mehr als fünf Millionen Unternehmen weltweit Google Apps for Business. Außerdem wird Google Apps for Education von 66 der 100 größten Universitäten der Vereinigten Staaten verwendet. Doch auch bei Google Apps gibt es Zweifel in Bezug auf die Datensicherheit. So hat Schweden[340] allen untergeordneten Behörden untersagt, Google Apps einzusetzen.

Google Base: Für eBay und alle Immobilien-, Auto- und Stellenportale sowie sonstigen Börsen ist Google Base ein Damoklesschwert. Der Google-Service ermöglicht es Anwendern, beliebige Informationen und Warenangebote abzulegen, die dann wiederum von allen Anwendern über diesen Dienst auffindbar sind. Google ist somit in der Lage, jeder Plattform sofort heftige Konkurrenz zu machen.

Welche Auswirkungen dies haben kann, zeigt allein der Blick auf den Axel Springer Verlag, der sich zu Deutschlands führendem Digital-Verlag gewandelt hat. 2013 hat Springer rund 70 Prozent seiner Werbeerlöse digital erzielt. Springers Erfolg oder Misserfolg hängt also maßgeblich davon ab, wie sich das digitale Geschäft weiterentwickelt und was der große Monopolist Google zulässt.

Springer betreibt eine Vielzahl von Portalen, wie immonet.de (Immobilien Deutschland), immoweb.be (Immobilien Belgien), LaCentrale.fr (Auto Frankreich), meinestadt.de (Lokale Wirtschaft), SeLoger.com (Immobilien Frankreich), StepStone (Online-Stellenbörsen in Europa), totaljobs.com (Stellenbörse), yad2

....

[339] http://techcrunch.com/2012/06/28/gmail-now-has-425-million-users-google-apps-used-by-5-million-businesses-and-66-of-the-top-100-universities/

[340] https://gigaom.com/2013/06/13/swedes-say-no-to-google-apps-for-government-use/

(Immobilien-, Auto- und Kleinanzeigen Israel) und YOUR-CAREERGROUP (internationale Stellenbörse für Hotellerie, Gastronomie und Tourismus).

Sollte Google in einen dieser Märkte eintreten, wird erwartet, dass der US-Konzern seine Dienstleistung zunächst kostenlos anbietet, um der Konkurrenz möglichst schnell Marktanteile abzujagen.

Aufhorchen lässt auch, dass Google mit seinem Produkt Checkout ein eigenes Bezahlsystem für das Internet entwickelt hat, somit noch flexibler agieren könnte wie die bisherigen Anbieter.

Google Bildsuche: Mit mehr als 880 Millionen indizierten und für die Ansicht zur Verfügung stehenden Bildern ist die Google-Bildsuche laut eigenen Unternehmensangaben die umfassendste im Web.

Google Blog-Suche: Google-Suchtechnologie, die sich auf Blogs konzentriert.

Google Buchsuche: Auf der Frankfurter Buchmesse kündigten Larry Page und Sergey Brin das Projekt Google Buchsuche an. Demnach will Google bis 2015 rund 15 Millionen Bücher mit rund 4,5 Milliarden Seiten einscannen und den Inhalt – zumindest auszugsweise – öffentlich zugänglich machen. Google schloss deshalb mit einer Reihe von Universitäts-Bibliotheken, wie der Bibliothek der Stanford University, entsprechende Vereinbarungen ab, um deren Bestände Seite für Seite zu erfassen.

Verlage und Autoren reagierten empört und pochten per Klage auf ihre Urheberrechte. Google argumentierte dagegen in den USA mit dem Fair-Use-Prinzip. Das Fair-Use-Prinzip ist eine im anglo-amerikanischen Gesetz verankerte Einschränkung des

Urheberrechts. Demnach darf eigentlich urheberrechtlich geschütztes Material auch ohne Autorisierung von anderen genutzt werden, wenn es der öffentlichen Bildung dient.

Nach einem acht Jahre andauernden Rechtsstreit wurde im November 2013 im Urheberrechtsverfahren der amerikanischen Authors Guild gegen Google der Antrag auf einen Geschworenenprozess abgewiesen und gleichzeitig festgehalten, dass Google Books grundsätzlich durch das Fair-Use-Prinzip gedeckt sei.

Bereits zuvor hatte Google Werke komplett veröffentlicht, deren Urheberschutz bereits abgelaufen war. In Deutschland ist dies in der Regel 70 Jahre nach dem Tod des Urhebers der Fall.

Abseits des Urheberrechts sieht der Präsident der Französischen Nationalbibliothek, Jean-Noël Jeanneney, in der Google Buchsuche ein weiteres Problem[341]: Da Google vor allem Werke in amerikanischen Bibliotheken und damit in englischer Sprache scanne, führe dies unweigerlich zu einer nordamerikanischen Hegemonie. Außerdem gerate über Google die für das Selbstverständnis der Nationen so wichtige kulturelle Überlieferung in die Hände der Privatwirtschaft:

»Im kulturellen Bereich, aber auch in allen anderen Bereichen, würde das Ungleichgewicht der Welt zunehmen, und eine dominante Kultur würde den Status einer Hypermacht bekommen.«[342]

Da Google über Werbung, die neben den Trefferlisten erscheint, Geld verdient, bestehe, so Jeanneney, die Gefahr, dass jene Bücher oben platziert würden, die die größten Werbeeinnahmen brächten – anstelle des vielleicht wichtigsten Titels. Folgen sind eine »Konzentration auf die Massenkultur sowie die Vernachlässigung des Neuen, Unbekannten und Minoritären«.

....

[341] http://www.deutschlandradiokultur.de/warnung-vor-einer-nordamerikanischen-hegemonie.950.de.html?dram:article_id=133820

[342] Ebd.

Google Checkout: Mit diesem Dienst hat Google im Juni 2006 ein eigenes Online-Bezahlsystem gestartet und ist damit in direkte Konkurrenz zum Bezahldienst PayPal getreten, der zu eBay gehört. Mittlerweile wurde das Bezahlsystem auch auf mobile Endgeräte ausgeweitet und in Google Wallet umbenannt.

Google Custom Search (früher Google Co-op): Benutzerdefinierte Suchmaschine, mit der eigene und fremde Webseiten individuell durchsucht werden können. Die Basisversion ist kostenlos, weitere Versionen, die zum Beispiel Werbung ausfiltern, sind dagegen kostenpflichtig.

Google Desktop: Suchmaschine für den eigenen Computer oder das eigene Netzwerk. 2011 hat Google die weitere Entwicklung eingestellt. Zuvor hatten Datenschützer massiv vor Google Desktop gewarnt, da bei der Suchfunktion über mehrere Rechner interne Dokumente von der Festplatte des Nutzers auf zentrale Server von Google kopiert wurden. Zu der Unsicherheit, ob die Daten auf einem Google-Server entsprechend geschützt sind, kam noch eine rechtliche Besonderheit. Für Dateien, die auf einem Server liegen, gelten in den USA geringere Datenschutzbestimmungen als für Inhalte, die sich nur auf der Festplatte eines PCs befinden. Somit wurde es amerikanischen Ermittlungsbehörden über Google Desktop leicht gemacht, im Fall des Falles ganz offiziell an die möglicherweise sensiblen Daten zu kommen.

Google Drive: Ursprünglich in Deutschland als »Google Text & Tabellen« und später als »Google Docs« bezeichnet, ist Google Drive eine Webanwendung, mit deren Hilfe die Dateien zwischen verschiedenen Rechnern und Google-Benutzern bereitgestellt, gespeichert und synchronisiert werden können. Zusätzlich bietet Google Drive Funktionalitäten für Textverarbeitungen, Tabellenkalkulationen, Bildschirmpräsentationen, Formulare und Zeichnungen an. Für Aufregung hatte Google mit der ersten Fassung seiner deutschsprachigen Allgemeinen Geschäftsbedingungen gesorgt. Hier hatte sich das Unternehmen das Recht eingeräumt[343], die vom Benutzer erstellten Dokumente weiterzuverwenden. Später erklärte Google, es habe sich um einen Übersetzungsfehler gehandelt.

Da Google aber alle Daten auf seinen Servern abspeichert, ist auch bei Google Drive das Thema Datenschutz ungelöst. Über seine Nutzungsbedingungen (siehe auch Google Maps) hat sich Google jedenfalls weitreichende Rechte eingeräumt, auf die möglicherweise vertraulichen und internen Daten der Google-Drive-Nutzer zuzugreifen.

Google Earth: Über dieses 3-D-fähige Tool können sich Interessenten detaillierte Satellitenbilder von nahezu jedem Punkt der Erde detailgenau ansehen. Bei der neuesten Version dieses Dienstes, der seit Juni 2005 angeboten wird, hat Google die Anzahl von hochauflösenden Bildern vervierfacht. Dabei ist Deutschland nunmehr komplett mit hochauflösenden Satellitenaufnahmen erschlossen worden. Daneben existieren mit Google Earth Pro und Google Earth Plus auch kostenpflichtige Versionen mit erweiterten Funktionen wie etwa der GPS-Integration. Mittlerweile ist Google Earth um Google Street View erweitert worden. An einer Reihe von Orten ist es damit möglich, von der Satellitenaufnahme zur Straßenansicht umzuschalten.

Google Finance: Im März 2006 hat Google einen Börsendienst mit einer Mischung aus Aktienkursen und -charts, Nachrichten und Unternehmensdaten gestartet. Als Quelle dienen über 4500 internationale Websites, die über Google News und Google Blog Search eingebunden sind. Um sekündlich-aktuelle Daten bereit-

....

343 http://www.golem.de/0709/54623.html

stellen zu können, hat Google Vereinbarungen mit den großen Börsendatenlieferanten NYSE, SEC und NetCoalition getroffen. In Google Finance kann auch das eigene Depot hinterlegt werden, um einen schnellen Überblick über die Performance zu haben. Seit 2008 verkauft Google auch Werbung auf Google Finance.

Wie bei allen seinen Diensten überwacht Google die Seitenaufrufe, was zu einem börsenrelevanten Wissen führen kann. Wird zum Beispiel eine Negativmeldung über ein Unternehmen massiv abgerufen, kann man davon ausgehen, dass es im Anschluss zu massiven Verkäufen kommt, die dann zu Kurseinbrüchen führen. Umgekehrt kann ein ungewohnt hohes Interesse an einer Produktpräsentation dazu führen, dass die Zahl der Aktienkäufe zunimmt und der Aktienkurs steigt. Google sitzt also mal wieder an der Quelle und kann aus seinem Herrschaftswissen ohne große Probleme jederzeit Kapital schlagen.

Google Groups: Hier kann man Diskussionsforen (oder »Gruppen«) zu bestimmten Themen finden sowie eigene starten. Mittlerweile ist dieses Angebot auch über Mobilgeräte erreichbar. Anders als bei vielen anderen Anbietern speichert Google alle Einträge aber dauerhaft. Da die Aussagen der Autoren permanent in Google Groups auffindbar und mit ihrem Namen verknüpft sind, lässt sich insbesondere bei Usern, die öfter oder regelmäßig schreiben, ein detailliertes Persönlichkeitsprofil erstellen, das auch von Dritten abgerufen werden kann. Zwar räumt Google den Nutzern das Recht ein, Beiträge wieder zu löschen, aber nur dann, wenn dies über das damals benutzte E-Mail-Konto passiert. User, die ihr E-Mail-Konto zum Beispiel durch einen Arbeitsplatzwechsel geändert haben, müssen ein bürokratische Verfahren samt eidesstaatlicher Versicherung abgeben, um einen peinlichen Kommentar von einst wieder zu löschen[344].

....

[344] https://www.bfdi.bund.de/bfdi_forum/showthread.php?t=2052

Google Hangout: Dieser Service ermöglicht Gruppendiskussionen per Videoanruf mit bis zu zehn Teilnehmern sowie den Austausch von Nachrichten, Fotos oder Emojis (Zeichen). Voraussetzung: Gmail oder Google+.

Google Health: Im Mai 2008 startete Google eine Plattform, auf der User alle ihre Gesundheitsdaten zentral in einer elektronischen Patientenakte ablegen konnten. In einer Talkshow schwärmte Larry Page[345] noch im März 2014 von den Möglichkeiten, obwohl Google das Projekt bereits zum 1. Januar 2012 beendet hatte:

»Wäre es nicht phantastisch, wenn die Krankenberichte von allen anonym für Ärzte in der Forschung verfügbar wären? Wenn jemand in der medizinischen Forschung auf deinen Krankenbericht zugreift, könntest du sehen, welcher Arzt darauf zugegriffen hat und warum. Du könntest vielleicht mehr über deine Beschwerden erfahren.«

Größtes Akzeptanzproblem bei Google Health war in der Tat der Datenschutz. So wären Daten deutscher Patienten nicht nach dem sehr strengen deutschen, sondern nach amerikanischem Recht behandelt worden. Zwar gibt es auch in den USA einen gesetzlich verankerten Schutz von Gesundheitsdaten, doch daran gebunden sind nur Versicherungen und Gesundheitsversorger, nicht ein branchenfremdes Unternehmen wie Google.

Google Kalender: Seit 2009 bietet Google einen Kalender an, über den User Termine verwalten und mit Freunden oder Angehörigen über das Internet abstimmen können. Problem auch hier: Alle Daten liegen damit auf den Servern von Google.

---

[345] http://www.ted.com/talks/larry_page_where_s_google_going_next

Google Labs: Als Spielwiese für Google-Techniker und experimentierfreudige Google-Nutzer gedacht, wurde Google Labs am 17. Oktober 2011 eingestellt. Offizielle Begründung: Google wolle in Zukunft seine Kräfte auf weniger Projekte bündeln.

Google Mail: Das Herzstück in Googles Bestreben, tiefste Einblicke in die Welt seiner Nutzer zu bekommen, ist Google Mail, ehemals Gmail. Der werbefinanzierte Web-E-Mail-Dienst ist zwar monetär kostenlos, aber die Nutzer zahlen mit ihren Daten. Google Mail ist mittlerweile das wichtigste Verknüpfungselement, mit dem sich die Informationen verschiedener Dienste wie Orkut, Google Alerts, Google Sitemap, Google Blogger, Google News Alerts, Google Calendar oder die personalisierte Suche zu einem Profil zusammenfügen lassen. Und es ist praktisch unmöglich, Google Mail nicht zu nutzen, zumindest dann nicht, wenn man auf andere Google-Dienste nicht verzichten will, da Google für deren Nutzung ein Google-Mail-Konto verlangt.

Über das Programm Content Extraction ist Google in der Lage, alle E-Mails, die sich in einem Google-Mail-Konto befinden, zu lesen, auszuwerten und daraus Nutzerprofile zu erstellen. Betroffen sind also auch User, die kein Google-Mail-Konto haben, aber Mails an ein Google-Mail-Konto geschickt haben.

Google beschwichtigt, das Programm Content Extraction laufe völlig automatisch durch Computerprogramme ab und kein Google-Mitarbeiter bekomme den Inhalt der E-Mails zu Gesicht. Und Google beteuert auch immer wieder, keine Profile seiner Nutzer anzulegen. Doch genau das ist der Inhalt des »Content Extraction«-Patents[346], mit dem Google seine Schnüffeltechnik geschützt hat: »Werbung über die Nutzung von Informationen aus E-Mails«. Werbetreibende seien so in der Lage, zielgerichtete Anzeigen in privaten E-Mails zu buchen.

....

346 http://www.epic.org/privacy/gmail/patents/20040059712.pdf

Ein konkretes Beispiel in diesem Patent handelt von einem Wein-liebhaber[347], der vorher im Web nach Weinen gesucht und dann per E-Mails einem Freund Wein empfohlen hat. Google hat all diese Aktivitäten registriert, und aufgrund dieser Daten könnte jetzt ein Weinhändler auf die beiden potenziellen Kunden zuge-hen. Mag Wein noch ein harmloses Beispiel sein, über seinen Datingservice Orkut hat Google auch Einblick in die sexuellen Präferenzen seiner User.

Google Maps: Der Service beinhaltet Karten, Satellitenbilder, Routenplaner und Informationen zu Unternehmen, wie etwa Standorte und Kontaktinformationen. Wer Google Maps nutzt, stimmt automatisch zu, dass Google eine ganze Reihe von Daten erfasst, wie das Unternehmen in seiner Datenschutzerklärung[348], der jeder User zustimmen muss, erklärt:

»Wir erfassen möglicherweise gerätespezifische Informatio-nen, beispielsweise das Modell der von Ihnen verwendeten Hard-ware, die Version des Betriebssystems, eindeutige Gerätekennun-gen und Informationen über das Mobilfunknetz, einschließlich Ihrer Telefonnummer. Google verknüpft Ihre Gerätekennungen oder Telefonnummer gegebenenfalls mit Ihrem Google-Konto.«

Gerade wenn Google Maps über ein mobiles Endgerät genutzt wird, können dadurch ganze Bewegungsmuster ermittelt werden, was Google auch (im Kleingedruckten) zugibt:

»Bei der Nutzung standortbezogener Google-Dienste erfassen und verarbeiten wir möglicherweise Informationen über Ihren

....

[347] [0072] information about a recipient (for example, derived from the sender (e.g. sender's address book entry or contact information for recipient, etc.); derived from interactions with the sender; or based on a profile or information about the sender who is sending a message to the recipient (e.g. sender is a wine enthusiast and has recently searched for and/or browsed on pages related to wine, suggesting that recipient may also be interested in wine); etc.;

[348] http://www.google.com/intl/de/policies/privacy/

250

tatsächlichen Standort, wie zum Beispiel die von einem Mobil-
funkgerät gesendeten GPS-Signale. Darüber hinaus verwenden
wir zur Standortbestimmung verschiedene Technologien, zum
Beispiel Sensordaten Ihres Geräts, die beispielsweise Informationen über nahe gelegene WLAN-Zugänge oder Mobilfunkmasten
enthalten können.«

An dieser Datenschutzerklärung, die Google im Frühjahr 2012
veröffentlicht hat, hagelte es massenhaft Kritik. So veröffentlichte
die französische Datenschutzaufsicht Commission Nationale de
l'Informatique et des Libertés (CNIL) eine Analyse[349], die zum
Schluss kam, dass es für die Verknüpfung von personenbezoge-
nen Daten im beschriebenen Ausmaß »keine rechtliche Basis«[350]
gäbe. Außerdem kritisierten die französischen Datenschützer,
dass Googles Einlassung durch Formulierungen wie »beispielsweise«, »gegebenenfalls« und »möglicherweise« viel zu vage
gehalten sei:

»Google-Nutzer können nicht feststellen, welche Daten bei den
Diensten verarbeitet werden, die er nutzt, und zu welchem Zweck
sie weiterverwendet werden.«

Auch blieb Google der CNIL eine entscheidende Antwort auf
die Frage schuldig: »Wie lange maximal und wie lange werden in
der Regel personenbezogene Informationen gespeichert?«

....

[349] http://www.cnil.fr/fileadmin/documents/en/GOOGLE_PRIVACY_POLICY-_
RECOMMENDATIONS-FINAL-EN.pdf

[350] »For these purposes, there is no valid consent from the user, in particular
because the user is not aware of the exact extent of the combination of data.
Google's interests to implement the extensive combination of data detailed
above are overridden by the interests for fundamental rights and freedoms of
the data subject and therefore, the legal ground of the legitimate interests may
not apply, unless Google clearly limits the scope and duration of the combination
of data and provides simple and effective rights to the data subjects. Finally,
Google did not provide significant examples of combination of data realized for
the performance of a contract that would justify such a large collection and
combination of data.«

Google News: Die per Computer erstellte Internet-Nachrichten-seite wurde 2002 gestartet und ist mittlerweile in über 43 Ländern in mehr als 20 Sprachen verfügbar. Allein in Deutschland wertet Google dafür nach eigenen Angaben mehr als 700 Nachrichten-quellen aus – ohne dafür jedoch den Nachrichtenlieferanten, also in der Masse den Verlagen, ein Honorar zu zahlen (siehe auch Höpfner, Copy, Paste und Kasse). Die Verlage fühlen sich dadurch von Google in die Ecke getrieben. Sie könnten zwar Google die kostenlose Nutzung ihrer Nachrichten untersagen, müssten dann aber befürchten, dass sie von den Usern nicht mehr wahrgenom-men werden, da Google, das bei Suchmaschinen einen Markt-anteil von über 90 Prozent hat, dann nicht mehr auf diese Seiten verlinken würde.

In Spanien, wo es ebenfalls einen heftigen Streit um das soge-nannte Leistungsschutzrecht gibt, hat die Politik jetzt Fakten geschaffen. Ende Oktober 2014 hat das Parlament einer Reform des »Gesetzes über geistiges Eigentum« zugestimmt, die zum 1. Januar 2015 in Kraft getreten ist. Demnach müssen Suchmaschi-nenbetreiber eine Abgabe zahlen, wenn sie fremde Texte nutzen.

Bis zum Schluss hatte Google alles unternommen, um diese Abstimmung zu verhindern. Besonders bemerkenswert ist in die-sem Zusammenhang die Reise des amerikanischen Autors und Internet-Experten Jeff Jarvis nach Spanien, der auf einer Konfe-renz in Madrid erklärte, dass die neue Regelung »unnötig« und »gefährlich« sei und »enorme Konsequenzen für die Freiheit und die Öffnung im Netz haben« werde. Spanien werde zu einem »internetfeindlichen Gebiet«. Die Gesetzesreform werde »nach und nach die journalistischen Firmen töten, weil niemand eine Gebühr für Verlinkungen wird zahlen wollen«.

Jarvis ist kein Unbekannter. Der Professor für Journalismus an der City University of New York wurde 2007 und 2008 vom Welt-wirtschaftsforum in Davos zu einer der 100 wichtigsten Medien-persönlichkeiten weltweit gekürt.

Was öffentlich kaum thematisiert wird, ist aber Jarvis' auffällige Nähe zu Google. So ist Jarvis der Autor des Buches »What would Google do?«, in dem er Google als Goldstandard der Wirtschaft darstellte.

Doch damit nicht genug: Auf seinem Google+-Account ist sich Jarvis nicht zu fein, Google-Produkte, wie das Buch von Google-Chef Eric Schmidt, anzupreisen[351]. Und in seinem Blog buzzmachine.com verhöhnte Jarvis unter dem Titel »Oh, die Deutschen« die deutschen Verlage, die beim Kampf um das Leistungsschutzrecht im Oktober 2014 klein beigeben mussten. Unter einer amerikanischen Karikatur vom Ende des Zweiten Weltkriegs textete Jarvis voller Hohn[352]:

»Die deutschen Verlage, verfeindet mit Google – sowie mit Verlinkungen und dem Internet –, haben sich selbst gedemütigt. Sie haben vor Google kapituliert und zugestimmt, dass weiterhin zitiert und verlinkt werden darf. Wie groß von ihnen.«

Und weiter im Text verglich Jarvis dann den Axel Springer Verlag mit japanischen Soldaten[353], die auf einer einsamen Insel seien und immer noch glaubten, dass der Krieg gegen Amerika andauere.

Kein Einzelfall: So sprang Jarvis im Januar 2012 Google im Streit mit Rupert Murdoch öffentlich bei und veröffentlichte in

....

351 Jeff Jarvis postete am 22.9.2014: »+Eric Schmidt's and +Jonathan Rosenberg's How Google Works is now for sale at half-off on Google Play, of course. (I'm waiting to hear European publishers use this to cry antitrust.)
I'm eager to read it. But also dreading to find out where What Would Google Do? was wrong ...«

352 Jeff Jarvis am 23.10.2014 auf buzzmachine.com: »German publishers warring with Google — and the link and the internet — have now completed their humiliation at their own hands, capitulating to Google and allowing it to continue quoting and linking to them. How big of them.«

353 Jeff Jarvis am 23.10.2014 auf buzzmachine.com: »Like Japanese soldiers stuck on an island thinking the war continues, Axel Springer has declared that Google must take down snippets from four of its brands: Die Welt, and the auto, sport, and computer subbrands of Bild.«

der britischen Zeitung *The Guardian* unter dem Titel[354] »Rupert Murdoch versteht nicht, wie das Internet funktioniert« eine Polemik gegen den Medienmogul. Und im September 2014 machte Jarvis auf buzzmachine.com einen Brief von Robert Thomson, CEO von Murdochs News Corp, an den damaligen EU-Wettbewerbskommissar Joaquín Almunia unter dem polemischen Titel »Der zynischste Brief der zynischsten Firma« öffentlich.

In seinen Anmerkungen ließ der Journalismus-Professor dann jede journalistische Distanz vermissen und verteidigte Google energisch und emotional. So entgegnete Jarvis mit scharfen Worten dem Vorwurf von News Corp, Google benutze seine Marktmacht, um Wettbewerb zu ersticken[355]:

»Im Kampf um die Werbe-US-Dollars haben sich die Wettbewerber selbst das Wasser abgegraben. Google hat den Werbekunden ein besseres Angebot gemacht. Und noch wichtiger: Google hat den Nutzern einen besseren Service angeboten. Google behandelt mich als Individuum, gibt mir Wertschätzung und Wert. Massenmedien behandeln mich immer noch als ... Masse. Darin liegt die wesentliche Herausforderung. Und die Medien haben es bislang versäumt, in diesen Wettbewerb einzutreten.«

Bereits im September 2009 hatte Jarvis auf seinem Blog[356] klar Position für Google bezogen:

....

354 http://www.theguardian.com/commentisfree/2012/jan/16/rupert-murdoch-in-ternet-google

355 Anmerkung von Jeff Jarvis: »The competition for advertising dollars stifled itself. Google offered them a better deal. More importantly, Google offered users a better service. Google treats me as an individual giving me relevance and value. Mass media still treats me as ... a mass. Therein lies the essential challenge media competitors have not begun to grapple with.«

356 Jeff Jarvis am 5. September 2009 unter dem Titel »Google bigotry« auf buzzmachine.com: »Google has an image problem – not a PR problem (that is, not with the public) but a press problem (with whining old media people). Google is trying hard – too hard, perhaps – not to argue with the guys who still buy ink by the barrel. Google is only causing them to buy fewer barrels. And newspaper people will use their last drops of ink to complain about Google's

»Google hat ein Imageproblem, aber kein PR-Problem (also keines mit der Öffentlichkeit). Google hat ein Problem mit der Presse (und zwar mit alten Journalisten, die nur rumheulen). Google versucht intensiv, vielleicht sogar zu intensiv, nicht mit diesen Menschen zu streiten, die Tinte immer noch in Fässern kaufen. Google sorgt nur dafür, dass sie mittlerweile weniger Tintenfässer kaufen. Aber diese Zeitungsleute werden die letzten Tintentropfen dafür nutzen, um sich über Googles Erfolg zu beschweren und um Google für ihre eigenen Fehler verantwortlich zu machen, statt ihr eigenes Geschäft zu ändern.«

Dabei hatte Jarvis rund ein Jahr zuvor in seiner Kolumne für die Zeitung *The Guardian* klar beschrieben, was seiner Meinung nach die Basis des Geschäftsmodells der Zukunft sein wird: nämlich Vertrauen[357].

»Vertrauen wird die Basis der neuen Wirtschaft sein. … Google weiß dank unserer Links und Clicks, welcher Seite wir vertrauen. Wir vertrauen keinen Banken mehr. Himmel! Die vertrauen sich ja selbst nicht. Auf Google vertrauen wir.«[358]

Google Notebook: Dieses Organisations- und Informationswerkzeug ermöglicht ganz im Trend von Web 2.0, eigene Daten und Rechercheergebnisse online zu managen und auch Dritten bereitzustellen.

Google Notizbuch: Ohne das Browser-Fenster zu verlassen, kann man Textausschnitte, Bilder und Links von Webseiten auf Google

....

success and try to blame it for their own failures rather than changing their own businesses.«

357 Jeff Jarvis am 17. November 2008 unter dem Titel »Guardian column: The Google economy« auf buzzmachine.com: »Trust itself is becoming the basis for new business. … Google knows which sites we trust with our links and clicks. We don't trust banks anymore; hell, they don't trust each other. In Google we trust.«

358 Analog zu einem Wahlspruch der USA: »In God we trust.«: »In Google we trust.«

Notizbuch übertragen. Dieser Service wurde im Juli 2012 eingestellt. Alle Daten wurden dabei auf Google Docs exportiert, das
mittlerweile in Google Drive aufgegangen ist.

Google Pack: Das Google Pack enthielt rund ein Dutzend Pro-
gramme, die kostenlos aus dem Netz heruntergeladen werden
konnten. Mangels Erfolgs wurde Google Pack 2011 eingestellt.

Google Picasa: Die Fotomanagement-Software kann für die
Bearbeitung, Organisation und Veröffentlichung digitaler Bilder
benutzt werden. Offiziell ist dieser Dienst kostenlos – für normale
Nutzer ohne Google+-Konto jedoch nur bis zu einem Gigabyte.
In den Nutzungsbedingungen räumt sich aber Google nicht nur
das Recht ein, diese Regeln jederzeit zu ändern, sondern der User
gibt auch sein Exklusivrecht an den Aufnahmen ab. Und zwar für
immer. Dort[359] heißt es:
»Wenn Sie Inhalte in unsere Dienste hochladen oder auf andere
Art und Weise in diese einstellen, räumen Sie Google (und denen,
mit denen wir zusammenarbeiten) das Recht ein, diese Inhalte
weltweit zu verwenden, zu hosten, zu speichern, zu vervielfälti-
gen, zu verändern, abgeleitete Werke daraus zu erstellen (einschließlich solcher, die aus Übersetzungen, Anpassungen oder
anderen Änderungen resultieren, die wir vornehmen, damit Ihre
Inhalte besser in unseren Diensten funktionieren), zu kommunizieren, zu veröffentlichen, öffentlich aufzuführen, öffentlich anzu-
zeigen und zu verteilen. … Diese Rechtseinräumung bleibt auch
dann bestehen, wenn Sie unsere Dienste nicht mehr verwenden.«

Google Produktsuche: Siehe Google Shopping.

....
[359] https://www.google.com/intl/de/policies/terms/

Google Reader: Der webbasierte Feedreader fasste Meldungen gewünschter Online-Medien unter einer Oberfläche zusammen, sodass für jeden Nutzer ein personalisiertes Nachrichtenportal entstand. Google Reader wurde im Oktober 2005 als Teil der Google Labs erstmals veröffentlicht und wurde Anfang Juli 2013 eingestellt.

Google Scholar: Die spezielle Suchmaschine, die der allgemeinen Literaturrecherche wissenschaftlicher Dokumente dienen soll, wurde im November 2004 gestartet. Google Scholar durchsucht dabei sowohl kostenlose Dokumente aus dem freien Internet als auch kostenpflichtige Angebote. Zumeist werden als Treffer Volltexte oder zumindest bibliografische Nachweise angezeigt. Google Scholar analysiert und extrahiert die in den Volltexten enthaltenen Zitate und erstellt daraus eine Zitationsanalyse. Dennoch rügen Experten, dass Google Scholar intransparent sei: »Im Vergleich zu Fachdatenbanken bietet Google Scholar zurzeit nicht die Transparenz und Vollständigkeit, die viele Nutzer von einem wissenschaftlichen Informationsangebot erwarten werden. Als Ergänzung der Recherche in Fachdatenbanken – v.a. durch die Abdeckung einer Reihe von Open-Access-Zeitschriften – kann Google Scholar aber durchaus nützlich sein.«[360]

Ein weiterer Nachteil von Google Scholar ist, dass es aufgrund der Google-Kooperationen mit amerikanischen Universitäten englischsprachige Werke übergewichtet. Hinzu kommt das übliche Google-Problem: die Spirale des Mainstreams. Durch immer mehr Suchanfragen wird die herrschende Meinung verstärkt, und Minderheitenmeinungen geraten immer weiter in den Hintergrund (siehe auch: Google macht die Welt dümmer).

....

[360] Philipp Mayr, Anne-Kathrin Walter, Abdeckung und Aktualität des Suchdienstes Google Scholar, Informationszentrum Sozialwissenschaften, Bonn http://www.ib.hu-berlin.de/~mayr/arbeiten/Mayr-Walter_IWP06.pdf

Google Shopping: Einst als Froogle und später als Google Pro-duktsuche eröffnet sich Google mit Google Shopping einen komplett neuen Markt. Google arbeitet dabei nach seiner bewährten Drei-Punkte-Strategie: Erstens, den Markt von anderen Unternehmen entwickeln lassen. Zweitens, ein ähnliches Angebot kostenlos anbieten, um dann mit der Schützenhilfe der anderen Google-Produkte schnell Marktanteile zu generieren. Und drittens, das kostenlose Angebot auf ein kostenpflichtiges Angebot umstellen (siehe auch: »E-Commerce unter Googles Gnaden«). Vergleichsportale werfen Google vor, damit seine Marktmacht zu missbrauchen, und haben eine entsprechende Kartellanzeige bei der EU-Kommission eingereicht.

Google SketchUp: Mit der leistungsstarken und leicht erlernbaren Software lassen sich 3-D-Modelle entwickeln, die nach Freigabe durch Google auch in Google Earth integriert werden können. Google hatte den Entwickler, die Firma @Last Software, im März 2006 gekauft. Im April 2012 wurde SketchUp von Google an Trimble Navigation verkauft.

Google Talk: Im August 2005 startete Google seinen Dienst Google Talk, mit dem auch Sprache übermittelt werden konnte. Im Juni 2012 gab Google bekannt, Google Talk mit Google Hangout und Google Messenger zusammenzuführen.

Google Toolbar: Über das Programm Google Toolbar können die Browser Internet Explorer und Firefox um weitere Funktionen erweitert werden. So blockt das Programm unerwünschte Pop-up-Werbung. Nachteil: Google Toolbar überträgt die Adressen aller besuchten Sites zu Google, ihre Rechtschreibkorrektur sendet die in Web-Formulare eingegebenen Texte an einen Google-Server.

Google Transit: Eingebunden in Google Maps ist Google Transit ein auf öffentliche Verkehrsmittel erweiterter Routenplaner. 2014 wurde Google Transit in Deutschland um Fernbus-Routen erweitert, allerdings nur um die des Anbieters FlixBus. Google Transit liefert nicht nur Daten wie Strecke und Abfahrtszeit, sondern vermittelt auch Tickets. Google Transit kann sich somit zu einem kompletten Reisebüro entwickeln und auch in diesem Bereich anderen Betreibern massiv Konkurrenz machen. Da Google die Reisedaten kennt, können mit der Suche auch andere Angebote wie Hotels, Mietwagen etc. angepriesen werden.

Google Trends: Der Zeitgeist kann mithilfe von Google Trends ermittelt werden. Hierbei lässt sich einsehen, welche Begriffe, Themen, Personen, Ereignisse etc. zu welcher Zeit besonders nachgefragt sind und wie viele Informationen es jeweils im Zeitverlauf hierzu gab. Selbst ein Regionalbezug lässt sich – entsprechend den ermittelbaren IPs – feststellen. Bis zu fünf Suchbegriffe lassen sich in einer Übersicht vergleichen.

Google Übersetzung: Computerbasierter Übersetzer für mittlerweile über 80 Sprachen. Grundsätzlich werden dabei Texte zunächst ins Englische und dann in die Zielsprache übersetzt, was mitunter zu kruden Ergebnissen führt. Außerdem werden auch bei der Google-Übersetzung die Texte automatisch an Google übertragen, was wiederum zu Datenschutzproblemen führt.

Google Video: Die Video-Datenbank von Google ging 2012 endgültig in der Tochter YouTube auf.

Google Websuche: Googles Premiumprodukt.

iGoogle: Mit iGoogle konnte man seine Google-Startseite individualisieren, indem man auf ihr sogenannte Google-Gadgets platziert. Das Produkt wurde 2005 vorgestellt und im November 2013 zugunsten von Chrome und Android eingestellt.

Orkut: Social-Media- und Dating-Plattform von Google. Orkut wurde von Orkut Büyükkökten, einem Mitarbeiter von Google, in seiner Freizeit entwickelt und nach ihm benannt.

YouTube: Im Oktober 2006 gab Google die Übernahme von YouTube bekannt. YouTube ist nicht nur das größte Videoportal, sondern nach Google die zweitgrößte Suchmaschine der Welt.

Googles Firmenzukäufe[361]

Nr.	Datum	Firma	Bereich
1	12.02.2001	Deja	Usenet
2	20.09.2001	Outride	Web search engine
3	Februar 2003	Pyra Labs	Weblog software
4	April 2003	Neotonic Software	Customer relationship management
5	April 2003	Applied Semantics	Online advertising
6	30.09.2003	Kaltix	Web search engine
7	Oktober 2003	Sprinks	Online advertising
8	Oktober 2003	Genius Labs	Blogging
9	10.05.2004	Ignite Logic	HTML editor

....

[361] Google gibt auf seiner Unternehmenswebseite nur wenige Unternehmenskäufe bekannt. Die Angaben beruhen auf Berichten über Google, die auf der englischen Wikipedia-Webseite zusammengefasst worden sind. https://en.wikipedia.org/wiki/List_of_mergers_and_acquisitions_by_Google

Nr.	Datum	Firma	Bereich
10	13.07.2004	Picasa	Image organizer
11	September 2004	ZipDash	Traffic analysis
12	Oktober 2004	Where2	Map analysis
13	27.10.2004	Keyhole	Map analysis
14	28.03.2005	Urchin Software Corporation	Web analytics
15	12.05.2005	Dodgeball	Social networking service
16	19.07.2005	Akwan Information Technologies	Search engines
17	Juli 2005	Reqwireless	Mobile browser
18	07.07.2005	Current Communications Group	Broadband Internet access
19	17.08.2005	Android	Mobile software
20	November 2005	Skia	Graphics software
21	27.12.2005	Phatbits	Widget engine
22	31.12.2005	allPAY GmbH	Mobile software
23	31.12.2005	bruNET GmbH	Mobile software
24	17.01.2006	dMarc Broadcasting	Advertising
25	14.02.2006	Measure Map	Weblog software
26	09.03.2006	Upstartle	Word processor
27	14.03.2006	@Last Software	3D modeling software
28	09.04.2006	Orion	Web search engine
29	01.06.2006	2Web Technologies	Online spreadsheets

Nr.	Datum	Firma	Bereich
30	15.08.2006	Neven Vision Germany	Computer vision
31	09.10.2006	YouTube	Video sharing
32	31.10.2006	JotSpot	Web application
33	18.12.2006	Endoxon	Mapping
34	16.02.2007	Adscape	In-game advertising
35	16.03.2007	Trendalyzer	Statistical software
36	17.04.2007	Tonic Systems	Presentation program
37	19.04.2007	Marratech	Videoconferencing
38	13.04.2007	DoubleClick	Online advertising
39	11.05.2007	GreenBorder	Computer security
40	01.06.2007	Panoramio	Photo sharing
41	03.06.2007	FeedBurner	Web feed
42	05.06.2007	PeakStream	Parallel processing
43	19.06.2007	Zenter	Presentation program
44	02.07.2007	GrandCentral	Voice over IP
45	20.07.2007	ImageAmerica	Aerial photography
46	09.07.2007	Postini	Communications security
47	27.09.2007	Zingku	Social networking service
48	09.10.2007	Jaiku	Microblogging
49	30.07.2008	Omnisio	Online video
50	12.09.2008	TNC	Weblog software
51	05.08.2009	On2	Video compression
52	16.09.2009	reCAPTCHA	Security

Nr.	Datum	Firma	Bereich
53	09.09.2009	AdMob	Mobile advertising
54	09.09.2009	Gizmo5	Voice over IP
55	23.11.2009	Teracent	Online advertising
56	04.12.2009	AppJet	Collaborative real-time editor
57	12.02.2010	Aardvark	Social search
58	17.02.2010	reMail	Email search
59	01.03.2010	Picnik	Photo editing
60	05.03.2010	DocVerse	Microsoft Office files sharing site
61	02.04.2010	Episodic	Online video platform start-up
62	12.04.2010	PlinkArt	Visual search engine
63	20.04.2010	Agnilux	Server CPUs
64	27.04.2010	LabPixies	Gadgets
65	30.04.2010	BumpTop	Desktop environment
66	18.05.2010	Global IP Solutions	Video and audio compression
67	20.05.2010	Simplify Media	Music streaming
68	21.05.2010	Ruba.com	Travel
69	03.06.2010	Invite Media	Advertising
70	01.07.2010	ITA Software	Travel technology
71	16.07.2010	Metaweb	Semantic search
72	August 2010	Zetawire	Mobile payment, NFC
73	04.08.2010	Instantiations	Java/Eclipse/AJAX developer tools
74	05.08.2010	Slide.com	Social gaming

Nr.	Datum	Firma	Bereich
75	10.08.2010	Jambool	Social Gold payment
76	15.08.2010	Like.com	Visual search engine
77	30.08.2010	Angstro	Social networking service
78	30.08.2010	SocialDeck	Social gaming
79	13.09.2010	Quiksee	Online video
80	28.09.2010	Plannr	Schedule management
81	01.10.2010	BlindType	Touch typing
82	03.12.2010	Phonetic Arts	Speech synthesis
83	03.12.2010	Widevine Technologies	DRM
84	13.01.2011	eBook Technologies	E-book
85	25.01.2011	SayNow	Voice recognition
86	26.01.2011	fflick	Social networking service
87	01.03.2011	Zynamics	Security
88	07.03.2011	BeatThatQuote.com	Price comparison service
89	07.03.2011	Next New Networks	Online video
90	16.03.2011	Green Parrot Pictures	Digital video
91	08.04.2011	PushLife	Service provider
92	26.04.2011	TalkBin	Mobile software
93	23.05.2011	Sparkbuy	Product search
94	03.06.2011	PostRank	Social media analytics service
95	09.06.2011	Admeld	Online advertising
96	18.06.2011	SageTV	Media center

Nr.	Datum	Firma	Bereich
97	08.07.2011	Punchd	Loyalty program
98	21.07.2011	Fridge	Social groups
99	23.07.2011	PittPatt	Facial recognition system
100	01.08.2011	Dealmap	One deal a day service
101	15.08.2011	Motorola Mobility	Mobile device manufacturer
102	07.09.2011	Zave Networks	Digital coupons
103	08.09.2011	Zagat	Restaurant reviews
104	19.09.2011	DailyDeal	One deal a day service
105	11.10.2011	SocialGrapple	Social media analytics service
106	10.11.2011	Apture	Instantaneous search
107	14.11.2011	Katango	Social circle organization
108	09.12.2011	RightsFlow	Music rights management
109	13.12.2011	Clever Sense	Mobile apps
110	16.03.2012	Milk, Inc	Social networking service
111	02.04.2012	TxVia	Online Payment
112	04.06.2012	Meebo	Instant Messaging
113	05.06.2012	Quickoffice	Productivity Suite
114	20.07.2012	Sparrow	Mobile apps
115	2012	WIMM Labs	Android powered smartwatches
116	01.08.2012	Wildfire Interactive	Social media marketing

Nr.	Datum	Firma	Bereich
117	07.09.2012	VirusTotal.com	Security
118	17.09.2012	Nik Software	Photography
119	01.10.2012	Viewdle	Facial recognition
120	28.11.2012	Incentive Targeting	Digital coupons
121	30.11.2012	BufferBox	Package delivery
122	06.02.2013	Channel Intelligence	Product ecommerce
123	12.03.2013	DNNresearch	Deep Neural Networks
124	15.03.2013	Talaria Technologies	Cloud computing
125	12.04.2013	Behavio	Social Prediction
126	23.04.2013	Wavii	Natural Language Processing
127	23.05.2013	Makani Power	Airborne wind turbines
128	11.06.2013	Waze	GPS navigation software
129	16.09.2013	Bump	Mobile software
130	02.10.2013	Flutter	Gesture recognition technology
131	22.10.2013	FlexyCore	DroidBooster App for Android
132	02.12.2013	SCHAFT	Robotics, humanoid robots
133	03.12.2013	Industrial Perception	Robotic arms, computer vision
134	04.12.2013	Redwood Robotics	Robotic arms
135	05.12.2013	Meka Robotics	Robots

Nr.	Datum	Firma	Bereich
136	06.12.2013	Holomni	Robotic wheels
137	07.12.2013	Bot & Dolly	Robotic cameras
138	08.12.2013	Autofuss	Ads and Design
139	10.12.2013	Boston Dynamics	Robotics
140	04.01.2014	Bitspin	Timely App for Android
141	13.01.2014	Nest Labs	Home automation
142	15.01.2014	Impermium	Internet security
143	26.01.2014	DeepMind Technologies	Artificial Intelligence
144	16.02.2014	SlickLogin	Internet Security
145	21.02.2014	spider.io	Anti ad-fraud
146	12.03.2014	GreenThrottle	Gadgets
147	14.04.2014	Titan Aerospace	High-altitude UAVs
148	02.05.2014	Rangespan	E-commerce
149	06.05.2014	Adometry	Online advertising attribution
150	07.05.2014	Appetas	Restaurant website creation
151	07.05.2014	Stackdriver	Cloud computing
152	07.05.2014	MyEnergy	Online Utility Usage Monitor
153	16.05.2014	Quest Visual	Augmented Reality
156	19.05.2014	Divide	Device Manager
156	10.06.2014	Skybox Imaging	Satellite
156	19.06.2014	mDialog	Online advertising
157	19.06.2014	Alpental Technologies	Wireless Technology

Nr.	Datum	Firma	Bereich
158	20.06.2014	Dropcam	Home Monitoring
159	25.06.2014	Appurify	Mobile Device Cloud, Testing Services
160	01.07.2014	Songza	Music streaming
161	23.07.2014	drawElements	Graphics compatibility testing
162	06.08.2014	Emu	IM client
163	06.08.2014	Directr	Mobile video
164	17.08.2014	Jetpac	Artificial intelligence, image recognition
165	23.08.2014	Gecko Design	Design
166	26.08.2014	Zync Render	Visual Effects Rendering
167	10.09.2014	Lift Labs	Liftware
168	11.09.2014	Polar	Social Polling
169	21.10.2014	Firebase	Data Synchronization
170	23.10.2014	Dark Blue Labs	Artificial Intelligence
171	23.10.2014	Vision Factory	Artificial Intelligence
172	24.10.2014	Revolv	Home Automation
173	19.11.2014	RelativeWave	App Development
174	17.12.2014	Vidmaker	Video Editing

Literaturverzeichnis

Richard L. Brandt, Googles kleines Weißbuch, München 2010

Douglas Edwards, Google-Mitarbeiter Nr. 59 – Der erste Insider-Bericht aus dem Weltkonzern, München 2012

Dave Eggers, Der Circle, Kiepenheuer & Witsch, Köln 2014

Marc Elsberg, Zero – Sie wissen, was du tust, München 2014

Marc Elsberg, Black out – Morgen ist es zu spät, München 2012

Ralf Kaufmanns/Veit Siegenheim, Die Google-Ökonomie, Düsseldorf 2009

Constanze Kurz/Frank Rieger, Die Datenfresser – Wie Internetfirmen und Staat sich unsere persönlichen Daten einverleiben und wie wir die Kontrolle darüber zurückerlangen, Frankfurt am Main 2012

Jaron Lanier, Wem gehört die Zukunft?, Hamburg 2014

Steven Levy, Google Inside – Wie Google denkt, arbeitet und unser Leben verändert, Heidelberg 2012

Michael Lewis, Flash Boys – Revolte an der Wall Street, Frankfurt am Main 2014

Gerald Reischl, Die Google Falle – Die unkontrollierte Weltmacht im Internet, Wien 2008

Lars Reppesgaard, Das Google Imperium – Google kennt dich besser, als du denkst, Hamburg 2008

Boris Saidman, Hemingway und die toten Vögel, Berlin, 1. Auflage 2008

Eric Schmidt/Jared Cohen, Die Vernetzung der Welt – Ein Blick in unsere Zukunft, Reinbek bei Hamburg 2013

Eric Schmidt/Jonathan Rosenberg, Wie Google tickt, Frankfurt am Main 2015

David A. Vise/Mark Malseed, The Google Story – Inside the Hottest Business, Media and Technology Success of Our Time, New York 2008

Was ist der Preis für Wohlstand?

Die Glücksforschung als neuer Zweig der Ökonomie kommt zu dem Ergebnis, dass stures Handeln nach Kosten-Nutzen-Kalkül nicht nur nachhaltigem Wirtschaften widerspricht sondern auch am Menschen vorbeigeht. Wirtschaftsethiker Johannes Wallacher fordert daher ein grundlegend neues Verständnis von unternehmerischem Erfolg und Wohlstand.

Wirtschaften darf kein Selbstzweck sein, es muss den Bedürfnissen der Menschen gerecht werden.

Johannes Wallacher
Mehrwert Glück

Print: 978-3-7766-2656-8 · E-Book: 978-3-7766-8108-6

HERBiG www.herbig-verlag.de

Der Weg zur optimalen Strategie

Wer an der Börse Erfolg haben will, sollte die Grundlagen kennen. Der erfolgreiche Finanzmanager Bruno Hollnagel erklärt, wie die Börse »tickt«, deckt die wahren Absichten der Akteure auf und zeigt – auch anhand vieler unterhaltsamer Fallbeispiele –, wie man Fallen vermeidet und wie eine langfristige, erfolgreiche Anlage-Strategie aussehen könnte.

Orientierungshilfe für Kleinanleger: Expertenwissen allgemein verständlich dargestellt.

Bruno Hollnagel
Das Geheimnis der
Börsenerfolge

Print: 978-3-7766-2758-9 · E-Book: 978-3-7766-8215-1

HERBiG www.herbig-verlag.de